YOU CAN DO ANYTHING

The Surprising Power of
a "Useless" Liberal Arts Education

人文學科的逆襲

by GEORGE ANDERS

喬治・安德斯 著　　李宛蓉 譯

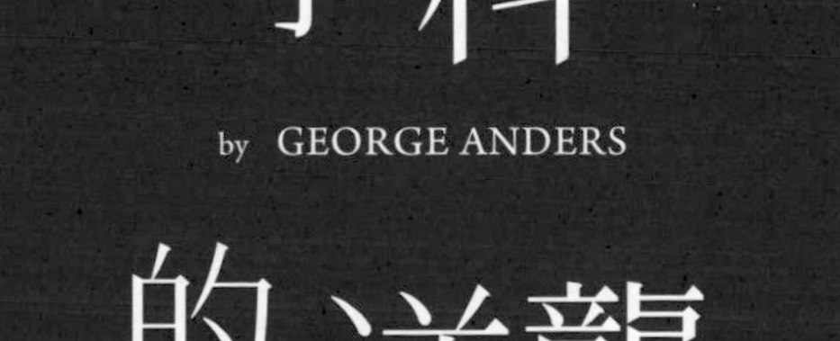

YOU CAN DO ANYTHING

The Surprising Power of
a "Useless" Liberal Arts Education

第一部　你的力量

第二部　你的機會

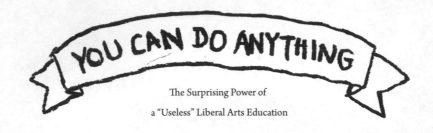

第三部　你的盟友

第四部　你的工具組

Your Strengths

第一部
你的力量

第一章——探索者

二〇〇七年，喬書・朱赫（Josh Sucher）從紐約的巴德學院（Bard College）畢業時，對怎樣才能找到工作毫無頭緒。[1] 他花了四年的時間（以及父母的一大筆錢）攻讀人類學專業，學會了如何以局內人或局外人的身分進行人類學研究；他能告訴你不同社會裡最叫人瞠目結舌的巫術故事。他的畢業論文主題，是分析一部價值一百美元的筆記型電腦的「建構主義基礎」，他形容這臺電腦是「一部內建政治意涵的機器」。朱赫浸淫在這所文理學院的校園中，各方面的表現都可圈可點。然而用美國一流雇主比較嚴苛的標準來看，朱赫就像暴風雪中的一株蘭花，一無是處。

朱赫的許多同學也遭遇類似的挫折。巴德學院的校園文化崇尚自由精神，學院畢業生理當找份待遇優渥的職業，但是這兩者似乎連繫不起來。朱赫的父親覺得這種情況悲慘到荒謬的地步，一度評論道：「你怎麼不去人類學工廠啊？我聽說他們在徵人。」連在畢業典禮上致詞的巴德學院畢業生，也沒辦法抹去那片陰霾，他們行禮如儀地讚頌精神生活——然後替每一位畢業生所面臨的危險前途捏一把冷汗。巴德學院的校長里昂・波茨坦（Leon Botstein）感嘆地說，美國全國的高等教育越來越不利於人文學門。受邀來演講的麥克・彭博（Michael Bloomberg）則警告在座畢業生，找工作「可能會很可怕」，還說：「諸位當中有些人找工作的時間恐怕會拖得長一點。」[2]

儘管如此，朱赫還是成功了——並且不需要為了謀職而扼殺自己的性格、興趣或獨特的人生觀點。

本書以朱赫的故事作為開頭，因為在舉國上下對大學教育的價值感到焦慮之際，這則故事充分顯示，我們在這片焦慮之中，恐怕失落了一項基本真理。好奇心、創造力、同理心並非狂放不羈、必須加以約束才能確保成功的特質。恰恰相反，如今在職場上，人性化比以往更不可或缺。你不需要為了讓雇主出錢買你的能力而掩飾自己真實的身分；你不需要因為自己在大學選修那些據說不切實際的課程或是學習所謂的軟性技能而說抱歉。就業市場目前每個星期都在默默創造成千上萬個職缺，目標就是那些能為迅速變遷的高科技未來帶來優美人文氣息的人才。

想像一張試算表，橫跨上方的所有欄位代表人類的各種力量，而側面的每一直行則代表支持該力量的技術學門。橫欄與直行每一次交會，就定義出一種新的工作型態。好奇心＋數據科學＝市場研究。同理心＋基因定序＝遺傳諮詢。創意＋資訊網絡＝社群媒體管理人。這是個豐富、奇妙的矩陣。我們將會在本書中探索人文教育與社會需求兩者合契的種種方式。

中心思想是這樣的：例行事務越自動化，就越會創造出水準低落的數位連結力，越容易陷在大數據纏夾不清的龐雜與盲點之中，因此，將人類判斷力帶進數位生活的連接點就越形重要。我們很容易被身邊的數位工具所迷惑：社交用的Snapchat與臉書；計畫旅行用的TripAdvisor和Airbnb；還有裝著攝影機的無人飛機，天曉得是做什麼用的。人們很自然就會對建造這些工具的軟體工程師奉若神明，可是如果沒有人進行勸誘、交心、說服、辯論、教導、反抗、互動，每一項科技突破都只是個空殼子。基本上，我們都是社會動物，與人競爭、結交，渴求別人的尊敬，懲罰自己的敵人。人們的行為方式令工程師感到挫敗，但是看在文科背景的人眼裡，卻顯得理所當然。打從兩萬年前某人在阿爾塔米拉岩洞（Cave of Altamira）[3]望著一幅野牛的原始素描，然後對著鄰居說：「真好看！你該多畫一些。」這個道理就沒有改變過。

實驗室和工程師創新的東西越多，就為能夠從事人文範疇工作的人才創造出更多職務。在倉庫或工廠裡，科技也許會消滅很多職位。毫無疑問地，在有規則可循的瑣碎事務方面，機器確實表現卓越，比人做得更快、更便宜、更可靠。然而生活中有很多方面，機器（甚至是以軟體為基礎的人工智慧）只是笨拙的入侵者，它們不懂如何應付比較微妙的情況；在那些情況裡，情緒具有舉足輕重的影響，也沒有明文規範可以參考。可是我們懂。

如果兒時習慣可以預示成年後的命運，那麼從一幅家庭照片中，就能看出朱赫的起點。當時還在蹣跚學步的朱赫站在一張椅子上，手裡拿著一支螺絲起子，正設法拆除牆壁上的插座。小男孩一臉認真（和自信），讓人希望他能成功——哪怕謹慎的自我忍不住想尖叫：馬上給我從椅子上下來！照片上的影像讓人揮之不去，我花很多時間推想，為什麼像朱赫這類愛探險的人，會不斷巧遇事業機會，而其他人卻對同樣的機會視而不見？朱赫（還有你！）的一部分好運氣，可以追溯到一個好習慣：在生活中保留一絲初始的驚奇感。

隨著朱赫慢慢長大，好奇心繼續以意想不到的方式推著他走，包括七年級時很不明智地嘗試騎腳踏車上學，結果闖進一條快速道路。到了該選擇上哪一所大學時，朱赫忽略班上謹慎的同學所偏愛的職業道路，反而選擇了巴德學院，該校位在紐約市北方一百一十英里外，以破除陳規陋習而聞名。這所學校的校友[4]包括史提利丹（Steely Dan）搖滾樂團的幾名創辦人，還有數十個知名畫家、藝術家、演員、作曲家。多年來該校有多位赫赫有名的寫作老師，像是托妮・莫里森（Toni Morrison）、梭爾・貝羅（Saul Bellow）、齊努亞・阿契貝（Chinua Achebe）、拉爾夫・艾里森（Ralph Ellison）。巴德學院沒有商學院。

對朱赫來說，巴德學院擁有源源不絕的魅惑來源。大一的第一個星期，他選修的文化人類學課堂上，老師拿出一把指甲刀，剪下幾片自己的指甲——然後在學生之間傳閱。她的論點是：本來在我們指尖上看起來乾淨整齊的指甲，一旦剪下來，就忽然變得很噁心。「泥巴」、「髒汙」這類字眼不是絕對的，必須取決於它們所處的場合與文化。對於課桌旁激動的新鮮人朱赫來說，這不啻是真理給他的一記當頭棒喝。後來朱赫告訴我，教授的訊息「澈底重塑我的世界觀」。

在巴德學院讀完四年，朱赫曉得如何在短短一週內創作一齣短劇，如何在最不可思議的地點安排戲劇演出，這些地點包括學校收發室和廢棄穀倉。他累積了大量不切實際的技能，但沒有任何顯而易見的辦法，能夠將這些技能轉變成體面的工作。朱赫閒散了一段時間後，決定改念法學院，結果這項嘗試走進了死胡同：法律是父親的志向，不是他的。

為了幫忙支付就讀法學院的費用，朱赫成立「區塊工廠」（Block Factory）這項副業，專為使用蘋果麥金塔電腦的小公司提供技術支援。朱赫成了提工具箱的人，他在「克雷格列表」（Craigslist）分類廣告網站上打廣告，幫人安裝投影機、網路纜線和其他設備。他的「辦公室」靠近布魯克林區（Brooklyn）的格瓦納斯運河（Gowanus Canal），在一處共用工作站裡分租了一張辦公桌，每月租金四百五十美元。他的住家則是祖母家閣樓的一張床鋪，挺克難的。後來朱赫解釋：「我曉得自己嫻熟電腦，還喜歡拆東西。」

如果你見過那時候的朱赫，大概會以為他是遊手好閒的混混，可是實際上他正在鍛鍊巴德學院教他的一項關鍵技能：如何傾聽。朱赫的新客戶——特別是曼哈頓地區的一批藝廊——需要比AV端子更好的連接方法。他們想要一個友善的聽眾，不但能安撫他們的心靈，同時具有同理心，替他們解決技術問題。朱赫告訴我：「我大部分的客戶都感到焦慮，只要有東西壞了，就會開始責備自己。他們會說：『你一定覺得我是白痴吧。我覺得好失敗。』這種費盡唇舌安撫對方的場合非常多，我會說：『錯不在你；是技術的問題。這玩意兒設計得太爛了。』我先把情況搞定，接著再談公事。」

不過，兩年之後，朱赫渴望做不一樣的工作，想要利用更廣義的方式，解決科技挫敗的問題。朱赫說：「我開始心力交瘁，不再滿意於為了小小的資訊技術問題，一而再、再而三地設計巧妙的應急對策。」他的新目標是組織一批志同道合的人，建立團隊，創造對使用者友善的技術，從頭開始妥善顧及每一個層面。

朱赫空閒的時候，開始和數位設計師、實用性（usability）專家往來，他從來沒有寄過任何履歷表，卻透過人際網絡，疏通自己前進下一份工作的道路。朱赫跑去參加曼哈頓的一場派對，慶祝一本關於市場研究和訪談使用者的書籍出版——卻發現他打交道的對象，是一群嗓門大、活力足、欣賞奇妙設計的人。朱赫受到這次因緣際會的鼓舞，報名參加坐落在曼哈頓的視覺藝術學校（School of Visual Arts）的一項互動設計課程，在那兒，除了早就擁有同理心與好奇心的優點，他又結合了與設計、市場研究和些許計算機編碼有關的新技能。朱赫說：「對我來說，那是神奇的時刻。我找到了自己的群落，有那麼一刻，我的眼裡泛出淚來。」過不了多久，朱赫就明白科技最新的轉折，恰好使他在大學的訓練變得更具價值。迅速成長的新公司所需要的，是懂一點點科技、外加懂很多人類本質的通才。

三條不同的道路引導朱赫前往Etsy，這是一家位在布魯克林的公司，經營線上工藝品市集，產品從手工卡片到珠寶無所不包，市值約十億美元。朱赫在視覺藝術學校的幾個朋友和老師都在那裡工作，某一次會議中，他聆聽Etsy執行長查德・狄克森（Chad Dickerson）講述該公司的故事，喜歡上Etsy市集支持小企業銷售藝品的方式，因此一聽說這家公司有職缺，馬上就應徵了。

Etsy不只在徵人，而且特別喜歡擁有多元背景的人。[5]狄克森本人曾在杜克大學（Duke University）主修英文，Etsy有許多軟體工程師和數據分析師，大學時的主修領域是文學史、日本研究、哲學。這是文科背景的員工不必隱藏個人過往的一家公司，他們可以取笑珍妮・侯哲爾（Jenny Holzer）的觀念藝術作品，然後把理論轉化為實務應用。對朱赫來說，Etsy聽起來就像自己的家一樣親切。

如今朱赫在Etsy負責數位時代版本的人種史與田野研究，他利用GoToMeeting和Google Hangouts等軟體，連結全世界各地的藝術創作者和買家，弄清楚他們如何運用Etsy，以及如何改進，使對方更加滿意。朱赫是很有耐心的聽眾，抽絲剝繭弄明白藝術家建立工作室的細節，還有他們克制不住的創作動力從何而來。好奇心與溫暖人心的作風，幫助朱赫深入了解Etsy的顧客，這些是標準化問卷怎麼也得不到的答案。朱赫向我解釋：「每一個人是自身故事的體現，外面有一百萬個人，而且他們都不會變老。」

我們可以把朱赫想成執行任務的人類學家，關注買家的偏好，那些偏好就像我們對指甲的觀感一樣，既原始又難以解釋。同事們很珍惜他的發現，靠這些發現指引公司推出新服務與新功能。朱赫說：「我站在買家和賣家的立場，永遠敞開心房，關心他們體驗科技的方式。」我們可以日以繼夜地辯論朱赫未經規畫的旅程，為什麼發展得這麼順利。很明顯地，你在大學所發展的好奇心、創意、同理心，幫助你找到自己的運氣。快速、破壞力強的變遷並未摧毀你的前途，反而對你有利。

二〇〇六年，經濟學家大衛・奧圖（David Autor）、勞倫斯・凱茲（Laurence Katz）、梅莉莎・卡爾妮（Melissa Kearney）出版了一項劃時代的研究，[6]檢視科技如何改變人們的收入、命運，以及如何保住人們工作的能力。這三位學者（分別來自麻省理工學院、哈佛大學、全國經濟研究所）爬梳美國人口普查局、勞工部與其他政府機構長達四分之一世紀的數據，解開一九八〇年以來，美國每一份薪資所隱藏的祕密。從此之後，奧圖、凱茲和卡爾妮所發掘出來的資料，便影響了公眾對於科技的魅力與危險的討論。

儘管新科技目前幾乎沒有波及低薪的勞力工作，譬如在餐廳端盤子，但是卻打擊了數以百萬計有規則可循、任務導向的工作，這類工作傳統上是中產階級的入門磚。數十年來，工廠作業員早就嘗過這個滋味，因為機器不斷取代生產線上的焊工和組裝工。可是奧圖、凱茲、卡爾妮的研究所呈現的，卻是高科技死神針對商店、辦公室、銀行，以及其他白領工作堡壘的威脅程度。事務員的工作不斷被軟體取代，編輯、銀行櫃員、行政祕書、接線生也一一遭到淘汰。麥肯錫（McKinsey）顧問公司的研究人員估計，當代社會有高達百分之四十五的工作，面臨了自動化的危險。[7]風險資本家馬克・安德森（Marc Andreessen）觀察指出：「軟體正在吞食整個世界。」[8]

當美國經濟在二〇〇八到二〇一〇年間碰上麻煩時，有八百八十萬個美國人丟了工作。[9]後來經濟終於轉好，但是很多工作並沒有恢復。奧圖、凱茲和卡爾妮指出原因：科技進步擠掉了處理例行公事的那些工作。即使是向來吹捧尖端工程的《麻省理工科技評論》（*MIT Technology Review*），也在二〇一三年推出一期封面故事：「科技正在如何摧毀工作」，隨即掀起一陣騷動。麻省理工學院的管理學教授安德魯・麥克菲（Andrew McAfee）在那篇文章中，對於一個充斥自動駕駛車輛和倉儲機器人的未來，表達緊張的思慮。他問：「當這些科幻小說中的技術都成為現實，我們還需要人力做什麼？」

隨著大眾的焦慮上升，有個念頭逐漸抬頭：科技部門本身也許能夠提供答案。這一派的論調是，如果我們訓練出足夠的軟體工程師，那麼新的世代就可以找到優渥的工作。於是從舊金山到底特律的眾多城市中，數以百計的電腦程式設計學院如雨後春筍般冒了出來。美國前總統歐巴馬在任內頻頻呼籲，從事各行各業的青少年都應該充實科學、技術、工程、數學這些課程，這樣他們也能成為程式設計鬼才。[10]《社群網戰》（*The Social Network*）之類的電影，美化了深夜鑽研程式設計的行為，連我們使用的語言也自我重塑，彷彿扭曲伸展迎向陽光的植物。有些與電腦相關的用語，也因此被納入字典，像是「開放原始碼」（open source）、「反向相容」（backward-compatible）、「駭客松」（hackathon）、「駭客空間」（hackerspace）等等。

可惜這裡有個令人痛苦的轉折：軟體部門並沒有打算保護自己的員工不受自動化所害；反之，軟體業不斷淘汰自己比較舊的工作，速度幾乎和創造新工作一樣快。幾年前程式設計師以人力做的很多事情，現在都已經變成自動化的工具組、程式庫、副程式（subroutines）。從二〇一二年五月到二〇一六年五月，美國的一千零一十萬個淨新增工作機會當中，電腦部門只占百分之五，也就是五十四萬一千個工作機會。[11]編寫商業軟體、管理電腦網路、創造智慧型手機應用程式的能力，在求才雇主的招攬名單中，只占了不到百分之十的缺額，對於其他的求職人才來說，工作機會是在別的地方。

科技狂熱分子忽略了，數位進步的廣義後果，其實就像漣漪一般，不斷擴散到經濟的其餘部分。每一世紀總會有一、兩次出現科技改革的浪潮，不只影響單一產業，而是影響人們的整個生活方式。二十世紀前半葉汽車工業興起，不僅帶動亨利福特汽車廠大舉招募員工，從一九二〇年代到一九五〇年代，全美各地出現了好幾百萬個新型態工作機會，汽車普及的美國社會如今所需要、渴望的東西，推動這些新工作應運而生。所有的城鎮自行重新建設，以容納汽車機械工人、道路營建工人、駕駛訓練學校、汽車買賣商家、洗車店、汽車保險代理、交通安全官員、停車場管理員、地圖繪製員、車禍傷患委託律師。

現在歷史正在重演。

仔細看看二〇一二年五月以來所創造的工作機會，你會發現成長最快的領域往往是與科技革命非直接相關的行業。舉例來說，拜廉價網路民調和大數據分析之賜，美國現在有超過五十五萬個市場研究員和行銷專家，比二〇一二年大幅增加百分之三十。像Qualtrics、Survey-Monkey、Clicktools、FluidSurveys這類民調服務，不但能立刻得到調查結果，而且成本低廉，根本不需要多少軟體工程師投入，就能做得到。巨大的衝擊在於這些無所不在的工具的利用方式，如今我們常常對自己做意見調查；過去一年中，不管願不願意，你很可能已經在網路上一路點選，填寫過至少十幾份這樣的民調。企業需要的數據無所不包，從航空公司的服務，到你家寵物上次看獸醫的經驗。在這個過程中，市場研究已經從不怎麼起眼的專業，脫胎換骨成為顯學，從業人數比克利夫蘭市（Cleveland）的人口還多。

先前提到過，從二〇一一年五月到二〇一六年五月，電腦部門增加了五十四萬一千個工作機會。以下十三個領域都是受到科技影響，但絕非以科技為中心的行業，現在我們將它們在同一時期的就業成長數字加總起來，看看結果如何：法令遵循主管（compliance officers）、娛樂製作人與導演、活動規畫師、資金籌集人、遺傳諮詢師、平面設計師、人力資源專員、管理分析師、市場研究分析師、行銷專員、學校行政主管、技術資料編寫者、訓練專員。總數是六十二萬六千個淨新增工作機會，其中許多領域創造就業機會的速度，是美國整體經濟的兩倍甚至四倍。

更重要的是，這才剛剛開始。再把綜合管理、財務、法務、銷售、教學幾大類加進來，淨新增工作機會還要增加一百七十萬個，過去五年來，總數已經超過兩百三十萬。再從更大的格局來看，這個龐大的總數是同期電腦部門所創造的新工作機會的三倍多。或者用其他的尺度來對照：這個數字相當於匹茲堡、邁阿密、紐奧良、亞特蘭大、西雅圖這幾個大城市的人口總合。

驚訝嗎？完全可以理解。這些新工作大部分是悄悄溜進美國經濟的，並沒有大肆宣揚；它們不符合媒體的傳統報導路線，也不貼近主要政黨的口號戰爭。我們說的不是電影《華爾街之狼》（*The Wolf of Wall Street*）的光鮮交易員，也不是無情無義的跨國公司裡領最低薪資的夜班單親勞工。這些有意義的工作正在遭人遺忘的社會中間階層復甦，涉及高級技能但低調領域的多種組合，它們剛好都開始渴求人才。

如果你大學剛畢業，正在找基層工作，那麼第四章特別列出多種機會，只要有大學學歷，就能立刻上手。如果你把眼光放長遠一點，焦點是把自己的文科背景轉變成快速發展的事業，那麼第七章將告訴你，擁有人文學科與社會科學文憑的人，如何在多種領域一路攀升到顛峰，這些領域包括金融、政府、非營利，以及創業型經濟。

在所有這些部門中，科技使人更靈活、更機智。由於花費在例行瑣事上的時間減少，我們的生產力提高了，因此也變得更搶手。工作機會擴增，社會不斷創造更多空間給我們這種類型的人。有了谷歌搜尋引擎的貼身協助，尋找新資訊只是彈指間的事，任何需要這種資源的領域（從醫學研究到運動播報都是），生產率都大幅提高。如果你從事募款活動，那麼Raiser's Edge之類的軟體工具，就成了你的智多星。這張清單無窮無盡，譬如領英商業社群網站（LinkedIn）已經成為徵才機構的專業輔佐神器；律師也有類似的幫手，那就是律商聯訊（LexisNexis）法律資料庫；工業設計師愛用Auto-CAD電腦輔助設計軟體；電影導演採用Final Cut幫助剪接影片；建築師也廣用電腦輔助工具Houzz，依此類推。

就拿朱赫的情況來說吧。如果朱赫用的是老式人類學研究那一套，手拿筆記本和麥克風周遊美國，每天蒐集一、兩個使用者的故事，那麼他根本不可能在Etsy找到工作。對於Etsy來說，那種方式既緩慢又昂貴，實在無法接受。然而有了GoToMeeting和Google Hangouts這類線上會議與溝通的平臺，一切都不同了。去世界任何地方的藝術家工作室進行虛擬參訪，突然間變得輕而易舉，朱赫不須承受傳統出差的負擔，他可以早上九點半抵達Etsy位於布魯克林的總部，短短幾分鐘之後，就和加拿大多倫多的一群藝術家開始數位聊天。而接觸位在亞利桑那州的顧客，也同樣易如反掌。從這個角度來說，整個世界莫不近在咫尺。Etsy總部的同仁可以觀看他與客戶的對話，提出額外問題，以利他的發問。科技或許摧毀了其他工作，卻也同時創造新的職缺，而這樣的工作機會二十年前根本還不可能存在。

這些機會絕大多數要求一點技術能力，但是所需要的技術水準，全都可以在投入幾個星期的密集學習之後達成。（你不需要電腦科學方面的文憑。）這類工作的平均年薪介於四萬三千美元至九萬美元之間——大學畢業生所追求的，一般就是這種等級的薪資。[12]最重要的是，這類工作位於美國經濟心臟地帶，也就是在管理、教學、銷售、教育等幾大類中崛起，總體來說，這幾大部門大約占了美國一億四千萬在職人口的半數左右。相對來說，與電腦相關領域的從業人員只占全國就業人口的百分之三以下。軟體工程師的起薪可能高得令人咋舌，但是運動員和流行音樂明星也不遑多讓。對於絕大多數美國人來說，未來謀得新工作的領域，並不是程式設計的天下。

我們要怎麼稱呼這種令人興奮的新工作類別呢？許多工作的核心在於判讀現場氣氛與人員情緒，以及促使不同人員達成共識的能力。我們可以稱之為「和諧關係部門」（the rapport sector）。面對曖昧不明的狀況與混沌不清的資訊時，機器根本無法應付，因此另一類工作機會是突破這類障礙，做出明智的決定。人類在處理這種狀況時，最能夠發揮精挑細選適當訊號的能力，反觀機器，只要公式無法定義明確，它們就永遠不能理解或平衡輕重緩急。現在我們討論的是「原創經濟」，甚至需要特別彰顯在數位時代重啟老式溝通的價值。早在《伊索寓言》和《羅摩衍那》（*Ramayana*，印度史詩）那個時代以前，人們就已經嫻熟說故事的本領，即使當代文化已經不再形諸於羊皮紙，改以Pinterest和Prezi等資訊平臺形式記載，可是能夠提供資訊、娛樂、靈感的人才依然供不應求。

這些工作機會的共通點是更基本的東西：探索精神。美國最有趣的工作將是前所未見的型態，而且機會比過去更大，官僚性質比以往更低。找到（或發明！）一個這樣的工作，你就掌握了自己的命運。你最棒的點子將會更快落實，犯的錯誤將會更快消失於無形。這種機會不僅存在於新創事業，也存在成千上萬家大公司裡面。老舊的工作實務逐漸退場，新機會應運而生，需要嶄新的觀點。只消看看廣告業、公共關係業、行銷業如何因社群媒體而翻天覆地，就可明白這場巨變的規模將會多龐大、腳步將會多迅速。從沃爾瑪百貨（Walmart）到瓦利釣餌（Wally's Bait and Tackle），人人都需要補充如何運用社群媒體的本事，以便連結新一代的顧客。

你要學習朱赫，帶著拓荒者的精神去找到你的事業，然後藉由穩定培養自己的力量，信心將隨之增加。同樣重要的是，當不可預料的變化發生時，你的經驗與氣性也會儘可能利用即將到來的一切。[13]誠如哲學作家艾瑞克．賀佛爾（Eric Hoffer）觀察指出的：「劇變來臨時，學習者將掌握未來。至於有學問的人，則往往發現自己對不復存在的世界博學多聞。」

自從一九七〇年代以來，甚至是一九九〇年代以後，找工作這件事已經面目全非。可以預測的職業道路變稀少了，無中生有的機會則多得多。歐文信託（Irving Trust）和斯佩里蘭德電腦公司（Sperry Rand）不再去校園徵才，尋找可以安排進入公司、接受數年管理訓練計畫的人才。事實上，這兩家公司今天甚至都已不存在，他們在一波公司購併與重組浪潮中煙消雲散。如今所有事情都變動得更快速，未來亦復如此。在日常生活中帶有創意的混亂中，有辦法的人將贏得主宰權，套句麻省理工學院經濟學家奧圖的話，當成功取決於

「解決問題、直覺與說服」時，就輪到探索者出頭天了。

我在大學裡修習過的所有課程當中最寶貴的那一門課，和我後來所從事的職業（撰寫商業書籍、替《華爾街日報》和《富比士雜誌》等刊物編寫封面故事）完全不相干。這門課帶我認識十九世紀的俄羅斯，閱讀一個聰慧但備受折磨的人物畢生所寫的作品。此人在西伯利亞的沙皇監獄中被囚禁七年，因為賭博成性，多次瀕臨破產，即便如此，他依然寫下兩本世界知名小說，以及其他十餘本書。

你可能已經猜到，我說的這門課就是以杜斯妥也夫斯基（Fyodor Dostoevsky）為主角的俄國文學課。當年我還是史丹佛大學的菜鳥新生，因為高中時很迷杜斯妥也夫斯基所寫的《罪與罰》（*Crime and Punishment*），上了大學便選修這門課。第一次拜讀他的小說時，我深感震撼，因此想要再多接觸他的作品。第一堂課上，教授威廉・米爾斯・陶德三世（William Mills Todd III）解釋，接下來我們要花十個星期，閱讀杜斯妥也夫斯基所寫的幾乎所有文字。不只是《卡拉馬助夫兄弟們》（*The Brothers Karamazov*，厚九四四頁）、《罪與罰》（*Crime and Punishment*，五六〇頁厚），還有《窮人》（*Poor Folk*）、《地下室手記》（*Notes from the Underground*）、《死屋手記》（*House of the Dead*）、《群魔》（*The Possessed*）。總共加起來，教授派給我們的作業是杜斯妥也夫斯基將近三千頁熱情洋溢（有時淩亂）的作品。這門課的分數當中，有一小部分是交一份六到八頁的期中報告，至於重頭戲則困難多了：一份長篇期末報告，必須擷取杜斯妥也夫斯基作品的某一方面，然後分析他所有小說中所呈現的這一方面議題。我嚇呆了，怎麼可能讀完所有的東西？怎麼理解這一切？我覺得自己好像置身劫難求生電影中開幕場景裡的一個旅人：巴士意外撞毀，周遭是前不著村後不著店的森林，不曉得接下來會怎麼樣。難道大學就是這樣的嗎？

一開始我仰賴普通的讀書習慣，傍晚在寢室裡和室友閒聊，再抽空翻一翻書頁。可是我的進度落後，太多書頁，太多同名人物，搞得我暈頭轉向，還好我終於搞定期末報告的生動主題：「杜斯妥也夫斯基小說中的酗酒與放浪形骸」。這題目不錯，我有許多許多關於飲酒與縱欲的情節可以選擇，然而我寫得越努力，焦點就越模糊，這門課恐怕要當掉了。

學期快結束時，我在絕望之下，七拼八湊出一種全新的辦法。我開始讀書到深夜，趴在書桌上心無旁騖地快速跳讀冗長的段落——這些段落裡所有角色都神智清醒、衣著完整，至於每次新發生的道德違規事件，我就花時間記錄下來。我沒有拿黃色螢光筆輕輕畫出重點段落，而是用原子筆攻擊那些字句。很快地，杜斯妥也夫斯基的作品上面，到處都是我這個輕率的青少年所留下的評語。我的這些評語中，有一半都是空洞的廢話，但是沒關係，稍後我可以把其中最好的見解細細修飾，其餘的全都捨棄不用。這麼做我至少把該讀的書全部讀完了。

時間過去數十年，我仍然保留那種隨興不羈的讀書習慣。事實上，我最重要的專案計畫，以及最具生產力的時刻，都是因為這個習慣，才形成了特色。

學習如何與龐大、粗糙的觀點周旋——以及如何持續克服疲倦——是我所學到最棒的一課。我不是要中傷大學提供的專業課程標準。基礎新聞學確實教我如何將某人的言談轉成新聞報導；經濟學和會計學課程教我如何閱讀資產負債表，以及如何透過供需的問題思考。那些職業導向的課程不僅讓我容易找工作，也確保我順利度過雇主用來評量我的那段尷尬期：**這隻菜鳥真的能做事嗎？**然而十年之後，當我開始夢想撰寫重大的、野心十足的專題報稿，或是篇幅不短的非文學書籍時，新聞學入門課程幫不了我的忙，我從杜斯妥也夫斯基課程中學到的習慣則幫了大忙。

基本上，教授把我們這些沒有充足準備的傢伙隨便丟進一項大計畫中，然後就不顧我們死活了。我們有十個星期的時間凝思失敗，然後想辦法拿出自己的求生策略。當我們即將被太多資訊淹沒之際，該如何堅持不沉下去？怎樣才能保持有條有理？怎樣將這麼多材料塑造成前後連貫、可信的、出人意表的結論？教授不打算直接將答案餵給我們，而是要我們自己去找解決辦法，意思就是我們必須靠自己慢慢摸索前進，一個星期又一個星期努力不懈，但沒有任何外在的東西可以保證我們所走的路線是正確的。

明白如何在這種渾沌時刻勝出，正是人文教育的特點，即使你就讀的並非哈佛、史丹佛或安默斯特學院（Amherst College）這類菁英學府，照樣能受益匪淺。和成績相比，拓展點子與實現抱負的意願更形重要。讀者將會在後文看到密西西比學院（Mississippi College）、內華達大學（University of Nevada）、舊金山州立大學（San Francisco State University）的畢業生，如何以文科生的起點，發展出成功的事業。不論你攻讀的是哲學、英文、社會學，或其他十幾種人文學科的其中任何一種，你都被引介一種更寬廣的方式，得以參與這個世界。文科生不管從事何種職業，投資報酬都將在日後逐漸升高。就像十九世紀英國教育家威廉・柯瑞（William Cory）所說的，這種教育的好處包括「集中注意力的習慣[14]……表達的藝術……迅即採取新知識立場的藝術……快速進入他人思想的藝術」——甚至包括接受自己可能犯錯的意願。

人生中最大的挑戰，可不是向來如此嗎？

在電影（和小說）《絕地救援》（*The Martian*）中有一幕，是太空人馬克・瓦特尼（Mark Watney）發現自己一個人被隊友拋棄在火星上，至少需要再等四年，才會有太空探險隊回來。此刻他還沒死，尚有三百天存糧，以及一些用途不明但種類繁多的補給品和工具。電影演到這裡，瓦特尼開始構思出路，宣稱：「我得利用科學逃離這見鬼的困境。」這部電影對於科學與工程的強大威力，給予美好的讚頌，如果有朝一日你困在另一顆星球上，需要補給食物、氧氣和棲身之所，確實少不了這些。

我得到瓦特尼的啟發，將在這本書中盡一切可能幫助讀者「利用人文學科」掙脫在地球上的類似困境——只不過這兒需要補給的是個人的心智與靈魂。

我們很難精確指出人們的拓荒精神是如何形成的，又是為何而形成。心理學研究顯示，兒童時期的性格變動很大，到了中學時期才開始比較成形，到了成年初期則大致定型。至於人的性格究竟有幾分是靠遺傳、教養、教育、社經地位和同儕互動所決定，我們還是無法了解透澈。也許永遠不會有結論。即使如此，性格與成敗之間的關係，依然是社會科學最積極研究的主題之一。

近年來，社會十分推崇意志力（grit，或譯恆毅力），視其為最關鍵的成功特質。堅韌、盡職也是數十年來備受稱許的人格特質，如今很多學術研究都證明這些力量能帶來甚為廣泛的利益。賓州大學心理學教授安琪拉・達克沃斯（Angela Duckworth）在她的暢銷書《恆毅力：人生成功的究極能力》（*Grit: The Power of Passion and Perseverance*）中，一針見血地解釋箇中關聯。[15]然而，即使最棒的點子也可能過分誇大，尤其是謹慎的科學研究遭到媒體斷章取義，變成誘惑讀者點閱的標題時，難免會流於聳動。說意志力很重要（這是事實），和認為意志力是唯一重要的特質（並非事實），這兩者之間是有差別的。

還有第二條路也可通往成功，可惜目前的公共辯論極度漠視它的力量。數以百計的心理學研究已經發現，「敞開心房接納新經驗」的程度較高的人，不但在學期間的表現較優秀，日後的生活也過得比開放程度低的人更好。[16]我們的世界需要打破陳規的人，當大學（甚至中學）鼓勵這種探索式思考時，學生將從兩方面獲益：假如你早已擁有滿溢的好奇心，將能盡情發揮天分；萬一你對嶄新、陌生的事物依然態度搖擺，也許能藉此發掘成功的策略。

不過在此要提醒一下：準備周全的探索者成就大於倉促成行的旅人，後者以為只需一腔熱忱，就能解決所有的問題。如果探索的是荒野，這種說法絕對正確，因為攜帶足夠糧食、飲水，以及某種指引方向的器材，成功的機會肯定大為增加。若探索的是如何從大學步入職場，這種比喻也很貼切。下文將會談談大學經驗的一些額外元素，它們一方面能夠幫助你做好就業準備，另一方面依然能促使你儘量發揮自己的人文專長。接觸點將涵蓋你為何應該結識教授和近期畢業的校友、挑選適當的暑假打工地點、正確的選修課程等等

（沒錯，一旦開始工作，好奇心、創造力、同理心將會帶來報酬，可是先擁有幾項務實的技能，則有利於找到第一份工作）。一個世代以前的學費遠比現在低廉，幾乎任何大學文憑都足以討好雇主，當時大學主管還能開玩笑說，人文教育「訓練起來不費分文，卻幫你做好從事一切職業的準備」。如今你不但要做好恰當的準備，也需要妥當的訓練。

你很可能感到好奇，探索者的路徑是否比較偏愛家境富裕、人脈通達的學生，畢竟他們比較有本錢承擔風險，別人恐怕就不敢輕易嘗試。雖然目前我們還未達到機會完全平等的境界，不過有很多人正在努力拆除藩籬。後面的章節會告訴你，許多傳統上屈居劣勢族群的學生——譬如第一代移民、拉丁裔、非裔美國人、低收入家庭——如何踩著人文教育的起點，創造出令人矚目的事業。科技是一大助力，比起從前，現在你不論是什麼樣的出身背景，都更容易和潛在盟友展開線上對話（請參考第九章的一個極端案例，看看區區一次Skype通訊能夠達到什麼成果）。生活中因為金錢因素而產生的不平衡，永遠不會消失，然而某些有良心的大學正在協助低收入戶學生，希望他們不須傾家蕩產，就能獲得前景看好的職業選項。這樣的實驗計畫早就該有了；它們應該儘速擴張才對。

本書的第一部（「你的力量」）將說明，為何看似不切實際的課程，居然化身為志向遠大的學生建立事業時的絕佳跳板。第二部（「你的機會」）將探索四種威力強大的職業新策略，它們幫助那些學歷「不理想」的探索者，找到出色的工作。讀者將會明瞭，IBM為何依賴社會學系出身的員工，向客戶解釋公司最複雜的技術；主修哲學的人才，為何能創造出矽谷首屈一指的新創事業；為什麼一家廣告業龍頭公司想找人用數字來述說故事時，僱用的是英語系畢業生，而非數據科學家。

第三部（「你的盟友」）將探討更廣泛的變化，這些變化可能幫助國家和企業更進一步利用拓荒精神。你會學到如何借助學校的就業輔導室和近期畢業校友，以減少謀職的挫折。我會介紹許多大公司給你，它們都很「上道」，非常清楚僱用文科畢業生的優點，其中有些是頗受科技影響的產業，另一些則是傳統上便十分青睞人文和社會科學背景人才的部門，像是政府單位、教育機構、媒體。第四部（「你的工具組」）將提供戰略建言，教你如何講述自己的故事，如何拿到像樣的薪水。

二〇一五年夏天，我替某一期《富比士》雜誌撰寫封面故事，標題是「『無用』的人文科系學歷已成為前進科技業最搶手的門票」。我一直到那次的採訪和寫作任務即將結束時才恍然大悟，這個專題實際上是一則意識型態宣言，外層披著較安全的防護罩，也就是用謹慎報導的雜誌專題為其遮掩行藏。美國現在有個危險，就是最有價值的才華正遭到孤立和邊緣化。我們比以往更需要思想自由的先驅者，然而有許多行業卻嘲弄這些本來應該受到表揚的人。

奚落文科背景的人，成了一種醜惡的遊戲。全國知名專欄作家梅根．麥卡德爾（Megan McArdle）於二〇一二年寫道：「如果你打算進大學主修英文，還不如先去星巴克咖啡找份工作。」[17]幾年之後，輪到哲學系學生遭到非難，這次是佛羅里達州參議員馬可．魯比歐（Marco Rubio）在總統競選辯論會上揚言：「我們需要多一點焊接工人，少一點哲學家。」[18]二〇一五年，佛羅里達州的前任州長傑布．布希（Jeb Bush）在一場演說中建議，各大學應該警告他們的新生：「嘿，主修心理學啦、哲學啦都不錯，人文學系、社會科學都滿重要的……不過你們要弄清楚，學這些東西將來只能去速食店工作了。」[19]如果是個別事件，我們也許還能一笑置之，然而整體來看，這樣的想法就挺椎心的了。

諷刺的是，這些批評者自身的職業道路，反而駁斥了他們抱持的悲觀看法；上面提到的這三位全都擁有人文學系的學歷：麥卡德爾在達特茅斯學院（Dartmouth College）主修英語文學；魯比歐在佛羅里達大學（University of Florida）主修政治學；布希在德州大學（University of Texas）主修拉丁美洲研究。他們自己的人生透露出，這條學術路徑擁有拓寬眼界、培養領導才能的力量。獨立思考、好奇心、大膽、清楚明白的溝通技能固然可以在大學校園裡培養出來——可是放眼整個美國文化傳承，這些精神早就烙下十分深刻的印記。雕刻家古森．伯格倫（Gutzon Borglum）受僱在拉什莫爾山（Mount Rushmore）雕出歷任總統的頭像，他心目中的四個大英雄，有三位（傑佛遜、林肯、羅斯福）是自由精神的代表人物。他們屢屢重新塑造自我，追逐新的事物，盡一切可能鼓吹好事多磨的價值。

可惜我們國家後來喪失了這樣的精神。

大概在一九八〇年代末期或一九九〇年代初期，美國人變得謹小慎微。作家傑克．凱魯亞克（Jack Kerouac）的小說《在路上》（*On the Road*），以及演員兼作曲家鮑比．特洛普（Bobby Troup）創作的歌曲〈66號公路〉（Get Your Kicks on Route 66）風光不再，代之而起的是一整個保守戀家的國度。從一九八〇年到二〇一五年，人們遷往他州展開新生活的意願下降了一半。[20] 家家戶戶的開闊草坪消失了，社區裡處處搭起高門圍籬。做父母的變得緊張兮兮，將孩子緊緊護在羽翼之下。大學學費大舉攀升，以至於很少大學主管還敢說他們的學生「訓練起來不費分文」，哪怕這些信心飽滿的創意人才，長遠來看可能在職場上大放異彩。相反地，大學領導人競相鞏固大學部的商業、工程學程，很多學校的行銷、會計、管理、金融科系比英語系、歷史系熱門多了。家庭對於大學教育的長遠利益失去耐心，人人都把焦點鎖定起薪最高職業的相關主修科系。除此之外，有時候人文學系本身竟是自己最大的敵人，它們退縮回狹義的經院哲學（scholasticism），使得畢業生謀職像是在出賣自己。

然而我們國家原有的好奇心與探索欲望是熄滅不了的。就拿自家人來說吧，我覺得岳父大人傑克・柯闊仁（Jack Corcoran）就是這樣的人物。二次世界大戰結束後不久，他從軍中退役，自日本返回家鄉，拜「軍人復員法案」（G.I. Bill）之賜，獲得上大學的機會。岳父家的親戚幾十年來都在康乃狄克州（Connecticut）的工廠城鎮做活兒，但是他不走這條路，決定去維思大學（Wesleyan University）找前程。他攻讀的是生物學和英語，咬牙讀完了羅曼・加里（Romain Gary）那些晦澀的小說。[21] 如果女朋友受不了那類書籍，他也不當一回事，再交個新女友就是了。

我認識岳父的時候，他已經從事軍事工程二十餘載，不過光是憑一個頭銜，根本不能完整了解他這個人。終其一生，岳父不斷追求挑戰，滿足他自己的好奇心。有一年他大量閱讀神經網絡的文章，對電腦模仿人腦的能力讚嘆不已。過了幾年，他給自己取了「虛擬傑克」（Virtual Jack）的筆名，開始寫科幻風短篇小說，另外又嘗試影片剪接……拍紀錄片等各種源源不絕的新計畫。大學教育為岳父灌輸了探索者的心態，那股勇往直前的精神始終與他同在。

我們大家都需要重新找回那股精神。

第二章——西元前四八〇年——你有一把斧頭

一月的某個早晨，新罕布夏州（New Hampshire）的漢諾瓦鎮（Hanover）正下著大雪，達特茅斯學院的洛依禮堂（Loew Auditorium）外聚集了一夥又一夥學生。此時還未到冬日嘉年華（Winter Carnival），所以看不到打雪仗和升營火的景象；這會兒校園裡也沒有什麼需要抗議的洩憤對象。可是不知道為了什麼，一百多個學生緊挨著彼此，身上的背包擦來撞去。看得出來有事要發生了，誰也不想錯過。

原來大家激動的原因是：古典學教授保羅．克里斯特森（Paul Christesen）即將開講，教授他著名的「古代今探」（Antiquity Today）導論課程。[1]克里斯特森教授的年紀坐四望五，國字臉，對於古地中海文化豐富、樸質的元素，興趣始終不減。接下來的十個星期，他將帶領學生領略風俗（nomos）與自然（physis）的重要性，解釋奧林匹克競賽的由來；他會討論（古代與現代）一國參戰的涵義，還會花一整堂課探索羅馬公民古怪的性癖好。在克里斯特森的教導下，希臘羅馬的古文化一點兒都不古老，而是得到重生，對照我們今日的生活方式，顯得十分刺激，挑動人心。

學生們愛死了這門課。二〇一六年冬天，大學部登記選修「古代今探」這門課的學生超過兩百人，因為教室容量有限，其中幾十個學生被迫放棄。最後校方公布選修這門課的學生人數是一百五十九個，克里斯特森發現自己所教班級的人數之多，在達特茅斯學院名列前茅，相當於全體新生的百分之十四，都被他的魅力所擄獲。

如果任何人告訴你文科教育快要完蛋了，切莫相信。全美各地的大學裡，眾多傑出教授正在復興人文學科與社會科學。哈佛大學的哲學教授麥可・桑德爾（Michael Sandel）開了一門以正義為主題的課程，內容包羅萬象，吸引了一千一百個學生選修。德州大學英語教授伊莉莎白・李契蒙加爾札（Elizabeth Richmond-Garza）開的維多利亞時代文學課，同樣引來選修人潮。另外，根據學生的評價，查爾斯頓學院（College of Charleston）、舊金山州立大學（San Francisco State University）、阿帕拉契州立大學（Appalachian State

University）最受崇拜的教授，[2]分別任教於西班牙語系、音樂系、心理學系。

不過，光是叫好又叫座的講學還不夠。由於擔心這類專長在畢業之後有礙自己的前途，主修傳統文科學門（人文學科與社會科學）的學生更少了。走人文學科的道路，一來無法保證優渥的起薪，二來有哪些能夠協助畢業生迅速獲得進展的戰略，則不太為人所知。文科畢業生鬱鬱不得志，最後淪落到星巴克，穿綠圍裙煮咖啡的可怕刻板印象，已經變成無法抹滅的比喻了。

我們來看看史帝夫・帕爾斯坦（Steve Pearlstein）的經驗。帕爾斯坦是喬治・梅森大學（George Mason University）公共事務系教授，他邀請成績優等的學生研讀長達八百頁的安德魯・卡內基（Andrew Carnegie）傳記。結果所有學生都喜歡這本書，因為書裡對人性與經濟奮鬥有十分深刻的洞見。帕爾斯坦受到學生熱烈反應的鼓舞，開口問這些二十四歲的學生，有多少人主修歷史、英語、哲學這類專業，答案：只有一個。其他六個人的解釋是：「我爸媽不允許。」[3]

上大學的成本高昂，正逼得許多家庭縮短投資期限。將獎學金和學費折扣的因素考慮進去之後，一般家庭每年需要支付兩萬七千美元，才能負擔一個孩子上四年制私立大學；在戶籍所在的本州念四年制公立大學，每年平均開銷是一萬四千美元。[4]自從一九九〇年代初期以來，美國經濟的其他部門大多不見通貨膨脹，反觀大學卻獨樹一幟，年復一年，讀大學的成本都比總通貨膨脹率高出百分之三。

如果思考長遠一點，那麼上學是一生最佳投資的這個想法依然可靠，不論選擇主修哪一門知識都一樣。事實上，儘管資訊、電腦科系學歷看似十分熱門的敲門磚，然而某些人文科系卻能帶你走更遠的路，可惜許多父母等不下去，不免把焦點放在起薪高和所謂比較安全的科系，也就是讓繳出去的學費儘速回本（至少從經濟角度來看是如此）。

即便常春藤盟校也存在這樣的桎梏。哈佛大學歷史與文學主修領域的系主任姬兒・勒波爾（Jill Lepore）在自己家中定期舉辦說明會，讓大學部學生了解她所推動的跨學科計畫。《紐約時報》採訪勒波爾時，她無奈地回憶起某一次說明會上，一個樂觀的學員當場遭到父母的簡訊轟炸：**馬上離開。趕快出去。那是痛苦之屋**（*a house of pain*）。我們很容易想像，這類父母心裡如何警鈴大作：**想去蓋你自己的安非他命實驗室就去蓋，想搭便車橫越美國就去搭，但是永遠別再踏進什麼歷史學者的房子**。[5]

社會變得越謹慎，我們就越容易把只為學習而學習當作某種脆弱的魔法，認定它只適合中學、學院、大學這些地方。想想電影《春風化雨》（*Dead Poets Society*）裡羅賓・威廉斯（Robin Williams）飾演的那個狂熱的英語教師，還有《模仿遊戲》（*The Imitation*

Game）的主人翁數學家艾倫．圖靈（Alan Turing）的掙扎。這些天才拚命努力，到頭來卻發現自己無法搞定世界上所有的問題。我們半是景仰、半是憐憫地看待他們的作品，即使在真實生活中，每次畢業典禮上，若是某個出了名不切實際的學系，有某個教授因為教學卓越而獲獎，總是會激起眾人的一絲惆悵。成千上萬工程系和商學系的畢業生揣著學歷證書，爭先恐後奔向致富的大道——至少看起來如此——反觀那位受到仰慕的老師，卻必須繼續在相同的學術道路上穿梭，永無止境地空將一身本領交付這個不知感激的世界。

也許是學術機構作繭自縛。一九七〇年代和一九八〇年代，大學入學率激增，新設立的院校大多推出與職業相關的課程，至於教授所謂「不切實際」科目的教師，則依然頑固地以「為學習而學習」的精神為榮。在他們看來，讀土木系的學生可能接受建築橋梁的訓練，讀護理系的學生可能準備好去醫院照顧病患——可是讀英語系、哲學系、社會學系的人，理應層次更高，學習獨立思考的純粹性。只要讀完書，工作自然會有著落。此外，最出色的大學生可以繼續深造，未來還能在大學教書。

然而到了一九九〇年代末期，這股老派的篤定思維逐漸式微，太多新出爐的博士競爭稀少的大學教師職缺，可惜僧多粥少，結果掀起了最高學歷人才的低度就業新危機。在此同時，不以當教授為職志的大學生，也不確定該朝哪個方向走：隨著文科學門領導人開始重視社會上學術導向較不明顯的職務，這些大學生覺得遭到背叛，卻又不曉得如何因應。教授、系主任、教務長希望所有大學部的學生都能成功；這些領導人相信，學校教給學生的東西極為寶貴，他們只是不懂得如何將校園淬鍊出來的價值觀，連結到職場的需求。這些學術領導人越緊張，就越可能講出站不住腳和自以為是的話。

價值觀與需求的錯配之所以那麼讓人捶胸頓足，是因為校園與職場本來可以輕易強強聯手——問題是雙方鬥士必須使用共通的語言，去訴說自己的價值觀、需求、成就，使對方心領神會。可惜現在的學者、學生、雇主卻因為令人苦惱的翻譯問題，立場無法協調。

那麼共同立場究竟在何處？雇主想要僱用的大學畢業生，必須說寫流利、能夠在團隊中發揮效用、懂得如何分析複雜的問題。這些優點正是良好大學教育的核心，尤其是文科生的特長。在學術圈很愛使用的詞彙「批判性思考」（critical thinking）的觀念中，這些全都深深嵌入其肌理，可是如果你請大學領導人詳細解釋批判性思考，得到的反應將是一堆疊床架屋、彼此衝突（和自利導向）的噪音。

這一點既痛苦卻真實：當學術界卯足全力為批判性思考下定義時，無意間就為自己套上了誹謗者所持的意識型態。我讀過追溯至一九三五年的大學校長推薦書，發現大學領導人一直把批判性思考描繪成一種能力，藉它來檢驗支持某項論點的假設，也把批判性思考視為一種包容力，藉它來考量對立的觀點，而不要倉促下定論。可是在求職面談時，引用這類抽象、無趣的詞句，恐怕會搞砸謀職者的機會。當學術圈暢談自己最擅長的東西時，花了太多時間讚揚學者開發知識的過程，卻又花太少時間稱頌真實世界的報酬。

若想恢復文科教育的好名聲，就需要用嶄新的方式來談批判性思考，這次要把大學畢業之後的職業生涯放在心上。我們需要儘可能鮮明地展現文科教育能夠幫助你出人頭地的各個層面，這意味著要把畢業典禮致詞中那些空泛的話，翻譯成另一種語言——幫助你找到工作、增強權威、步步高升的就業市場用語。批判性思考的力量改個名號之後，應該會幫助你在畢業二十年後的同學會上，發現你已經達成多年前許下的志願。

我已經盡力破譯密碼。第一步是搜尋徵才廣告，找出美國境內每一份提供十萬美元以上年薪，同時要求精通批判性思考技能的職缺。這些徵才廣告大多是五百字以上精雕細琢的宣言，首先詳細描述工作內容，以及正式的條件清單，最後帶進一些比較人性訴求的字句。美國資本主義制度有個不滅的優點，一旦企業打算花大錢，就會相當老實地說出他們想要什麼，所以要不了多久，到處都會出現相同景象：「批判性思考」對於各行各業的公司意義重大，促使他們需要你這樣的畢業生。

二〇一六年夏天，我有緣使用Indeed.com這家就業媒合網站的求職求才廣告資料庫，發現有五千六百多筆徵才廣告提供六位數薪水，徵求具有批判性思考的人才。刊登這些廣告的雇主從蘋果電腦到好事達保險（Allstate），從新創事業、小型顧問公司到美國勞工部都有，勤業眾信（Deloitte）會計師事務所也在其中。這些徵才廣告五花八門，內容足以吸引每個人，同時也猛然提醒大家：文科價值觀的需求依然旺盛。每次打開一則徵才廣告，我都會記下關鍵詞「批判性思考」出現後的十行文字中所提到的特定實力，不久就得出一組一組類似的特質。

當雇主要求批判性思考的技能時，這個詞大致代表五種關鍵因素。首先是自信且願意（甚至渴望）對付尚無規則可言的未知領域。你將想像力帶進工作，在新情境中調適得宜，我們稱之為「開疆闢土」（Working on the Frontier）。

下一個是洗鍊的分析方法，讓你精於「發掘洞見」（Finding Insights）。你獨具慧眼，找到並不明顯的答案，漸漸獲得推崇。隨著經驗的累積和權力的提升，你將開始綜合各種見解，當組織需要做出複雜的決策時，你建構洞見的方式便使你成為值得信任的專家。我們稱這種較高階的力量為「選擇正確途徑」（Choosing the Right Approach）。

最後，你對團體動力學和他人的動機，具有難得的深刻理解。你擅長「判讀現場氣氛與人員情緒」（Reading the Room），以及「鼓舞別人」（Inspiring Others）。你的校園領導人試圖用更學術的字眼來形容這些能力，也不能說他們錯得離譜，可是現在你有了更好的立場，利用與雇主願望合拍的語言，替自己爭取工作。只要精通這個架構，你將會驚訝地發現，自己竟然有那麼多看似圈內人才懂的文科成就，能夠加以重新包裝，於工作有利的情境中講述出來。哪怕是遊覽發生溫泉關（Thermopylae）戰役的古希臘戰場，那樣另類的經驗也可能派上用場，它引你苦思那場戰役的重大決定——以及所有涉及的變數。假如與你面談的人對電影《三百壯士：斯巴達的逆襲》（300）有一絲絲印象，你就可以侃侃而談了：想像西元前四百八十年，自己站在一條狹窄的隘口上，敵軍大舉進逼——而你只有一把斧頭。

不管你正處在人生中的什麼階段，以下的分析將會說明，當你找新工作時，文科背景可以如何轉變成力量，而不是讓你難堪。在學校砥礪出來的那些技能，甚至可能使你在出社會之後如魚得水，進而暗自得意洋洋。你曉得如何在求職面談中脫穎而出，如何主持會議，如何在堆積如山的數據中找到真相（或危險的謊言）。

現在我們就來仔細瞧瞧。

你是高度自我導向（self-directed）型的人嗎？你能脫離窠臼思考嗎？你能適應變動的環境嗎？碰到挑戰時你反而發揮得更好嗎？如果這些問題都讓你點頭稱是，那麼你便擁有探索者的心態，正是勤業眾信會計師事務所、哈門納（Humana）醫療保險公司、美國聯準會想要找的人才。這些機構不斷朝意料之外的方向成長，因此十分渴望聘僱欣然迎向新領域的員工。

從一九九〇年代初期開始，心理學家就在鼓吹無界限（boundary-less）、「無定性」（protean）職業的優點，[6] 從業人員撰寫自己的工作內容，替自己規畫路徑。不過，當研究人員在工作現場詢問員工實際的職場態度時，卻發現大部分人並沒有那麼勇敢。有一項值得注意的意見調查發現，絕大多數受訪者自我描述的特質，落入研究人員所區分的三個類型：「好公民型」（solid citizens）、「槍手型」（hired guns）、「受困／迷惘型」（trapped/lost）。不到三分之一受訪者選擇獨立自主、無定性的路徑。我們這個社會依然珍惜可預測性，從在麥當勞煎漢堡到在一流醫療院所判讀X光片，都屬於這類工作。正因為如此，自動化、全球化才會嚇壞那麼多人，因為這兩種力量不斷襲擊性質重複的工作類型。

一旦選擇攻讀人文科系，就等於決定和探險家並肩同行。上大學後的前幾個學期，你將會對爭議性話題建構自己的詮釋觀點，尋找「新」的說法，而不是像鸚鵡學舌似地複製教授的看法。自己提出的論點贏過別人時，你會找到樂趣；若是起初的嘗試不如人意，沒有關係，你將學會如何生存與重組。到了大四，你將自動自發學習、挑選專題、蒐集資料、擬定閱讀清單。不論眼前感興趣的主題有多狹窄，你挖得越深，就越能學會「孤身一人時知道該做什麼」的這個時時刻刻都管用的技巧。

最有活力的教授們將會以寓教於樂的方式，延伸你的安逸區（comfort zones），使你更容易著手實驗。不妨將他們想成手持簡報器（presentation clickers）而非排笛的牧神（Pan）。達特茅斯學院的克里斯特森教授在新生訓練上就是扮演那樣的角色，他在一席反傳統的演講中，告訴學生：「生命中最棒的時刻，就是即將開始動手進行某件精采事情的時刻。」他透露自己初識未來的妻子歷史教授塞西莉亞·賈波斯金（Cecelia Gaposchkin）時，一個星期後就向她求婚了。克里斯特森笑開了嘴說：「樣樣事情都順利解決了！」達特茅斯與許多文理大學一樣，並未設置會計學、物理治療等領域的專業預科（preprofessional）學位——對此克里斯特森並不表示遺憾。[7]

不過克里斯特森倒是指出一項例外：數位革命使得人文科目的學習更寶貴。他說：「網際網路和智慧型手機的崛起，意謂如果你需要額外的事實，可以很快就找得到。」這麼一來，塞滿事實卻無力分析的腦袋，價值就減低了。克里斯特森比較喜歡學生做好準備，應付無法逆料的未來，方法是發展何時何地都管用的情境分析方法，以及培養他們在探索新事物時自信的敞開心胸。克里斯特森主張，只要把這部分搞定了，未來不論換多少份工作，你都已經擁有值回票價的專門知識。

艾莉．貝格麗（Ally Begly）[8]於二〇〇七年進入達特茅斯學院就讀，當時她以為自己會把焦點放在醫學預科，以後當個醫生。沒想到入學之後的頭幾個月，貝格麗發現很多預科生把學習視為討厭的瑣事，她為此感到惴惴不安。為了因應醫學院的要求，貝格麗的同學全力尋找拿A等成績的捷徑，但是她卻想從大學得到不一樣的東西。讀高中時，貝格麗很喜歡拉丁文，於是決定自己可能更適合念古典學系，她回憶道：「古典學很難得高分，你沒辦法翻開一本研究書籍，學習書裡的內容，然後把這些內容當作自己的知識運用。原樣照抄是行不通的。」

貝格麗打定注意，這種新的節奏是能引領她通往更美好未來的路徑。她寫的第一篇古典學的主要學期報告，是檢討一本關於希臘骨灰甕的小冊子，報告長達二十頁，探索古希臘雙耳罐究竟是替每個人量身打造的骨灰甕，或是標準化的規格。沒有任何教科書能回答貝格麗的這個問題，她在達特茅斯學院的圖書館度過很多個漫長的夜晚，分析細節，然後建構出一項理論。貝格麗回憶說：「那是我苦難的開端，但也是我首度嘗試原創的神奇經驗。後來我得到A等，感覺棒透了。我的這一門領域，縱有滿腔熱血也不怕招來異樣眼光。」

大學畢業後，貝格麗把她的一腔熱忱轉化為成功的、有意義的教師職業，進而成為教導小學四、五年級女童學習科學的專家，她通曉女孩子接近讀中學的年齡時，為何往往忽然在學業上喪失信心。貝格麗十分關切冒名頂替症候群（impostor syndrome，譯按：認為自己成功是僥倖，而非出於自己的真才實學，總是擔心有朝一日會被人揭發的心理）；曾有學生不安地提出一個問題，她也一直記在心裡：為什麼沒有女性登陸月球？貝格麗說：「我們仍有改革的空間，而我想成為那個過程的一部分。」

幾年前，克里斯特森要大學部的學生思考，雅典藝術作品為何從來沒有稱頌過西元前五世紀的海戰勝利。這個問題，學術圈一直沒有找到解答，克里斯特森想看看這群菜鳥能否別出心裁。後來他向我解釋：「大部分學者並不比學生聰明，我們只是知道得比較多罷了，如果我們習慣了特定的思考方式，這些知識反而可能礙手礙腳。」

結果大學生莎拉．茉瑞（Sarah Murray）[9]抓住了這個機會，發展出的答案極為引人注目，因而受邀去古典學者的一場重要會議上發表她的見解。就在上臺前，茉瑞臨時變得手足無措，趕緊向克里斯特森求救。克里斯特森回憶道：「我告訴她，到時候將有一位世界頂尖專家出席，她看起來更害怕了。然後我解釋：『那就是妳，妳比任何人知道得更多。』」

十二年後，茉瑞已經靠自己的實力成為學者，任教於聖母大學（University of Notre Dame）與內布拉斯加大學（University of Nebraska）。她繼續在學術圈開疆闢土，推展數位人文方面的新學科。茉瑞想要藉現代數據分析之力，解決古典學最晦澀的問題，再一次找出別人料想不到的見解。

發掘洞見

你天生就有強烈的好奇心嗎？你擅不擅長連結分散的點？你能過濾和萃取資訊嗎？面對曖昧不明的情況時，你是否冷靜且富有生產力？提出這些問題的雇主形形色色，從索尼

（Sony）的電影創作者，到多寶箱（Dropbox）的數位儲存玩家，還有江森自控（Johnson Controls）的自動調溫器製造商都是。說起來，幾乎每一個組織都正在和資訊時代麻煩的懸殊現象角力，也就是數據太多、清晰度不足。

面對堆積如山不完整、沒有秩序的資訊，你需要受過訓練，才能夠安之若素，也才能有信心從任何資料堆中，萃取出幾項強而有力的洞見。二〇〇九年，張惠敏（Hui Min Chang，音譯）[10]進入芝加哥大學就讀，她知道自己可以藉由攻讀經濟學，來獲取上述這種心態。然而出乎她的意料，更進一步的突破竟然來自截然不同的領域：十九世紀法國藝術。

張惠敏告訴我：「大四那年我寫了一篇研討會報告，主題是探討畫家馬奈（Édouard Manet）的畫作〈奧林比亞〉（Olympia）。」這幅頗具爭議性的油畫令一代又一代的觀眾震驚與不齒，部分原因是畫中主角是一位赤裸的法國婦女，臉上絲毫不見羞恥，另外一部分原因則是畫中配角黑人僕從所擺出的謙卑姿態讓人不悅。張惠敏喜歡這幅畫的每一個層面——畫作本身、它的歷史背景、公眾的反應。她回憶說：「後來我解釋那幅裸體畫背後的情境脈絡，以及該畫作與法國人對沙龍、自由、賣淫等等議題的態度，兩者之間存在的關係。」儘管她沒有在應徵金融業工作的面談中，具體討論〈奧林比亞〉這幅畫，可是言談中常常提起自己對藝術史的興趣，藉以說明她擁有探究事物的心態。

雇主顯然採信張惠敏的論點，如今她在芝加哥晨星（Morningstar）金融研究公司擔任助理投資分析師，專長是撰寫量化投資方面的文章，這種分析方式採用精緻的電腦模式預測整個資本市場的趨勢。根據張惠敏的解釋，這份工作的挑戰，在於同時釐清許多複雜的變數，和她大學時代所做的功課沒有兩樣。她告訴我：「在市場上，未來六個月的推力並不明顯。這與藝術史相似，你不可能面面俱到，必須要精挑細選。」

文科教育並非克服這類挑戰的唯一途徑，商業或工程背景的專家，可能比人文科系出身的人才更善於控制未知變數的數量，因為這兩類學門的畢業生同樣受過良好訓練，懂得如何解決問題。批判性思考的基礎不是什麼玄奧的祕密，只限人文學科和社會科學背景的人知曉。然而在大多數紛亂的領域中，每件事物都不斷變動，沒有誰的模式可以運作得完美無瑕。當未知的極限尚未確立時，文科訓練之下，講究流動而且已經高度發展的水平思考法（lateral thinking）將能夠脫穎而出。當手邊欠缺更好的材料時，人文與社會科學背景幫助你在數據稀缺的克難狀態下，也能安然工作。當別人束手無策時，你反而越來越長於建立暫時性推論，由於這些初步猜測往往證明是對的，使得你搶在別人之前窺見模式浮現的能力越來越高強，這點很難得。

想想看，隨便給你某個文化一星半點的軍事史，你能從中萃取多少訊息？文字不僅記述一場戰役，還揭露當時人們衣食的線索，以及交戰雙方的社會階級如何運作。文字所遺落的也能透露線索（比方說女人去哪裡了？），在你確定已經儘可能挖掘最多訊息之前，恐怕光是一小段文字，就會讓你耗費幾個鐘頭的工夫抽絲剝繭。過了幾年，當你踏入商業領域時，將會發現同樣的遊戲再度復活。從談判協調者簡短的電子郵件，到競爭對手的廣告文案，都能告訴你遠超過表面所透露的訊息量——只要你付出足夠的注意力，就會得到答案。

獨立編劇伊凡・高登（Evan Golden）[11]定居洛杉磯，他創作的劇本主要是現代劇，題材涵蓋婦女在專業上的奮鬥，以及婚姻失敗等等。高登十年前在大學修過古典學，他說那門課對自己目前的工作頗有助益。高登告訴我：「寫作時設定某個角色的動機，和推測古代城市居民為何要從低地搬遷到高地，兩者相似程度驚人。雖然我也花很多時間分析著名的電影，可是並不一樣。電影裡所有決定已經做成，你看到的都是成品，不能真正重建編劇或導演的所有選擇，也無法明白他們為何採取特定途徑。」面對開放結局的不確定性，然後決定該怎麼辦，是「古典學提供給每一個人的稀罕禮物」。

亞瑟・莫瞿（Arthur Motch）[12]進大學時選擇主修經濟，認為這門學問可以讓他做好準備，以便將來從事專業投資這一行。莫瞿沒想到自己會懊悔進了經濟系，他不喜歡系裡開的大班課程，也不喜歡僵硬的課綱，於是四處打聽是否有哪個不同領域，歡迎學生在小型研討會上開發嶄新的構想。古典學剛好符合他的需求，高登可以花上幾個小時，仔細琢磨文本分析，藉此磨練更加敏銳的心智，然後還能與寥寥可數的幾個同學鬥智，在課堂討論中脣槍舌劍。莫瞿回憶道：「我喜歡把答案推敲出來的感覺，達到眾人皆醉我獨醒的境界。」

莫瞿目前經營紐約的「永續所得資本管理」（Sustainable Income Capital Management）避險基金，該基金市值兩千萬美元，專攻其他投資人不注意的罕見借款工具（像是城市照明系統債券）。莫瞿有一點很出名，那就是在財務報表的後段章節中發現有用的蛛絲馬跡，幫他找到不尋常的價值或避開不利的陷阱。莫瞿自嘲說：「我是非常少數讀完所有註腳的人之一，正因為如此，你才會在華爾街發現主修古典學的畢業生。」

選擇正確途徑

你善於解決問題嗎？碰到機會，你能採取行動嗎？你能找到有創意的解決對策嗎？我們能信任你做好「放手去做」或「不要妄動」的決策嗎？聯邦快遞（FedEx）、麥肯錫顧問（McKinsey）、第三方支付平臺PayPal等組織在尋找批判性思考的人才時，都會提出這類問題，原因是：做生意是複雜的事，越往管理階層的高處走，你要應付的困難處境就越多，而那種情境的最佳解決對策並不見得明顯可見，這時候需要辨別力與決斷力，兩者神奇地混合在一起，就是所謂的良好判斷力。

有一派思想主張，培養良好判斷力是急不來的，我們只能經由生活中的跌跌撞撞，逐漸從錯誤中學得教訓。然而結構健全的大學教育能夠提供個案研究、傳授規範，以及大型作業的互動修訂，合成絕妙的綜合體。這些經驗加總起來，能夠促使學生加速邁向較佳判斷力的旅程。文科學門特別擅長訓練學生保持開闊的視野，容許學生在次要領域中找到原本可能忽略的重要變數。這就是人們閱讀小說的方式、建立社會學模型的方式，也是嚴謹的史學或政治學的要義。我的大學畢業證書已經遺失了，大概是念研究所時搬了十次家所致，可是只要閉上眼睛，我依然聽得見多年前的課堂上，歷史教授和文學教授們異口同聲地詢問：「還有呢？還有別的呢？」

伊莎貝兒．艾布蘭絲（Isabelle Abrams）[13]二〇一五年畢業於密西根大學（University of Michigan）心理學系，兩年不到就發現自己的判斷力受到極大考驗。她找到一份顧問工作，必須面對面應付大型消費產品公司。有一家客戶想要知道，為何寵物主人去不同的店家採購飼料。剛開始一切看似簡單，然後計畫就變得複雜了：這個現象只和狗食、貓食有關嗎？其他寵物飼料是否也如此？有些人會在專賣店向友善的專家購買魚飼料，卻跑去雜貨店買最便宜的狗糧，這是怎麼回事？艾布蘭絲每一次和客戶開會，都有一些以前沒想到的微妙新問題冒出來。重新設計訪談需要很多外交手腕，才不會把大家搞得灰心喪氣。

艾布蘭絲告訴我：「我們很可能需要開二十個小時的會，才搞得定每一件事——不過終究是完成了。我體認到提問『為什麼？』絕對不可或缺。我們必須抗拒加速前進、趕快找到答案的誘惑。乍看之下，每一件事情似乎問題都不大，後來卻往往變得比原先的問題大很多。」

密西根大學幫她做好了準備。艾布蘭絲大三的時候，曾經協助市場行銷研究員，分析受試者對於健康食品和不健康食品的認知，看他們接下來會不會努力消耗吃下去的熱量。那項研究需要她和夥伴深刻思考，為什麼受試者會對食物抱持那樣的態度，即使那些觀點看起來不合邏輯，他們也要弄個清楚。其他心理學方面的計畫，也帶領她認識到一件事實：人們在決定該大方或該小氣時，會貿然下判斷。因此艾布蘭絲大學畢業時，已經知道許多影響決策的顯性和隱性變數；對於得失風險極大的顧問工作，她的準備出奇完善。

批判性思考的這些層面，在你的職業生涯發展過程中，會變得越來越舉足輕重。入門的基層工作一般都必須依循行之已久的規則，比較年長、比較資深的人會交代你去做某某事、要怎麼做。可是這種類似家長的監督形式很快就會消退，假如你雄心勃勃，速度會更快。過不了多久，你就得自己做決定，即便事實不明朗、沒有規則可循，也逃避不了。你名義上的頂頭上司並不比你懂得更多，你必須做出決定，究竟要推出某項產品，或是棄之不顧？究竟要核准某一則出格的廣告，還是重做一遍？這是怎麼也規避不了的，老闆花錢買你的才幹，你若想要成功，就需要廣闊的知識，掌握各式各樣的解決途徑。

你怎樣訓練自己應付這樣的挑戰呢？艾咪．裴芮絲蔓（Amy Pressman）[14]一九八〇年代在哈佛大學研讀歷史（與很多其它的知識），從來沒想過有朝一日會從商。如今她是矽谷美達利亞（Medallia）軟體公司總裁，谷歌、蓋洛普（Gallup）等多家公司都是他們的生意夥伴。我問裴芮絲蔓當年如何發展出至今依舊實惠的心態，她向我描述大學時的某學期簡直是一團混亂，當時她同時選修藝術、社會學、心理學、物理學。裴芮絲蔓回憶道：「這些科目全都強調空間觀念，但是立足點卻是四個截然不同的層面。我因而明白，沒有任何觀念是遺世獨立的，自此我養成習慣，總是尋找相連的肌理，哪怕表面上並不明顯。」

判讀現場氣氛與人員情緒

你能打造團隊嗎？你能平衡不同的觀點與議題嗎？你能了解大格局嗎？你能透過影響力達到管理目標嗎？早在一九三〇年代開始，雇主就一直在尋找這類具備社群意識者的力量，一開始他們找的也不是什麼了不起的才華，焦點多半放在性格討人喜歡的業務員身上。但是如今不同了，金融巨擘如黑石公司（BlackRock）一再強調，他們在招聘年薪十萬美元起跳的員工時，首要考量就是人選必須具有打造團隊的長才。而eBay這樣的龍頭網路零售商，想要的則是那些知道如何處理多元議題，同時還能維持事事順利運作的人才。

這些是可以教出來的力量，而大學正是學習這些實力的絕佳地方。如今人們公開討論這類特質時，開始揚棄遠近馳名但嫌高高在上的「軟性技能」（soft skills）標籤，我自己倒是碰到許多人對「威力技能」（power skills）這個詞感興趣，它比軟性技能恰當多了。同理，企業尋找高階主管時，「情緒智商」（emotional intelligence）是常常被提到的篩選標準。當然了，所有這些同源異流的特質，和文科教育強調了解各色人等的不同觀點，恰有異曲同工之妙。

海蓮娜・梅爾斯（Helene Meyers）是德州奧斯汀市（Austin）北邊的西南大學

（Southwestern University）英語系教授，她要求二〇一五年秋季班的大學部學生將自己精通的學術技能列出清單。梅爾斯後來在《高等教育紀事報》（*Chronicle of Higher Education*）[15]中敘述，學生所列的清單一開始都是寫作、研究，慢慢擴展到聆聽、演說、管理專案，以及「從小處擴充到大格局的能力」。梅爾斯詢問學生，他們最感到驚訝的是什麼？「其中有一個興奮的學生脫口說道：『這些全都是有市場的技能。』」

沒錯。比方分析文學時，你要深入挖掘幾個主要角色彼此競爭的動機。梅爾斯開了一門「英語系新生」，向學生介紹類別很廣泛的事業生涯，因大量閱讀而得以深刻認識人類情況的學生，大可從事這些職業，一展鴻圖。範例從支領補助金的寫作，到管理餐廳，到經營非營利組織，不一而足，甚至連科技產業也沒有漏掉。誠如梅爾斯所寫的：「假如學生已經學會如何連結多種文稿與傳統，那麼他們很可能已經開發出媒合軟體創意者和終端使用者所需要的技能。」

攻讀社會學、史學或政治學，也會激發相同的動能。當你探索勞方與資方、移民與本國人，以及無數對立團體之間的緊張狀態，便會發展出敏銳的意識，明白聯盟如何形成、衝突如何化解。修習這些學門時，你會在自己心中平衡彼此競爭的觀點，創造悉心調整過的模式，將整體格局全部考慮進去。

曉得什麼因素可以驅使人的活動，就能夠技巧圓熟地安然度過複雜情境。一位芝加哥的人事經理與我長談，敘述其公司招聘員工的實務，他告訴我：「大部分人文科系學生具有良知——至少學校老師教過他們培養良知的基礎。」這位人事經理無意貶低攻讀專業預科學位的人，但他設法幫助我更深入了解，為何精於判讀現場氣氛與人員情緒很符合商業思維。有人在大學接受的教育是強調從全景觀察別人的思慮，組織若是網羅這些人，將可藉由對方所秉持的公平至上態度，預防未來發生大麻煩。

有時候，雇主想要的是謙虛這種隱性美德。喬依・殷維克（Joe Indvik）[16]努力要釐清希羅多德（Herodotus）撰寫的古代歷史究竟哪些正確無誤、哪些只是諷刺之語。他整理出一些很有意思的想法，可是也坦承某些範疇「實在無從得知」。殷維克目前擔任環境顧問，他在華府工作，替美國能源部和許多新創事業提供建言，很多時候必須在同一個問題的不同觀點之間扮演橋梁的角色，和歷史學者拆解相互衝突的敘事（narratives），方式沒有兩樣。殷維克說：「有些時候正確答案是採取所有觀點的折衷版本，但也有些時候，某個觀點明明白白是錯的。我發現最優秀的領導人都蠻謙虛的，他們想要解決的問題，如果有部分是出在自己的行為上，都會因為態度夠謙虛而了解到這一點。」

深深浸淫在另一種文化中，就會浮現更富同情心的自我。克莉・妲拉絲（Kari Dallas）

還在大學人文科系就讀時，曾經去希臘旅遊，雖然已經是十幾年前的事了，到今天她還記得一樁令她震驚的事件。當時妲拉絲正在一個希臘小鎮的街上散步，身旁是一位擁有寶藍色眼眸的同學，她回憶道：「一個小女孩驚恐地瞪著那雙藍眼眸，然後在胸前畫十字，彷彿看到什麼妖魔鬼怪似的。」[17]重點是你要深入挖掘某個地方的風俗民情，而不只是看看外表而已。

近來妲拉絲在奧勒岡州東部擔任律師，主要處理信託業務和商業交易，她告訴我：「我有些客戶英語不太靈光，有些把孩子或朋友帶來當翻譯。當年在希臘待過的那段時間，肯定影響我和這些客戶打交道的方式，幫助我了解人生地不熟……以及自覺格格不入是什麼感受。」

鼓舞別人

你能鼓舞信心嗎？你能鼓動別人擁抱變革嗎？你是簡明扼要、井井有條的風格嗎？你能有效傳達訊息嗎？說到聘用能與他人連結的人才類型，這是雇主新產生的一股急迫的渴求。如今職場上士氣比過去薄弱，憤世嫉俗的心態影響更深刻，加上權威嚴苛不容挑戰的趨勢，在在與領導力背道而馳。當消費者感到迷惑，當員工無精打采，或是人人都意興闌珊時，生意一定做不好。強盛的領導力不會在真空中產生，而是需要在日復一日面對面、心連心的溝通中生根茁長。

假如你的批判性思考技能包含有說服效果的演講或寫作能力，現在就有企業急著要你，包括美國運通銀行（American Express）、考克斯通訊（Cox Communications）、基因工程科技（Genentech）等公司在內。另外有一個龐大的機會區，落在傳統的行業群落中，那就是廣告、行銷、講稿撰寫、公共關係。更甚者，在如今的核心商業領域中，領導和溝通越來越糾結不清，這兩種特質根本無法區分開來，而這片領域對於上述能力的要求，也同等殷切。如果你對銷售、策略規畫、招聘、顧問、專案管理或許多其他的職業類別有興趣，請特別注意：你說故事（或是在爭論中勝出）的能力，將會贏得雇主的青睞。

蘇珊．法瑞絲（Susan Farris）[18]念密西西比學院時主修英語，關注焦點是人們選擇隱藏的情緒掙扎。她寫的一篇短篇故事贏得校園寫作獎，內容關於一個纏綿病榻的女子臨終之際，前來探病者如何逃避自身的情緒。二〇一三年法瑞絲大學畢業，不確定該從事哪個行業，後來在朋友的推波助瀾之下，她進入密西西比州的社群媒體公司「邊緣理論」（EdgeTheory），該公司當時正需才孔急，想要尋找具有高度同理心的作者與編輯。

二〇一六年五月，我花了一個上午的工夫旁觀法瑞絲工作，看她替一項護士訓練計畫構思關於希望與難處的訊息，這是要透過推特（Twitter）傳遞出去的訊息，目的是接觸潛在的新學員。法瑞絲向我解釋：「這是個漫長的遊戲。」把基調弄對，一切就搞定了。法瑞絲一邊敲著鍵盤，一邊傳送種種訊息，都是關於拯救生命……克服恐慌……對抗癌症，或是值大夜班時如何保持警醒。這套訓練課程要價四百二十五美元，但是她不急著推銷，現階段這位短篇小說作者做的是鼓動人們的感情，同時賺進合宜的報酬。

幾個月後，我和一群最近剛畢業的文科生聊天，他們正在猶他州的普若佛市（Provo）創作數位行銷資料。這些資料加強法瑞絲關於驕傲與慰藉的訊息，他們不只是調整標點符號的技術人員，努力把公司口號變得更響亮一點而已。這群人的工作目標是闡明一家大型組織的故事，為此他們在過程中享有自由和權威。權力已經轉移，在當今噪音充斥、令人疲憊的社會中，鼓舞他人的能力比過去彌足珍貴。

楊百翰大學（Brigham Young University）二〇一五年畢業生布萊斯．諾柏斯（Bryce Nobles）解釋：「我將事物人格化。」[19]對他來說，在楊百翰大學主修美國研究，閱讀梭羅、惠特曼、愛默森文學作品的歲月，與他目前所從事的工作，兩者之間是一條自然形成的道路。諾柏斯所服務的Qualtrics市場調查平臺利用他創作的圖表、電子書、報告連結消費者，他問我：「消費者經驗是什麼？美國夢又是什麼？此二者的差距並不大。」

傳統上，文科教育的高峰時刻（peak moments）是以寫作來定義的。大學這個地方，要求你卯足全力，圓滿完成二十頁的學期報告，以及篇幅更長的畢業論文。在大學的世界裡，寫作依然被視為最高級的溝通形式，然而學術圈之外，已經出現不同的主次順位。美國變成了說話人的國度，過去二十年來，我們目睹播客（podcasts）、網路研討會（webinars）、談話廣播節目、TED演講（Ted Talks）、視訊會議、Skype網路通訊軟體、YouTube視訊分享平臺的崛起。傳統的距離與成本障礙已經化為無形，新科技（特別是極度廉價的網路頻寬）已經重新組織我們的溝通方式。流風所及，口說的地位逐步上升，反觀正式書寫的地位顯得岌岌可危。

這項轉變不應該令你煩惱，即使教授們的評分標準還未跟進，修習人文學門和社會科學的習性依然很管用。深夜裡宿舍室友天馬行空的嗑牙閒聊，到頭來並非浪費時間。最近美國學院與大學協會（Association of American Colleges and Universities）對雇主進行意見調查，請對方羅列他們認為大學畢業生應該擁有哪些最重要的技能，結果他們最看重的是**強而有力的演說技能**，其次則是**精湛的寫作技能**。[20]

我在職場上不斷看到這兩項技能帶來的回報。在巡迴演講活動、產業會議、小型集會上，總會有某些演說者鶴立雞群。他們的優點已經超越光鮮的衣著、討人喜歡的笑容、精雕細琢的嗓音，套句黑莓（BlackBerry）手機徵才廣告上的話，他們「從容自在、魅力四射」。這些演講者在關鍵重點與支持細節之間穿梭自如；他們曉得如何交錯運用數字和敘述，使其達成作用；他們機智聰敏，妙語橫生，還擅長使用類比。至於這些人的大學主修科系是什麼——你知道答案的。

上網看看TED.com，你會看到上百場現場演講，主講人有科學家、政治人物、社會運動人士，還有其他的名人。TED大會上有好幾百場演講，打從在網路上公開播放以來，頁面瀏覽量已經超過一百萬。拿二〇一七年初來說，只有三場演講突破三千萬次瀏覽量的門檻——有些人認為，該數字表示這些演講已經比過去二十年所發行的任何音樂單曲更熱門了。瀏覽量最高的是英語系和戲劇系出身的肯恩．羅賓森（Ken Robinson）關於創意的演講，第二名是社會心理學家艾咪．凱笛（Amy Cuddy）談肢體語言，第三名則是人類學系出身的賽門．錫內克（Simon Sinek）暢談偉大領袖鼓舞人們採取行動的一些方法。

事實上，演辯術正是古代七門原始文科中的一門。達特茅斯學院的克里斯特森要求參加希臘海外遊學計畫的大學生，每人要上臺演講半個鐘頭，交代他們的背景、興趣、成就、焦慮、企圖心。過了十年之後，這些學生還清晰記得，當初準備演講的過程成為探索心靈的練習，無一例外。其中有一些人承認，他們每一年都會重新界定自己的身分和希望企及的身分，一而再、再而三地想像回到希臘，修改年輕時留下的那些話。

克里斯特森的學生還需闖過另一關：參觀已經化為廢墟的希臘聖地德爾菲（Delphi）；他事先分派每一個學生作業，要他們先行研究某個祭壇，或是某尊雕像。參觀的那個午後，學生一同在遺址間漫步，拿出無比熱忱，輪流分享自己的知識。有一個指標能說明學生的簡報是否出色：看看他的表現能否吸引路過的觀光客，令對方以為正在介紹這些古蹟的學生是職業導遊。

二〇〇九年，亞莉珊卓・麥瑟妲（Alexandra Maceda）[21]還在達特茅斯學院讀二年級，也在參觀德爾菲的學生之列。這座神殿原本有二十根圓柱，麥瑟妲站在碩果僅存的三根圓柱之前，開始侃侃而談：「這是圓形建築。」她穿著黑色短褲和長袖刷毛絨針織衫，看起來就是個普通的大學生。可是當麥瑟妲朝著神殿的牆壁與長條椅比起手勢，人群開始聚集過來，她懂得真多！她多麼有自信！一群澳洲背包客往前挪動，以便聽得更清楚點兒。

兩年之後，麥瑟妲一畢業就進入貝恩策略顧問公司（Bain and Company）擔任顧問，薪水相當優渥。她拿的是古典學系的學士學歷，對財務模型的知識遠不及公司從其他學校招聘來的商學系畢業生，因此必須急起直追。然而麥瑟妲在風險四伏的狀態下工作，卻怡然自得；她能夠替不同種類的資訊搭建橋梁。更重要的是，不論何時，只要她一站起來說話，就開始散發個人獨特的從容魅力。貝恩公司需要的正是她這種人才。

第三章——隨處都是起點

麥玲．賈西雅（Mai-Ling Garcia）是南加州人，年少時行為就像其他沒有任何目標的青少年，成績一塌糊塗，根本沒有長遠計畫可言。[1]她早早結了婚，婚後搬去加州聖哈辛托市（San Jacinto）的夫家居住，那兒位於洛杉磯和莫哈維沙漠（Mojave Desert）的中點，居民多屬勞工階級，五分之一人口的收入在貧窮線以下。聖哈辛托市最大的民營雇主是索巴巴（Sobaba）部落賭場，犯罪率很高，膽子小一點的人，連當地的合法娛樂都敬謝不敏。幾年前，索巴巴賭場率先發明「籠王」（King of the Cage）武鬥，參賽鬥士必須走進以鏈條作圍欄的場地裡對打，開打之後，場內上演類似監獄爭鬥的畫面，拳打腳踢，打到其中一方認輸為止。[2]

假如你想在城裡過比較像樣的生活，社區學院是個起步。只要有高中文憑，就可以進聖哈辛托山學院（Mount San Jacinto College）就讀，還有些人沒有文憑也獲得通融入學。該校的熱門課程包括汽車修理和英文第二外語；少數上進心強的學生，嘗試選修莎士比亞和范伯倫（Veblen，美國經濟學家）。[3]這所學校免收學費，註冊費也很低廉。賈西雅本來沒興趣重回學校念書，可是丈夫服役的海軍陸戰隊調他去中東，服役期延長許多。賈西雅沒有錢，又厭倦了只能糊口的工作，決定要嘗試新的東西。

賈西雅一時衝動，跑到聖哈辛托山學院註冊，報了心理學和社會學兩門課。一開始，誰也不指望她表現傑出。心理學教授瑪麗雅・羅佩茲莫瑞諾（Maria Lopez-Moreno）回憶道：「她沒有坐在前排，而是坐在大講堂的中段。我記得她常戴一條米色鑲紫邊的圍巾，上課時老是撫弄圍巾的穗子，不然就是把圍巾甩到肩後。她並不很專心。」[4]

然後有什麼東西抓住她的注意力，這個老愛玩圍巾的學生開始問一些挺有見解的問題，她問的是無助感與犯罪行為的基礎。羅佩茲莫瑞諾教授很好奇，有一天下課之後，就把這位新學生叫到一旁，問她：「妳為什麼到這裡來？」賈西雅將一切和盤托出：高中畢業就嫁給海軍陸戰隊員，搬到這個離丈夫軍營很近的沙漠城鎮，然後他被送去伊拉克打仗——她不曉得接下來該做什麼。羅佩茲莫瑞諾不忍心袖手旁觀，「我對自己說：『噢，我得給她提個建議。』」

於是教授建議賈西雅申請聖哈辛托山學院的優等生計畫。賈西雅聽從建議，果真獲准加入那一班，新班級人數較少，同學也更自動自發，而她在其間力爭上游。賈西雅趁著教師諮詢時間，常常和羅佩茲莫瑞諾閒聊班級、觀念和人生。這位心理學教授指點賈西雅撰寫關於倫理、道德、犯罪的論文。賈西雅有史以來第一次所有科目的成績都得到A，非常熱衷於交出完美的課堂作業。基於自身的多元文化傳承（菲律賓與愛爾蘭），賈西雅成為校園推動多元化措施的領袖，逐漸變成自信、懇切的溝通者，深諳建立聯盟的竅門。

不久之後，聖哈辛托山學院的優等生計畫主持人，也就是社會學教授丹妮絲・妲萊摩（Denise Dalaimo），成為賈西雅的第二個精神導師，她對賈西亞說：「妳這裡的課結束以後，應該考慮轉去加州大學柏克萊分校或洛杉磯分校。」賈西雅問：「我嗎？」妲萊摩回答：「對。」從社區學院一跳跳到加州頂級學府並不容易，卻也不是辦不到。賈西雅大二那年，妲萊摩與羅佩茲莫瑞諾親自調教她們這位女徒弟，指點她如何順利申請轉學。結果柏克萊分校不但接受賈西雅，還提供相當多資助。更光明的前途已經等在前方。

如今賈西雅成了加州奧克蘭市（City of Oakland）的頂尖數位策略專家，表現極為出色。她的辦公室位在奧克蘭市政廳九樓，空間很寬敞，可以俯瞰下方綠油油的廣場美景。賈西雅的年薪加各項福利、分紅，每年高達十三萬美元，[5]最棒的是，她做自己熱愛的事情，還能夠以此維生，那就是突破官僚程序限制，使市政府的作為更切中需求，並幫助奧克蘭市的四十萬居民。我與賈西雅在奧克蘭一家高檔咖啡屋會面時，她一邊啜飲咖啡，一邊對我說：「我喜歡將自己想成官僚體系中的忍者。」

賈西雅並不把自己漫長、坎坷的成功之路視為應當隱藏的缺點，反而當作是寶貴的資產，即使到今天依然珍貴。賈西雅在市政府會議上替弱勢居民說話，這些經濟欠佳的市民儘管買不起iPhone手機，仍然想要上網。賈西雅告訴我：「我懂因為太窮而買不起電腦的滋味。會議上只有我一個人提問：『別管這個新應用程式在iPhone上有多好用；在公立圖書館的老電腦上，這個應用程式能不能執行？因為我們有些居民只能靠那些電腦上網。』」她有第一手經驗，曉得拮据度日是怎麼回事，一方面要設法支付家裡各種開銷的帳單，一方面苦苦等待政府單位寄發福利金支票。州議會審查退伍軍人福利計畫的不平等問題時，賈西雅出庭作證，拿出自己針對聖哈辛托地區軍眷的社會學研究成果，與眾人分享。

仔細觀察文科畢業生如何邁向成功的職業生涯，當能看出這樣蜿蜒曲折的路徑委實平常。成功不是一條直線，拿到英語、心理學、歷史、人類學或其他人文科系的大學學位，並不保證你未來四十年工作穩定。你需要不斷隨機應變調整未來——這也不是什麼問題。畢業之後，你可能在三十歲以前換兩、三個城市居住，換五、六個雇主效力，每一輪改變都會擴充你的技能與眼界，對於下一步應該怎麼走，也有比較準確的直覺。你將同時扮演學生與教師，有能力確立他人看不到的機會。

即使前一章所提到的達特茅斯學院古典系的學生，也是不斷伺機修改他們的職業道路，過程之周折，足以讓工程系、商學系或預備醫科的同學目瞪口呆。在希臘神殿充當導遊、大學畢業後任職貝恩顧問公司的麥瑟妲，在該公司待了三年以後，轉到舊金山的一家新創事業上班，專精零售創新和產品管理，後來為了念研究所，又離開了那份工作。在華盛頓擔任環境顧問的殷維克，曾經短暫從事風險投資這一行，想要碰碰運氣。致力於教育創新的貝格麗曾在國家公園管理局當了八個月的資料分析師，但是後來那份工作變得「無聊到爆」，她便離開了。

我們的社會傳統上崇拜探險者，不論他們有沒有首尾一致的計畫都無所謂。我們稱頌電影、小說、回憶錄中主人翁的探索之旅，像是楊・馬泰爾（Yann Martel）所寫的《少年Pi的奇幻漂流》（*Life of Pi*）、雪兒・史翠德（Cheryl Strayed）寫的《那時候，我只剩下勇敢》（*Wild*），以及托爾金（J. R. R. Tolkien）的著作《哈比人歷險記》（*The Hobbit*）。這些故事裡，通常一切都會轉危為安，哪怕老虎把山羊吃掉了，哪怕第一雙登山靴最後掉進峽谷深處，也不影響圓滿結局。然而說到轉換職業跑道時，提供建議的人儘管本意良善，卻拒絕理解隨機應變的好處，也不願認同做好準備以面對動盪世界中的挑戰，終將有所回報。反之，這些人談的淨是起薪、起薪、起薪。

這種新的悲觀主義很令人不解，因為它不符合廣泛經濟數據所顯示的意涵。走探險家的路徑依然報酬可期，事實上，這條路的好處可能不減反增。

根據二〇一五年勞工統計局公布的數據，[6] 依照四種教育程度區分，人們從十八歲到四十八歲之間，從事過的工作數目有多寡之別。高中肄業或僅有高中文憑的人口，工作流動率最低，平均分別擁有過一一點七個工作和一一點五個工作。大學肄業或四年制大學畢業的人，工作流動率隨之上升，平均擁有過一二點三個工作和一一點八個工作。認為大學教育是通往穩定就業的坦途，已經是過時的想法。大學提供的是更寶貴的東西：當新機會升起、舊機會凋零時，上過大學的人具備成功轉換工作的能力。

死盯著起薪只會使我們盲目，看不見流動的價值。沒錯，拿商學、工程和其他專業預科學歷的人，通常一踏出大學校門，薪水就比較高。工程師的大部分職業生涯，往往可以繼續保持領先地位，這點確實可喜可賀！不過許多其他專業預科領域的畢業生，收入曲線會慢慢走緩。反而是文科畢業生，尤其是念歷史、政治、國際關係、哲學出身的人，未來的收入有可能一飛沖天。第十三章「爭取合理待遇」將有更完整的細節說明這些趨勢，並教你如何善用它們，以化作你的優勢。至於眼前，你只要曉得畢業一、二十年之後，文科學歷可能將你推進到超越許多攻讀實務科系的同學；那些同學以為自己在二十二歲那一年，已經穩穩抓住不敗的領先地位。

現在，幫曲折路徑的優點正名的時候到了。

這一章將會說明文科生的力量多麼有韌性，即使就讀的學校遠不如前一章所提到的常春藤盟校那麼優越，也不妨礙他們日後脫穎而出。達特茅斯學院的貝克貝瑞圖書館（Baker-Berry Library）固然擁有兩百萬冊藏書，可是就算欠缺這樣的資源，任何可以連上網際網路的小型學院學生，依然能夠親近廣泛無涯的知識。參加行之多年的希臘海外遊學計畫，固然能為學生帶來很多好處，可是少了這個機會，你一樣能夠前往校園方圓三十英里內的學校、醫院或警察管區，進行實地調查，打造自己或可改變一生的沉浸式計畫（immersion program）。就算無緣親炙世界頂尖大學裡數以百計的菁英人才，獲得刺激的經驗，你依然可以在名氣比較小的學校裡，找到幫助你開拓眼界、鼓舞你倍加努力的同學。

只要你自己渴望成長，無論什麼逆境也打壓不了你。假如你想開疆闢土、磨練自己的分析技能、擁抱文科教育最棒的元素，那麼你在任何地方都可以闊步前進——包括被某些人取笑是「農鄉學院」（Rustic College）或「百姓州立」（Proletariat State）的學校。美國第十大城市（加州聖荷西市）的市長，以及美國近來某位重要的數據科學家，雙雙畢業自兩年制的迪安薩學院（De Anza College）。[7]反之，不管你上的學校聲譽多麼卓著，假如你上課打瞌睡、下課不念書、拿錢請槍手代筆寫報告，那就是自欺欺人的行徑了。

二〇一五年九月，獨立學院評議會（Council of Independent Colleges）主席理察・艾克曼（Richard Ekman）邀我去華盛頓旁聽一整天的會議簡報，內容是關於小型文理學校的優點，範例如俄亥俄衛斯理大學（Ohio Wesleyan University）和愛默生學院（Emerson College）之流。出席這場會議的所有專業教育家都提出頗有價值的見解，然而最受矚目的時刻，是那些學校的畢業生在會議上一一坦誠地敘述自己的旅程，他們的經驗不約而同地指向一個主題：敞開心胸追尋答案的精神帶給他們更美好的人生。

比爾・紐森姆（Bill Newsome）就讀佛羅里達州史丹森大學（Stetson University）時，把重心放在物理學上，可是他也嘗試修過一些宗教課程，理由只是做得來。沒想到那些偶然的探索，最終引領他成為全美醫學倫理方面的知名人物。頤薩・霍爾曼（Isaac Holeman）念的是位於奧勒岡州的路易斯克拉克學院（Lewis and Clark College），他回憶讀大一時猛然醒悟到，他不再是僅僅消費別人的知識，現在也可以開始自己創造知識了。等到畢業時，霍爾曼已經擁有足夠信心和膽量，創辦了「醫學手機」（Medic Mobile）公司，利用智慧型手機的服務，提供非洲鄉下地區更好的醫療照護。

我個人大學畢業之後，馬上就在某大報社找到一份基層工作，為比較不重要的新聞審稿、下標題。我的上司約翰（John）約莫四十五、六歲，身材矮胖、脾氣暴躁，他堅信耶魯大學的畢業生擁有無法想像的事業人脈，是他永遠望塵莫及的。每隔幾天，約翰就會破口咒罵「骷顱會」（Skull and Bones，譯按：耶魯大學的一個兄弟會）之類地下社團的勢力。在他看來，耶魯的社團菁英有能力把自己的會員送上任何工作崗位，哪怕對方再怎麼魯笨或懶惰都辦得到，而且薪水都比他的和我的高很多。每次約翰再度發飆時，我們這些年紀較輕的同事都會憋著笑。約翰的信念當中，有一點真的很令他沮喪，那就是他當初進錯了學校，而且不管怎麼努力，這項失誤再也無法彌補。

儘管有些人依舊迷信學校聲望排名，然而隨處都是起點（進而攀向高點）的機會，已經比從前更強勁了。二〇一五年夏天，領英網站的數據分析師馬艾莉（Alice Ma，音譯）追蹤過去十年間全美國一百多萬個文科畢業生的出路，發現大約有百分之九進了科技業，而且多半是臉書、優步（Uber）、Airbnb之類名聲響亮的公司，做的往往是拉抬公司臉面的工作。[8]《美國新聞與世界報導》（*U. S. News and World Report*）所公布排名前二十的菁英學校，畢業生脫離主修領域的比例稍微高一些（百分之九點九），相較之下，沒有進入前一百大排行榜的學校，畢業生轉換跑道的比率低一些（百分之七點五），可是差距並不是那麼顯著。

有一些學校特別擅長把學生送進科技界，找到肥缺工作，譬如西華盛頓大學（Western Washington University）、南佛羅里達大學（University of South Florida）、舊金山州立大學（San Francisco State University）、亞利桑那州立大學（Arizona State University）、天普大學（Temple University）。在馬艾莉研究的那段期間，這些學校全部都有至少兩百個文科畢業生進入科技產業。如果把排名放寬，將任何有三十個以上文科畢業生在科技業找到工作的學校都算進來，那麼從阿蘇薩太平洋大學（Azusa Pacific University）到西肯塔基大學（Western Kentucky University），將有數以百計的大專院校入列。這位數據科學家的結論是：「長遠來看，那怕不是上常春藤盟校，文科學歷也會對你大有助益。」

如果你正在尋找一條通往科技相關行業的路徑，或是不計較行業，只想找一份可以發揮文科教育專長的好工作，這兒提出的五個特定主題，將能提高成功的機會；不論你選在哪裡作為起點都管用。

探索的勇氣

把指定教材讀完。至少複習三次學習指南。依照提示作答。了解評分規準，務必遵照……過去二十年來，設計課程的人費了很多工夫，剷除了教育中的探索部分。對許多課程來說，拿A等成績最快速的路徑，就是提供這套制度所期待的答案，並且要避開任何存在爭議性或尚未有結論的部分，以免你那些蠢蠢欲動的念頭，一不小心打破規則。

大學不須如此。很多課堂依然找得到自由思想者，他們一旦接觸到同道中人，就會觸發好事情。賈西雅之所以在學業方面覺醒，就是因為社區學院的兩位教授鼓勵她將目標放得更高更遠。朱赫從大學畢業之後，在一系列設計課程中找到同好，進而發現自己對人類學蟄伏的興趣得以復甦，後來在開發科技業使用者經驗的社群時，他的這項興趣成為一大助力。對於上一章所談到的達特茅斯學院的學生來說，最精采的個人成長機遇，是古典學教授克里斯特森將他們扔進知識深淵，並且鼓勵他們自己追尋答案的那一刻。

一般人是怎樣鼓足探索勇氣的？二〇一四年，哈特維克學院（Hartwick College）前任校長李察．戴維勒（Richard Detweiler）進行一項研究，探究因大學經驗而終身獲益和未曾受益的人，兩者之間差別何在。[9]戴維勒本身是專事研究的心理學者，他對一千個人進行意見調查，觀察大學畢業生在不同人生階段的命運，最年輕的受訪者才二十幾歲，年紀最大的已經六十幾歲。這份調查有一半重心放在結果：誰攀升到領導職位？誰每年賺十萬美元以上？誰對生活中每一方面（家庭、健康、心靈平靜）的演變都深覺滿意？

戴維勒調查的另一半，是要求受訪者回憶大學時代日復一日的習慣。誰讀書勤快？誰熱衷參加課外活動？誰花大把時間和朋友討論社會問題？誰認識了與自己態度、背景截然不同的同學？誰在課堂外結識學校教授？整體來說，戴維勒追蹤了這些受訪者的大學經驗中，歧異性頗高的十幾個項目。

掌握數據之後，戴維勒開始尋找表現頂尖者獨特的優勢，結果有一項因素吸引了他的注意：與至少好幾位教授建立密切的關係。受訪者當中，大概有三分之一特意下工夫在教授指定的辦公室開放時間登門求教，或是約教授吃午飯。學生藉這些機會請教求職祕訣、人生忠告以及其他想法，加深與精神導師之間的關係。此舉的報酬：主動尋找精神導師的學生，畢業後第一份工作優於平均的機會，比普通學生高了百分之二十八，未來他們晉升至領導職位的機會，則幾乎是一般學生的兩倍。整體來說，這些學生覺得生活較為充實，成就感較高，而且在別人眼中，他們也比較容易被視為精神導師。

聽起來有違常識，不過優良的輔導與逆境往往聯袂發生，畢竟輔導的核心就是為了幫助當事人克服疑慮與脆弱，使他們釋放出更強大、更有能力的自我——原本那個自我已經隱匿太久了。

精神導師的作為堪稱英雄行徑，不過最好的導師自己不必是典型的英雄人物，他們之所以特別容易使學生產生共鳴，往往是基於個人曲折坎坷的奮鬥歷程。換個角度來看，德魯大學（Drew University）的珍妮佛．珂恩（Jennifer Kohn）的信念值得深思：「我那條漫長曲折的旅程，幫助我對學生施以援手。」[10] 德魯大學的教職員網站上，載明珂恩是經濟學副教授，但這只是她的身分之一，其實還有許多許多。珂恩出身麻薩諸塞大學（University of Massachusetts）阿莫斯特分校（Amherst）哲學系，做過政治競選主任、消費者權益代言人、紐約某知名醫院心臟科高階行政主管。珂恩曉得人生可能充滿奇奇怪怪、岔路不斷的小徑，帶領你從一種職業換到另一種職業。這樣的經驗幫助她看出門道來：如果學生同時對歧異性很大的東西懷抱熱情，還是可以追求非制式化工作，調和他人眼中彼此衝突的優先次序。這樣的結果是，當德魯大學的學生不確定下一步該怎麼做的時候，就會爬上路易斯樓（Lewis House）那道窄窄的樓梯，去三樓珂恩老師的辦公室晃晃。他們和珂恩什麼都聊，有事沒事都說上一通，企圖把所有零散的片段組織在一起。

有一個學生熱愛藝術史，但是父母一直對他施壓，要他找一份金融業的工作。珂恩解釋說，魚與熊掌可以兼得。譬如參加討論華爾街現況的研討會，把注意力放在藝術市場的運作方式上。有一種全職顧問專門提供客戶建議，讓對方明白該買哪些繪畫或雕塑作品。在金錢與美術欣然交會的地方，這個學生大可找到理想的職業。另一些學生想要結合商業與音樂，或是商業與心理學。他們想要融合的組合項目，全都難不倒珂恩，因為她在過去的工作經驗中，結識了形形色色的人；她天生就是精通協調和實幹的人才。

不論你的學校是名聲響亮或是沒沒無名，總是會有老師願意協助你成為更大膽、更自信的探索者，所以你要善加利用這個機會。即使無法將每一種可能性轉化成一份工作，或是轉變成具有突破性的研究專題，你還是能在過程中更深刻地體會到哪一些方法可行——同時重新燃起掌握自己未來方向的渴望。

大學畢業後依然保持學習

擁有愛爾蘭歷史碩士學位能幹什麼呢？克里斯．萊羅許（Chris LaRoche）[11]三十幾歲時，最討厭別人問他這個問題。他能告訴你，一七九八年發生的愛爾蘭叛亂為什麼失敗；史威夫特（Jonathan Swift，譯按：《格列佛遊記》作者）一七二八年所寫的關於愛爾蘭政治的文章，背後真正的意圖究竟是什麼。萊羅許依然自認是思想家，專愛探究不同的文化，以及人們做選擇時複雜的因素。遺憾的是，他想當歷史學教授的夢想破滅了：他攻讀博士學位的資金泡湯，儘管擁有三一學院（Trinity College）碩士學位及康乃狄克大學（University of Connecticut）文學學士學位，仍然於事無補。

萊羅許目前任職於麻省理工學院（MIT），這麼大的跨度可不容易達成，值得我們仔細觀察他是如何辦到的。萊羅許像本書裡的許多人物一樣，從原來的科系轉行到新的工作型態，結合一丁點兒科技和許許多多同理心、探究答案的技巧，而這些技巧都是大學文科教育所養成的。除此之外，萊羅許還下了罕見的工夫，系統性強化自己的履歷，方法是儘量利用學術知識裡我所謂的「灰色市場」（the gray market）。萊羅許沒有奮力投入較多全職的、昂貴的、耗時數年的學位課程，而是巧妙地透過特殊方式，爭取到他所需要的每一樣東西——實際的知識、正式的資格認證、一套新的專業人脈。他的方法證明更便宜、更快速，也容易模仿。

正式學位課程的成本固然變得越來越高不可攀，然而有更多非正式替代課程異軍突起，正在快速填補缺口。只要上網就能找到數以百計的教案或迷你課程，提供服務的組織包括可汗學院（Khan Academy）、領英學習（LinkedIn Learning）教育網站、優達學城

（Udacity.com）、EdX線上課堂平臺（EdX.org）。你需要針對Excel或Photoshop電腦程式的系統性、多次性教學課程嗎？只要花費不到三十五美元，網際網路就會幫你達成心願。如果你比較想要為期六個星期、面對面教學或工作坊性質、有關數位行銷或使用者經驗的研究，不妨考慮General Assembly、Thinkful、Designlab這些組織，他們的據點已經拓展到數十個城市，專門提供這樣的服務。即使傳統大學也已經跟上腳步。有些學生沒有時間或沒有錢深造，卻又願意修習新專業領域的一系列職業相關課程，這些大學便透過相應的畢業證照，為他們及時面授機宜。

萊羅許花了好一段時間，才找到自己的立足點。他先在麻薩諸塞州立大學當一年行政助理，然後轉行科技寫作，波士頓某大型共同基金集團與另外幾家科技公司，都聘請他撰寫軟體文件。萊羅許感到苦不堪言，他對我說：「我不是世界上最好的作者，而且我覺得那份工作令人厭倦。」他開始像所有滿肚子怨氣的辦公室員工一樣，利用上班時間上網。

浪費時間也有好處。萊羅許發現有些網站很容易使用，其他網站卻亂七八糟。他先是感到興趣，然後就開始為此著迷了。萊羅許重新淘汰手中的顧問合約，以便多花點時間進行電腦易用性（usability）專案，少花點時間撰寫技術手冊的那種枯燥、機械性的文句。在這個階段，萊羅許靠的是自學，非但賺錢能力有限，也沒有能力在專案中擔任高層職務，不過他有對策。波士頓地區有好幾所學院提供數位實作領域的畢業證書，剛好很合他的口味。這類課程比夜校體面一點，但是和攻讀碩士、博士學位相比，一來較為簡單，二來也便宜得多。萊羅許花八千美元，就能在東北大學（Northeastern University）修八堂課，並且獲得網路設計的證書；花一萬美元，可以在本特利大學（Bentley University）修九堂課，拿到使用者經驗的證書。

萊羅許一步一步建立新的專業人脈網絡，過了一段時間，他在東北大學除了當學生，還因為學業成績優異而被校方網羅，主持一些關於使用者經驗的專案。萊羅許參加波士頓地區的易用性會議，結識來自塔夫茨大學（Tufts University）、麻省理工學院、波士頓學院（Boston College）和其他本地學校的相同專業學生。忽然間，萊羅許被大批同行包圍，對方能夠分享最佳實務，聽到新的工作機會時，也會透露消息給他。令萊羅許驚訝的是，他發現這些同行大部分也是文科畢業生，他們全都在自己旅途中的某一點，急就章地拼湊出一些技術方面的技能。不過，這群人在就業市場中之所以那麼搶手，主要是因為他們對使用者抱有同理心，能夠洞悉對方的經驗，而且發展出良好的專業知識，能夠推測出使用者真正想要的東西。

萊羅許告訴我：「我們受過田野研究方法的訓練。我們做的事情牽涉到很多同理心，也了解使用者的行為和言語之間存在的差異。使用者嘴裡說什麼，不見得就是真心想做什麼。」

我訪問萊羅許時，他已經成了麻省理工學院的全職易用性顧問，協助這所大學優化教職員與學生專用的內部網站，以及該校針對印度、中國與其他國家學習者所推出的線上課程。這份工作要求萊羅許必須在胸中抱持大量不同觀點，這一點可能讓很多人感到棘手，可是對萊羅許而言卻是第二天性。他年輕時花了好幾年的時間，設法了解愛爾蘭聖公會教徒、愛爾蘭長老會教徒、愛爾蘭天主教徒對一七九八年叛亂糾結不清的反應。現在做這份新的工作，萊羅許再次使出當年抽絲剝繭的嫻熟技能。

儘早、儘量卡位

一九九一年布萊恩・安德森（Brian Anderson）[12]自亞利桑那大學（University of Arizona）心理學系畢業，之後他在這個號稱大峽谷州的地方又待了十八個月，盤算自己創業。可惜情況並不順遂，安德森決定加州才是他的最佳機會，於是搬去矽谷，進了聖荷西州立大學（San Jose State University），攻讀組織心理學碩士課程。安德森告訴我：「我有預感，如果能進入風水寶地，將有好運連來。」

自此之後，安德森的事業就快步起飛，他成為矽谷在人才鑑定與指導方面的早期專家，協助受過技術訓練的工程師掌握管理技巧與人際技巧，因為想成為高效能領導人，這些技能不可或缺。企業成長越快，就越需要安德森的技能。一九九〇年代他為「人事決策」（Personnel Decisions）公司服務，在加州三個城市開設辦公室，最終升任該公司副總裁。接著他替另一家大型顧問公司開發一套領導效能計畫，幾年之後，又為新東家蘋果公司開發類似計畫。如今安德森自己開了一家顧問公司，名為「績效優勢」（Performance Edge），他說自己所提供的大多數建議，依然會運用到經典文科教育的精髓，包括重視「抽象思考、判斷力、學習速度」。

在矽谷管用的那一套，在全國各地類似的成長樞紐地區一樣有效。任何尋求契機的人，一定不會錯過西雅圖，也不會遺漏波士頓、北卡羅萊納州的三角研究園區（Research Triangle Park），還有大華府地區。這些地方的職缺比較多，平均薪資也比較高，勞動市場往往變得十分緊張，搞得雇主們在面談結束時，經常拋出求職者最喜愛的問題：「你什麼時候可以開始來上班？」

加州大學柏克萊分校經濟學教授恩瑞可．莫瑞提（Enrico Moretti）在著作《工作的新地理學》（*The New Geography of Jobs*）中，解釋這些區域型經濟為何如此繁榮，而且繁榮維繫如此之久。更了不起的是，每一個大都會區都變成了「大腦中樞」，引來了多種學科背景的聰明人才。[13]你可以從加州山景市（Mountain View）人行道上的咖啡座，或是維吉尼亞州亞歷山卓市（Alexandria）的古董店看到證據。這些大都會區引來比例高乎尋常的大學畢業生，他們著眼於社會兼容性（social compatibility），成群結夥入住相同的街坊。

軟體工程師喜歡和平面設計師住在附近，而平面設計師則喜歡泡咖啡店，和建築師混在一起。劇院和藝廊如雨後春筍般冒出來，為知音提供創新的娛樂，也為在大學受過訓練的藝術家提供更多工作機會。經濟繁榮會自動衍生更多成長動能，效果極其宏大，如果你願意斥資一千五百美元，請搬家公司把家當搬到這些地方，這說不定就是你這輩子最棒的投資。

那麼你什麼時候該順著莫瑞提的邏輯去搬家呢？從你挑選大學開始，到從事第四或第五份工作為止，在這段期間內進行莫瑞提型態的遷徙，可能都會得到豐碩的報酬。假設你老家住在南卡羅萊納州，眼前正打算在方圓三百英里內選擇想要就讀的大學。若是進入位在華府特區的學校就讀，譬如喬治華盛頓大學（George Washington University）或喬治曼森大學（George Mason University），你的同學畢業之後，一般年薪會介於五萬七千美元到六萬四千美元之間。如果你選擇離老家較近的學校，雖然生活費比較低，可是未來的薪資也會低得讓你感到鬱卒。南卡羅萊納地區的大學，縱使名聲媲美喬治華盛頓大學和喬治曼森大學，但畢業生的薪水硬是比那兩所學校的畢業生低了將近四分之一。[14]

再以加州為例，聖荷西州立大學大概是最極端的例子，說明了風水寶地能替你帶來什麼好處。這所位於加州的學校並不算特別難進，錄取率大約百分之六十三，在《美國新聞與世界報導》所公布的西部區域大學當中，排名第三十九。然而聖荷西州立大學的校園離蘋果電腦公司總部只有十英里，報酬何在？根據領英求才求職平臺的資料庫，蘋果電腦的頭號大學人才來源，正是這所聖荷西州立大學，受雇者達一千四百九十四人，第二名是史丹佛大學，受雇人數落後了將近二百五十人。

等到大學畢業之後，莫瑞提式遷居的效力依然強勁。就拿上一章提過的達特茅斯學院畢業生為例，沒有一個留在學校附近定居，也就是風景如畫的新罕布夏州漢諾瓦鎮。高登夢想當個編劇，理所當然去了洛杉磯；環境顧問殷維克在華盛頓落戶；專業投資人莫瞿選擇紐約。不論你的志向是什麼，花點時間考慮一下，哪些城市最殷切渴望你這樣的人才。

如果你大學畢業以後特別躁動不安，那是優點，不是缺點，因為你很可能正處在人生「自由曲線」的高峰——不受養家或付房貸的承諾所拖累。你可以在新城市放手一搏，也許和朋友合租一棟房子，或是自己租一間公寓套房。等你年過三十，易地而居的所有機制都將變得更困難，所以找一處風水寶地去卡好位置，最佳時機就是此刻。

一皮天下無難事

黎安・郭爾妲（LeAnne Gault）[15]在密西西比州一個盛產棉花的小鎮長大，她曉得自己一定有某方面的才華，只是不確定是哪一種。郭爾妲個性羞怯、彆扭，卻有當諧星的野心，夢想能當職業演員。無奈母親反對，於是她成了密西西比大學（University of Mississippi）英語系的學生。郭爾妲嗜讀露易絲・葛律珂（Louise Gluck）和莎朗・歐茲（Sharon Olds）寫的詩，以及弗蘭納里・歐康納（Flannery O'Connor）、威廉・福克納（William Faulkner）、伊多拉・維爾提（Eudora Welty）的小說，心裡十分憧憬作家這份職業。接下來的十年，對文學的熱愛不斷替郭爾妲開啟新門路，可是當她一一走過時，卻發現自己的處境不妙，匆匆忙忙之間，事情一樁接著一樁變得很糟糕。

第一次危機發生在大學的一堂英文課上，郭爾妲替福克納的作品《聖殿》（*Sanctuary*）辯護。雖然大部分學者認為該書倉促寫就，情節聳動，目的只為圖利，可是郭爾妲主張它是傑出的小說。教授對她的說法嗤之以鼻，可是她振振有辭地反駁，教授又忿意駁斥回來，郭爾妲說：「把我嚇死了。我努力堅持立場，可是心裡有數，這次必死無疑。」大學畢業後，情況變得更糟。郭爾妲去密西西比州的斯塔克維爾市（Starkville）碰運氣，謀得一份教職，教八年級學生英文，誰想到結果慘不忍睹。郭爾妲回憶道：「我的課堂管理技巧欠佳，只想把他們教得像我一樣熱愛文學。」她的運氣太背，碰到一班毫無學習意願的十四歲憤怒少年，課堂上總是一片喧鬧的亂象。郭爾妲奮鬥了九個月，希望讓教室恢復秩序，最後還是敗下陣來，離開了學校體制，再也沒有回頭。

幾年後，郭爾妲在派對上認識了維京爐具（Viking Range）的創辦人弗瑞德・卡爾（Fred Carl），剛好這家廚具公司需要一個內部撰稿人，而她需要收入，雙方一拍即合。當時郭爾妲已經躲進自由投稿新聞寫作的安全領域，靠撰寫南方食物、南方音樂方面的文章養活孩子，儘管寫新聞稿和產品簡介實在沒什麼意思，畢竟夠她應付生活開銷，總比破產來得好。當卡爾請郭爾妲提供一些寫作樣本時，她厚著臉皮用電子郵件寄了兩首詩給對方。

沒想到厚臉皮居然奏效了。郭爾妲此舉恰巧呼應一種好用的刻板印象：企業高階主管傾向認定職業作家是不安分、莽撞的人才，類似釀私酒的傢伙或肚皮舞孃。在卡爾看來，假如郭爾姐閒餘時間樂於寫詩，那就寫吧，反正她是作家。於是卡爾派她去寫一份四〇〇〇焿（BTU，英熱單位）爐嘴的產品型錄，這項產品推出之後，使用者經驗很令人灰心。不過情況很快就扭轉過來，社群媒體革命已經展開，郭爾姐即將藉此發聲。她開始透過自己的臉書和MySpace帳號，寫詼諧文章調侃一些音樂家，譬如密西西比的藍調傳奇人物「蜜糖小子」（Honeyboy）大衛．愛德華茲（David Edwards）。郭爾姐喜歡藍調音樂、流行音樂，偶爾也聽一點放克（Funk），而樂手們則喜歡她友善、活潑的評論文字。另外她也透過網路，與全美各地的廚師、美食評論家建立友誼。這個來自密西西比州綠林市（Greenwood）的靦腆女子，欣然發現自己可以在網路上暢所欲言，衝得比僱用她的那些老闆更快。

有一天下午，郭爾姐決定要炒熱維京爐具的臉書。原本維京爐具的臉書專頁只用來儲存公司歷史之類的背景資料，根本沒有什麼人關注，參與的網友寥寥可數，不過郭爾姐即將改變這一切。首先她宣布推動全國雞蛋月，在臉書上分享一段笨手笨腳煎蛋餅捲的影片，然後邀請觀眾分享他們最喜歡的雞蛋食譜，結果引來了二十一名網友。幾星期之後，她又慶祝起楓糖漿日，這次獲得兩百零三個網友按讚，以及二十九則留言。不久之後，她宣布舉辦蘇打水日，光臨公司臉書的網友都可參加比賽，只要留言提供妙點子，就有機會贏得一臺檸檬黃的爐具。

隨著郭爾妲的線上談笑風格漸入佳境，維京爐具的臉書也蔚為網路風潮，很快就有五十萬個網友追蹤其動態。瀏覽維京爐具臉書的網友很愛郭爾妲那種搞怪、瘋癲的風格，老闆也很欣賞她以開玩笑的方式幫助公司搞定了品牌定位。這家位於密西西比州的公司銷售量大增，賣了很多工業級爐具給全美各地富裕的郊區人家。就連很少下廚的人，也洋洋得意自家廚房裡有一臺價值三千美元的火爐。然而維京公司也需要展現比較柔性的一面，為了成為廚房主力爐具，他們必須讓人們將公司生產的龐大機械和美好愉悅的感覺聯想在一起。郭爾妲越能夠把公司的南方老粗根底轉變成樸實親民的競爭優勢，就越理想。

網路名氣像氣球一樣，將郭爾妲越捧越高，她因為推動美國最佳社群商務運動，而贏得一座「肖蒂獎」（Shorty Award），[16] 還在一場紐約儀式中得到獎盃，與她同時獲獎的是CNN、HBO和棒球大聯盟。郭爾妲到處巡迴演講，對觀眾闡述維京公司發起的運動極為成功的原因，當人們問她如何應付公司臉書上的客戶投訴時，她沒有套用其他講者喜歡的那套模稜兩可的說詞，反而用她那口慢吞吞的密西西比腔調從容回答：「我們就想辦法讓他們談談炸雞啊。」

如果你想得到人生的大獎，可惜排隊排在太後面，很容易就會被失敗主義擊倒。郭爾姐的故事之所以鼓舞人心，是因為哪怕倒楣了這麼久，當機會出現時，她依然信心充沛，勇往直前。假如維京爐具的創辦人卡爾要找的是作家，她就要卡爾曉得她自認是詩人，而不是只會寫庸俗文學或新聞報導的寫手。郭爾妲不確定這樣會不會冒犯或激怒對方，反正她不怕走大膽路線。

這就是郭爾妲和其他力爭上游者給我們的關鍵教訓。自稱官僚體系中的忍者也許很詭異，不過賈西雅辦成了她要做的事情。拿十八世紀的愛爾蘭黨派主義類比當今使用者經驗的研究，並非謀職的標準方法，不過這方法對萊羅許管用。我們在某些點上都只是局外人，然而當你淬鍊自己的力量到達極致，能像宣稱「我是哈佛大學畢業的」那般信心勃發，就可以打進局內人的圈圈了。

全面彙整

賈西雅大三那年轉學到柏克萊時，費了很大的力氣才慢慢適應過來。由於手頭拮据，她和丈夫搬進學校西邊一英里外的一棟老農舍，屋頂還會漏水。多數日子他們靠泡麵維生，彼時丈夫已經退役，沒了軍方薪水，兩人又是學生身分，雖然都拿一部分獎學金，但是不清楚怎樣才能請領最高補助金。左鄰右舍同情這對夫妻，常常分一些家裡儲存的冷凍食物給他們。賈西雅為了補貼開銷，在奧克蘭市（Oakland）一所小學的育樂活動中心兼差教美術。

日子過得這麼艱辛，完成大學學業的夢想恐怕是無法實現了。賈西雅從第二學期中途就開始追蹤她如今所謂的「一系列頒贈實惠獎學金但沒啥名氣的小型基金會」。所幸大家都樂意幫助她，所以不久之後，賈西雅就在柏克萊拿全額獎學金了。金錢壓力雖然減輕，可是她永遠忘不了當初深陷麻煩、準備不周的感覺。親身體會困境引領賈西雅深入社會學最迫切的議題：在自己不了解的世界裡，人們的日子過得多麼岌岌可危；可以做些什麼，讓他們的生活過得好一點？

在此同時，柏克萊的教授們為賈西雅配備各項工具，最終促使她成就一番事業。賈西雅花了一年學習人種史，教這門課的是曾經參加越戰的海軍陸戰隊員馬丁・桑切斯楊可夫斯基（Martin Sanchez-Jankowsky），他在麻省理工學院拿到博士學位，後來去柏克萊教學生做田野調查。這位教授指派賈西雅前去奧克蘭法院，實地觀察法官判案的情況，還提點她特別注意法庭運作過程中，種族差異隱現的方式。賈西雅學會細心記筆記，直言無諱自己的理論與假設，並且一絲不苟的執行研究，這樣才經得起同儕評閱的嚴格審查。她沒有暴躁失措，而是學習如何挖得更深。

賈西雅注定該當研究人員？還是什麼理念的代言人嗎？她也不確定未來要怎麼走，於是在這兩個角色之間遊走了好幾年。賈西雅先是在南加州一個海軍陸戰隊軍眷社區中主持田野調查，關注居住在軍事基地內或附近的戰士眷屬支援體系，以其反覆不定的本質，作為她的畢業論文主題。賈西雅將官僚體系的雜亂無序現象記錄下來，內容十分有震撼力，使得老師們紛紛鼓勵她將研究結果呈給加州議會和美國心理學會（American Psychological Association）。

接下來幾年，賈西雅嘗試自己搞定這套體系，為非營利組織「解甲歸田」（Swords to Plowshares）工作了兩年，設法解決退伍軍人事務部（Veterans Administration）的官僚積弊。之後的三年她在勞工部服務，負責評估有關退伍軍人聘僱的數百件補助金申請案。她打贏了很多場小仗，可是在一個技術方面非常落後的環境中工作，令她深感挫折。

賈西雅住在舊金山灣區（Bay Area），時時面對十分鮮明的對比：政府遲鈍冷漠，民間則興高采烈地擁抱手機技術，將匪夷所思的新力量交付到每個人手中。租度假住屋，訂餐廳座位，或是和別人在網路上爭執某則新聞，都變得史無前例地輕鬆。反觀和政府打交道時，想要完成任何目標（從舉報路面凹洞到改變法庭義務證人出席時間），都困難重重。

美國民主依然停留在原始網路系統，難用得要命。如果退伍軍人事務部的網站能和圖像影音社交軟體ＩＧ（全名Instagram）一樣順暢，如果市政府像評論網站Yelp一樣容易使用，一切都會改觀。可惜我們看不到任何改變。

賈西雅能夠協助解決政府的問題嗎？是的，她決心要這樣做，不過她的訓練碰上更多波折，譬如需要能夠應用科技，而不只是抱怨科技成效不彰。於是賈西雅開始上General Assembly教育網站，選修數位行銷的夜校課程。

之後賈西雅在歸根（Back to the Roots）園藝公司工作了十八個月，擔任行銷專員，透過網路販售公司的蘑菇培育套組。這份工作絕非賈西雅職業生涯的高峰，可是待遇很好，訓練更是實用。她學習加州創業文化的快速步調：不斷有人在嘗試新的點子，在加州「迅速失敗」被視為優點，產品雛形快速修正並重新推出，直到能在市場上勝出的新產品出現為止。權力在這類環境中的流動截然不同，賈西雅身為社會學家的那一部分，需要弄清楚這種流動的方式和原因。

到了二〇一四年夏天，賈西雅已經準備好重返政府機構，這次她要全力以赴推動變革。當時奧克蘭市張貼求職廣告，想要找一個「搭橋人」，為該市四十萬居民的福利著想，改善政府線上服務。這該怎麼做？誰也不確定，可是賈西雅（以及奧克蘭市）準備找出辦法來。

短短幾個月內，賈西雅成為奧克蘭市「數位前門」（Digital Front Door）計畫的聯合主管之一，她與溝通主管凱倫・玻怡德（Karen Boyd）明確指出市政府某些部分沒有充分利用現代網路技術，並且協調軟體工程師和各部門官員組成的小組，期許他們提升城市服務水準。17

這不僅是技術升級的一項練習，它需要從根本重新思考奧克蘭市服務市民的方式。市政府負責處理檔案紀錄的職員，需要斬斷行之已久的習慣，改以網路連線和任何人進行立即的電子通訊。市府員工和沒耐心的大眾之間，原有的緩衝可以降低；權力的社會結構將會改變。為了促成這樣的轉型，有一位熟悉數位科技的社會學家守在一旁待命，肯定大有幫助。

那天下午我和賈西雅一起喝咖啡時，她很興奮地告訴我，奧克蘭市的服務已見改善，還有更多進步將會陸續實現。促成智遊網（Expedia）的機票銷售和ＩＧ的照片分享服務背後的科技，不必只限於營利導向的企業使用，同樣也能用來造福大眾。假如有街頭藝術家希望自己的作品獲得更多認同，賈西雅現在就可以在社群媒體上登高一呼，吸引眾人注意。假如某地有垃圾堆積，民眾要求趕快清運卻遭到忽視，新的數位工具可以讓公民連上市政府的臉書，幾秒鐘內就能召來垃圾車。賈西雅解釋說：「程序很簡單，只要將地圖放大，然後點選垃圾所在的具體位置即可。」

展望未來，賈西雅希望應徵市府工作會變得容易許多，因為各城市的推特訊息（推文）會公告每一份新的職缺。數位科技的其他層面應該幫助居民，更快速連接到他們想要打交道的任何政府單位，譬如報名參加夏令營，或是向市長陳情等等。每一波新科技都會重新定義城市生活、社會規範，以及權力流動貫穿社會的方式。我們這才剛剛開始體認到眼前的機會而已。

nities

Your Opportu

第二部
你的機會

第四章——我這份工作去年還不存在

地理學家前腳開始追蹤夏威夷大島的南方海岸，[1]後腳他們的發現就已經過時了，原因是基拉韋亞（Kilauea）火山頻頻爆發，持續將岩漿傾倒進太平洋，海岸線立刻就改變了。來自世界各大洲的觀光客到了這裡總是目瞪口呆，親眼見證夏威夷海岸線每一分鐘都在增長的奇景。往下方俯瞰，你可以透過海水前緣附近的礁石隙縫，隱隱看見紅色岩漿流動。再朝大海深處的方向看去，能瞧見熔岩向下噴濺時激起的巨大蒸氣卷流。仔細傾聽，氣體逸散的嘶嘶聲歷歷可辨。最新生成的土地猶然蒸氣騰騰，任何生物都無法在此存活，可是先前火山爆發噴出的岩漿已經冷卻到一定程度，上面有本土蕨類開始生根發芽。而一英里開外之處，綠色植物繁盛茂密，熱帶藤蔓、花卉和其他植被已然形成永久落戶的樣貌。

職場形勢也有類似的情況發生，只是沒那麼戲劇化；你沒辦法在YouTube的影片庫中找到觀光客眼見新工作誕生而驚叫吶喊，然而從其他很多方面來看，這項類比其實很貼切。大家可能認為，待遇優渥的工作範疇都已經限死了，其實不然。新型態工作不斷冒出來的方式屢屢讓人驚訝，因為科技開啟了嶄新的可能，同樣地，正在改變的社會動能，還有公眾對主次重要性的看法更迭，也都創造出新的可能。每一年都有數百萬人選擇等同於夏威夷海岸線擴張的工作，在他們的專業領域中創下前人無法企及的成績。

職場好比海岸線，周而復始。短短一、兩個世代以前還沒有人聽過或尚不存在的數百萬份工作，如今已經成為主流常態。製藥業如此（從髖關節置換手術到遺傳諮詢皆欣欣向榮），工程業也是如此（從手機應用程式開發到太陽能電池設計，例證很多），而不管在哪一個領域，人文學科的觀點都派得上用場。即使大企業也野心勃勃地朝意料之外的方向拓展，在未知領域創造新鮮的工作機會，這方面政府與非營利組織都在做。

如此這般的結果：雇主們口口聲聲堅持沒有職缺，直到碰上一個具有潛力的應徵者——就像你這種的。在面談主管眼裡，你充沛的活力和樂觀的態度將平凡的一天變得意義非凡；你的新點子成為焦點；對方的情緒昂揚起來。忽然間，所有懷疑轉成信念，歧異化為行動，很快地，對方吐出那句神奇的話：「不如我們試試看……」

這一章將會探討嶄新探險蓄勢待發的六個行業。讀者已經在第一章讀到，勞動市場正從很多方面廣泛地演化，現在我們該來仔細看看這些需求日殷的工作項目：專案經理、設計師、社群媒體專家、市場研究員、人才招聘員、資金籌集人。這些領域機會十分廣大，每一年至少多出一萬個工作機會，而且全都崇尚源自扎實文科教育的力量：好奇心、辨別力、調適力，以及赴湯蹈火的熱忱，能逆轉亂象、締造勝局。若是攜帶幾年相關經驗去面試工作，你的年薪搞不好可能超過十萬美元，即使基層職位的薪水也不錯，讓你大學四年的學費沒有白繳。ＩＢＭ之類的大公司正在找你這樣的人才，肯塔基芭蕾舞劇團（Kentucky Ballet）之類的小型組織亦然。

本章接近尾聲時，讀者將會認識布芮姬．康娜莉（Bridget Connolly）。這位二十來歲、認真懇切的全球公民，在大家最意想不到的地方建立了事業，我們不妨把她想成那些在依然溫熱的熔岩之上現蹤的第一批生物。大學畢業一年多之後，康娜莉才找到合適的工作，她尋尋覓覓的謀職經驗和過程中遭遇的陷阱，有很多值得大家學習之處，這些揉雜希望、運氣、時機的特殊組合，終究讓她嘗到苦盡甘來的滋味。

追蹤康娜莉遭到解僱之後的探險歷程，甚至更有價值。年方二十三歲的她居然找到一份了不得的工作：維基指南（wikiHow）網站的國際化總監。這個相當熱門的網站提供各種自己動手做的指南，他們擁有拓展全球版圖的企圖心，至於如何落實，尚未有證明可行的方案。以前沒有人做過這份工作，也沒有人知道怎樣把事情做好，包括康娜莉自己（一開始的時候）在內，不過她依然勇往直前，一邊做一邊微調策略。讀者將會發現康娜莉如何打造一個非正式網絡，匯聚全世界數以百計的自由投稿譯者與編輯，譬如南韓一個感到生活乏味的律師，還有烏克蘭難民營裡一個無所事事的演講者。過程中和許多騙徒發生爭吵，康娜莉熬過來了；和年紀比她大一倍的人打交道，她學會怎樣擺出權威，而不顯得脆弱。最後她終於靠自己臨機應變的辦法成功了。

假如你曾在深夜十一點坐在電腦前面，不曉得要怎麼完成天亮就必須交出去的計畫，那麼你就經歷過康娜莉的一部分世界了。如果你曾將耳機音量調高，播放聲名狼藉先生（Notorious B.I.G.）的歌曲，希望震耳欲聾、令人痛苦的饒舌樂能激發靈感，讓你寫出精采佳作，那麼你也已擁抱過康娜莉的靈丹妙藥。[2]在如此貼近未知的距離下工作，並不是最輕鬆的謀生方式，不過對於渴望終其一生從事多種冒險與新發現的人來說，這樣的工作能令他們腎上腺素奔流，而且得到優渥的報酬。

你怎樣發現這類機會呢？求才廣告上大多不會講得很詳細，事實上，如果有這樣的工作機會，通常不會引起人們的注意。公司老闆心裡有些模模糊糊的概念，大致曉得下一步想要往哪裡擴張，可是又講不清楚具體想要什麼。這種奇怪的現象比比皆是：最有條理的雇主往往不太會夢想，最有想像力的雇主反而是那種欠缺條理、雜亂無章的人。所以如果你希望找一份前無古人的工作，很可能需要自己幫自己創造一個。不論如何，一開始混沌不明的狀態不應該使你煩惱，那反而可能是好事。

幾年前芝加哥大學經濟學者史蒂芬．戴維斯（Steven Davis）與好幾個同事合作，爬梳聯邦政府資料龐大的「美國勞工部最新職位空缺及勞工流動調查報告」（Job Openings and Labor Turnover Survey，簡稱ＪＯＬＴＳ），這份報告清查一萬六千家企業僱用員工的方式。令戴維斯等人詫異的是，所有聘僱個案當中，居然有高達百分之四十二在前一個月沒有任何正式的職缺公告，扣除那些十分搶手、等不到月底就已經遞補完的職缺，仍然有六分之一聘僱個案看起來是全新出爐的工作項目。[3]

戴維斯建議我們把這些情況想成「滲透式僱用」，也就是求職者因為天時、地利、人和而卡位成功。當求職者對某個職缺欠缺最粗淺的認識時，居然還能夠被錄取，從經濟學家的觀點來看，要相信這項事實在太過詭異。話又說回來，已經有很多這樣的事情發生，違背了古典經濟模型。

由於這些新工作是當下成形的，它們究竟需要擁有哪些技能和經驗的人才，雇主從一開始就抱著罕見的彈性立場。這對你來說可能非常有利——尤其如果你是非傳統人才，那就更好了。雇主變得更願意基於人才的熱忱與潛力而僱用他們，如果你有能夠打動人心的親身故事，也願意勤奮工作，說不定就是合適的人選。你在面試此類工作時，恐怕都沒有傳統面試的感覺，雙方對話更自然；你在言談中不經意顯露的適切感，堪比傳統履歷所重視的技能，甚至更吃香。

如果對談氣氛融洽，雇主會視情況採取大動作，有利於為一切做足準備的典型文科畢業生。你寫過厚達一百五十頁的畢業論文？當過非異性戀者（LGBTQ，譯按：包含女同性戀者、男同性戀者、雙性戀者、跨性別者、酷兒或疑性戀者的統稱）協會的主席？暑假在雪茄店打工過？若是能夠端出越多人生旅程中的經歷，證明你這個人勤奮努力、具有領導力、善於與人相處，就越有希望獲得聘用。畢竟雇主還能靠什麼別的資訊做決策呢？他們需要可以立刻上陣的人才來應付不尋常的新挑戰，而在如此新的領域中，沒辦法找到擁有五到七年經驗的熟手，因為根本不存在，這些職位勢必涉及大步跨進未知境地。於是雇主不會斷然拒絕只擁有部分技藝的人選，也會歡迎學習速度快的人才。

在這種情況下，面試雙方都會欣賞樂觀探索的精神。如果面試你的主管沒有吹毛求疵（找理由不錄用你），那麼你靠一己才華脫穎而出的機會就高多了。不要拒絕讓你在創新組織或快速成長領域起步的任何可能性，一旦進入那扇門，尋找新人脈、新機會就容易得多，未來這些都能引導你找到下一份工作。

那麼，要去哪裡找這類工作？它們有多常見？以下是六個特別令人熱血澎湃的領域。

市場調查

二〇一二年到二〇一六年，美國經濟增加了十六萬六千個市場調查和行銷方面的工作，使這兩個領域的整體就業率激增了百分之三十。[4]這場繁榮盛景有一大部分可以追溯到猶他州的普若佛市，也就是Qualtrics市場調查平臺的大本營。這家公司的軟體簡單好用，人人都能自己動手製作費用低廉、讓人欲罷不能的線上問卷，大用戶包括銀行、旅館、汽車公司，他們全都渴望知曉消費者和員工心裡的想法。另外，心理學教授也是Qualtrics網站的重度使用者。假如你發現自己正點著滑標，在某個一分到七分的量表上游移，針對特定問題表達意見，那麼你很可能就是在填一份來自Qualtrics的問卷。

一、二十年前，市場調查意謂斥資五萬美元以上，透過電話訪問或面對面訪問執行單一的意見調查，所以感興趣的商家相當有限。如今，一次大規模的線上意見調查所費金額只需過去的百分之一，於是一個接著一個調查被端了出來，題材無所不包。以前企業每年做一次員工士氣調查，現在每星期都做；[5]牙醫診所自己寄發問卷，希望弄明白所謂的健康笑容指的是什麼（如果受訪者想多看到牙齒露出，就將滑標向七分的方向移動，反之則往一分的方向移動）。線上意見調查大行其道，儘管沒有哪家公司僱用電話服務業者或面訪研究人員，某些種類的工作機會依然暴增，像是設計線上問卷、訓練網路合夥人、分析資料的工作，以及協助人們變得更精明、更清楚該提哪些問題的工作。

二〇一六年夏天，我前去拜訪Qualtrics公司，當時他們正要搬遷總部，說起來那已經是十年內第四次了，每次遷移都是因為舊的總部太小，不敷使用。我花了大半個下午和他們聊聊最近聘用的文科背景員工，也就是主修心理學、社會學、英語、美國研究的畢業生。這些研究生正在打破銷售和顧客服務之間的舊藩籬，邁入一種新的工作型態，在應對大客戶時，這種新工作使他們體現Qualtrics各方面的精神。儘管這批員工的頭銜套上很難記的熱門字眼，譬如「顧客成功」、「夥伴服務」之流，可是他們真正做的事情，卻十分引人注目：為可口可樂、大通銀行（Chase Bank）之類全球企業當偵探、修理匠、教練、顧問。有時候他們臨時接到通知，就必須立刻搭機飛往大西洋彼岸，去解決未曾預料到的問題，另一些時候他們好言哄騙自家工程師，請對方編寫複雜的新功能，以便滿足大顧客的期望。這些工作有個始終不變的成功關鍵：臨機應變的能力。

最近被錄用的克里夫．賴森（Cliff Latham）告訴我：「如果可以預料得到，那就是我工作不力了。」[6] 二〇一三年他自楊百翰大學愛達荷分校（Brigham Young University-Idaho）工業與組織心理學系畢業，目前的工作是負責向形形色色的客戶推廣Qualtrics的意見調查技術。這工作沒有可資依循的文書，賴森必須自己想辦法和「運動權威」（Sports Authority）公司搭上線，以便推動一項重要的新調查；為了做另一項調查，他也需要設法與一位研究公眾態度的知名心理學教授攀上關係。賴森指出，他與客戶的對話之中，最大的統一調性就是「保持知性的好奇」。

二〇一四年，卡洛琳．璞爾（Caroline Poole）[7] 取得傅爾曼大學（Furman University）社會系學士學位，現在她是Qualtrics公司內部一支菁英顧問小組的成員，協助大客戶製作複雜的意見調查。璞爾說：「你需要擅長非線性思考，才能解決問題。」有時候替顧客完成真正的研究目標，可能需要花上二十個小時——特別是參與專案的各方人馬無法面對面商議的情況。這時候璞爾的社會學訓練就派上用場了：工程師無法診斷或改善組織衝突（亦即辦公室政治），但是對璞爾來說，應付各式各樣的組織衝突根本就是家常便飯。

社群媒體專家

散播力道迅疾如病毒的影片，掀起風暴的推特文章，以「思想領導」自居的部落格……在社群媒體這塊園地，很難說哪些技巧管用？為什麼管用？以後會不會繼續管用？人人都還在揣摩應該如何運用臉書、推特與其同類，藉以打造品牌、分享觀念。在這個過渡期，傳統的行銷、銷售、溝通手法顯然正在面臨天翻地覆的變局，其結果是從谷歌到堪薩斯市立動物園（Kansas City Zoo），許多組織都下定決心，他們需要社群媒體主管——而且現在就要！

從比較廣闊的角度來看，這類專才的需求量每年可能高達四十幾萬個，[8]這是取火鏡科技（Burning Glass Technologies）公司算出來的概數，當時這家位於波士頓的勞工數據公司特地計算，有多少職缺的雇主將社群媒體技巧列入徵才條件。這類工作機會有許多仍然涉及傳統的銷售、行銷或公共關係技能，部分工作屬於嶄新的領域，其他部分則是大家早就熟悉的型態。即便如此，十年前使用的聘僱招式，如今看來顯得過於僵化了。市場上還有更廣大的空間供郭爾妲之類的人才發揮，密西西比大學英語系的學歷、活潑慧黠的風格、利用閒餘時間從事的社群媒體實驗，將她轉變成維京爐具公司的品牌塑造天才。

在這個變遷快速的領域中，文科教育的價值是什麼？你在某些公司中，可能需要扮演友善的教育者，幫助年紀較長的同事增強與閱聽大眾連結的意識。你也可能想一手打造鼓舞人心的訊息，想出能讓別人拍案叫絕的文句、照片、影片，因為這個世界依然充斥太多枯燥乏味、過眼（耳）即忘的組織內容（organizational content）。不要怯於自詡為組織內部的文化詮釋者，而應辨認自家老闆的經營目標如何與世界其他部分互動。假如你曾經在人文學門的研討會上宣示大膽的立場，或是曾經在期末報告中寫過精采得令人髮指的句子，還是曾經引用某位社會科學教授的模型，說明世界如何運作，那你就已經走對路了。

二〇一〇年，麥克斯・孟克（Max Menke）[9]自匹茲學院（Pitzer College）政治系畢業，成績單上顯示他修過的課五花八門，從攝影到表演琳瑯滿目。孟克告訴我：「我不確定自己在大學裡所做過的一切，究竟和目前的工作有沒有關係。」然後他重新思量一番，表示大學事實上激勵他樂意不斷勇於嘗試新的領域，這一點變成了他最大的資產。孟克就讀匹茲學院期間，有一個學期跑去中國遊學，因此他畢業之後獲得許多業務和教學的工作機會，而這些工作則磨練他與相異背景的人們連結的能力。二〇一五年，孟克與人合夥創辦舊金山的成長X（GrowthX）公司，從事創業加速（start-up accelerating）這一行，也就是協助創立不久的新公司駕馭成功所需的營運策略。孟克的日常工作是向這些公司解釋銷售策略和社群媒體工具，對方的行業形形色色，從運輸物流、心律監視到女性化妝品都有。如此多變的工作恰是正宗文科探索者的完美歸宿，誠如孟克的解釋：「我熱愛變換排檔。」

人才招聘與職業教練

美國經濟在二〇一〇年到二〇一五年之間，創造了七萬三千份人力資源專才的新工作，相當於這個行業整體就業率的百分之十七。[10] 隨著新興數位工具日益普遍，這個領域採納大量軟體創新，使得薪資與福利計算、績效考核的工作不再像過去那般枯燥瑣碎。大多數情況下，新科技最終創造了新工作，而沒有摧毀既有的工作，原因是：一旦事務性雜務自動化之後，組織就開始將人力資源視為擴張的好地方，因為腦袋靈光、富有想像力的人才可以使整個組織運轉得更順暢。

人才招聘成為企業引以為傲的來源，而且動作十分快速，不再是過去那種行事慢吞吞、令人頭痛的部門。員工福利越來越根據每位員工的需求而量身打造，員工訓練也變得越來越有效率，同時在職反饋變得越來越即時、有助益。提高人力資源方面的投資物超所值，若是洞察力強的專門人才（很多都擁有文科背景）採納新的軟體工具，舊時古板保守的人力資源世界就會變得極富創新力量。

麥可・楊格（Mike Junge）[11]在他從事這一行的前十五年，便親眼目睹了上述轉變。他於一九九九年畢業自亞利桑那大學的創意寫作系，由於當不了詩人，他改去一家科技招聘顧問公司工作，當時的就業市場支離破碎，企業端出來的徵才廣告平淡乏味，應徵的工程師投來的履歷表同樣無精打采，人人都不滿意現狀。接下來的幾年，楊格拿出在大學磨練出來的傾聽技巧，慧眼看出人們隱藏在心裡的那一股想要改善徵聘對話的希望與動機。

楊格首先協助工程師採用輕快活潑、手到擒來的風格，來描述他們解決問題的技能。然後他設法改變大多數科技工作徵才廣告的陳腔濫調，他告訴雇主，不要拿一長串形容詞作為要求條件，這樣只會打擊求職者的熱忱。恰當的做法是維持相同的要點，但形式要改造成問句，譬如：「你有責任心嗎？你做事認真嗎？你在壓力之下能維持工作效率嗎？」邀請求職者來試一試，理由是他們既然符合這份工作的要求，就應該有捨我其誰的氣魄。楊格告訴我，如此簡單的觀點轉移「達到驚人的效果，徵才廣告的回覆率大幅提高」。這項本領看似比較厲害的寫作技巧，但其實是文科教育兩大支柱（同理心與好奇心）的副產品。楊格的實力導引出更能打動人心的訊息創作，因此應徵者和招聘者雙方都覺得，打交道的對方很懂己方的興趣。

二〇一一年，谷歌邀請楊格加入該公司的招聘團隊，他的任務是從全世界蒐羅最棒的工程人才，並且吸引那些人選進入谷歌的工作面談流程。

大約就在楊格加入谷歌的時候，領英求才求職網站正邁著穩健的步伐，成為聚集潛在求職者的巨大資料庫，也因此被招聘者引為最佳朋友。以往加州招聘人員的基本條件是懂大數據的專家，同時還必須擁有起碼三年運用Hadoop程式（譯按：處理大型資料集的程式）的經驗，如今有了領英襄助，他們可以略過勞力密集的老套，也就是拜訪大學教授，請他們推薦優秀學生，或是設法擠進產業會議，以期認識接受過Hadoop程式訓練的工程師。如今招聘人員只要學習一些搜尋資料庫所仰仗的布林（Boolean）邏輯基本知識，然後在鍵盤上點幾下，就可以找到成千上萬個合乎條件的在職工程師，對方並未積極尋找新工作，但也不排斥有人找上門來挖角。用楊格的話來說：「領英將全宇宙的人才交到我們手裡。」

招聘人員能夠越快找到應徵者，谷歌對人才的胃納就變得越大。假如矽谷的求職人才庫太過貧瘠，何不探訪德州前三十位最優秀的Hadoop工程師，看看他們願不願意搬到加州來工作？再不行的話，也可以探詢以色列最傑出的五十位Hadoop工程師。不論谷歌請多少個招聘人員來幫忙，依然覺得不敷所需。截至二〇一二年，這家搜尋引擎公司內部的招聘組織已經擁有八百多個工作人員，而楊格也已經在谷歌揚名立萬，那一年的年中他回到加州南部，目前在一家金融科技公司擔任人才招聘部門的總管。

說起來，谷歌之類的科技公司仍然依賴自家工程師，透過一系列面談與寫程式的考試，評估每一個應徵者適任與否。不過為了展開對話，由於文科教育背景出身的招聘人員特別擅長與應徵者建立友善關係與有效溝通，因此在這個行業中占有特殊的地位。

資金籌集

回顧二〇一〇年時，全職資金籌集者還是極為罕見的工作，以至於聯邦統計人員甚至不把它列為獨立的職業類別。到了二〇一六年，勞工統計局發布的數字顯示這一行已經有六萬八千九百個從業人員。輔助性質的科技再度發威，創造出大量新工作，Raiser's Edge和CauseOS之類的軟體工具使小型組織受益匪淺，募集資金的過程比過去便宜、迅速、順利很多。線上募集活動意謂完全不需付出郵寄、電話、印刷成本，從前之所以從未出現籌集資金的倡議，正是因為這類活動的成本太過高昂，哪怕真的募集到資金，也是得不償失。如今有了新科技襄助，籌集資金忽然變得可行，而且成果往往令人垂涎。

Kickstarter和Indiegogo之類的群眾外包（crowdsourcing，簡稱眾包）創始方案也開啟了新道路。任何人若想要拍電影、推出產品、發起可貴的運動，都可以上網向全世界爭取支持。先期支持者可以透過網網相連世界中的所有溝通工具，號召親朋好友來響應，有效募集資金不再是美國紅十字會的特權。

肯塔基州萊辛頓市（Lexington）的舞者布芮・蘿黎（Brie Lowry）[12]發現，只要成為肯塔基芭蕾舞劇團的資金籌集者，她就能支持自己的職業熱情，同時也能多賺一些兼差收入。蘿黎成功的一部分關鍵，是透過數位方式連結上佛羅里達州的潛在捐贈者，另一部分則來自與肯塔基州本地企業的面對面接觸，譬如美格酒廠（Maker's Mark）。（誰能抗拒得了「波本威士忌與芭蕾舞」的一夜？）基本上，科技使蘿黎得以空出時間和延伸觸角。

資深資金籌集者珍妮佛・麥珂里雅（Jennifer McCrea）在著作《慷慨網路》（*The Generosity Network*）中主張，當「兩個人一起坐下來深談」時，劃時代的捐贈就成形了。[13]種種觀念紛飛，大膽的解決方法初見雛型。一個念頭吸引了諸多夥伴，大家都願意齊心推動某件「可能具有創意、令人興奮、帶來報酬、好玩有趣」的事情。麥珂里雅的模式肯定了科技工具的重要性，但是範圍只及財務報表、捐贈者與捐贈金額研究等等，有志一同的人們因此更容易找到彼此。至於打動捐贈者的方法，則另有竅門。麥珂里雅是哲學系畢業的〔阿勒格尼學院（Allegheny College）大學部，一九八八年〕，籌集資金的經歷超過二十五年，從哲學系學生的觀點撰寫籌資文案，她強調能凝聚人心的創意渴望十分重要。文科畢業生的熱情頗具傳染力，一旦開始倡言自己熱愛的理念，很容易就能拉攏到志同道合的夥伴。

數位設計師

二〇〇三年，索雷尤．奎勒弗（Soleio Cuervo）[14]自杜克大學作曲系畢業，兩年不到就進了臉書，成為該公司的第一批設計師。他的角色是：想辦法讓這個年輕的社群網站吸引人、風格清爽、容易使用。當時沒有人曉得臉書那個迅速演化的塗鴉牆功能該怎樣運作，也不曉得它的外表看起來應該怎麼樣，對此索雷尤（他喜歡人家這樣叫他）不置可否。出身哥倫比亞移民的他超級有自信，由於念大學時把架設網站當作嗜好，幾年下來，他的網路技術練得十分扎實。不過索雷尤最與眾不同的長處源自於他的美感，不僅清楚美好的音樂聽起來應該如何，他還有數不清的點子，曉得精采的設計看起來應該如何，好的設計又能夠如何推進技術。索雷尤進臉書公司做這份工作，準備好要放手進行實驗。

二〇〇八年我初識索雷尤時，他已經是遠近馳名的效率達人。臉書開發團隊的其他部門一直想要增添新功能，可是索雷尤堅持必須儘可能維持樣樣精簡與流暢，如果用一個字就能充分表達意思，就絕不使用五個字；如果用一個圖示就能達到目的，就絕不使用文字；每一樣東西都要精簡到少一分則不足的地步。索雷尤理了一個大光頭，聲音低沉而宏亮，眉毛濃密，言行舉止彷彿藝術巨匠，久而久之，他在臉書內外都贏得了很多掌聲。二〇一一年，《華爾街日報》的人物專訪揭露索雷尤發明臉書「按讚」的豎大拇指按鍵，使得他聲名大噪。之後他便創辦自己的風險投資公司，押寶別人的新創事業，成為極受吹捧的投資人。我發現索雷尤拿自己的名字作註冊商標時，當下忍俊不禁，不過也不感到意外。如果你在領英的網站上搜尋他，就會發現他登錄的名號是索雷尤®（Soleio®）。

數位設計這個領域十足年輕，讓你能夠創造自己的從業資格，程度令人咋舌。布朗大學（Brown University）哲學系畢業生哈娥．伍爾茲（Hal Wuertz）將自己改造成數位設計專家，伊利諾大學（University of Illinois）主修藝術史的布萊德．尼爾（Brad Neal）亦然，兩人現在都在德州奧斯汀市的ＩＢＭ公司上班。

根據取火鏡科技公司的統計，每年有六萬七千個網路開發與網路設計的工作職缺，其中大部分職務都被勞工統計局列入電腦業，其實數位設計從業人員除了科技知識之外，個人的美感素養也同等重要。你可以學習這一行的一些基礎工具軟體，譬如Adobe InDesign、Pixate、Sketch、Figment、Framer，或後繼的類似軟體。除此之外，你要表現得有膽量、拿得出好點子，並且顯現願意快速學習的誠意。一旦站穩腳跟，別忘了把自己的名字拿去註冊商標。

專案經理

二〇一三年底我收到一封請柬，邀我去明尼亞波里斯市（Minneapolis）的一場區域型會議發表演講，主辦單位是專案管理學會（Project Management Institute）。我以為這肯定是一群國防承包商和營建工程師建立的組織，沒想到自己的觀念已經過時得太丟臉了。沒錯，專案管理作為獨立工作路線的概念，可以追溯到男人頭戴安全帽興建潛水艇或橋梁的年代。可是到了今天，情形已經截然不同。過去十五年來，專案管理學會在全世界的已註冊會員成長了五倍多，總人數達到四十六萬七千人，這個數字的成長絕大部分源自於我們說的那種批判性思考者，他們將跨學科的巧思帶進新品種專案，另外再添加一絲高科技的轉折。

亞馬遜（Amazon）公司僱用很多專案經理，[15] 谷歌、雀巢（Nestlé）、甲骨文（Oracle）、索尼、安侯建業會計師事務所（KPMG）、微軟、美國航空（American Airlines）也不例外，還有不計其數的新創公司紛紛仿效，他們的名稱也很可愛，譬如美妙公司（Wonderful）和信心公司（Faith）。如果你從事這一行，做的將是指導、規畫、斡旋的工作，撲滅比喻的（搞不好還有真正的）火災。你將會協助工程師了解業務團隊想要什麼，還會不斷利用軟性影響力，向不歸自己管轄的人員求助。從事這一行的人，有許多都擁有專門的產業技能，但是令人驚訝的是，也有相當多人並不具備這種技能。

大老闆尋找專案經理時，很重視擁有全套批判性思考技能的人才。如果你能找到人結盟，能在時間緊迫下想出解決辦法、能快速地學習，那麼你就是應該會在這類情境中如魚得水的那種文科畢業生。初出校門的你恐怕不太可能馬上找到專案管理的工作，哪怕是天才，也不能成熟得那麼快。你應該先花幾年時間弄清楚組織如何運作，慢慢就能在這個領域發展出刺激有趣的長遠未來。

不信問問康娜莉就知道了。[16]

康娜莉在賓州切斯特郡（Chester County）長大，一心想成為外交官。她繼承了母親對旅行的愛好，童年時期就去過愛爾蘭、西班牙、波多黎各，這些旅遊經驗使她更想要獨自去見識更廣大的世界。高二那年，康娜莉參加西班牙語沉浸式計畫，去墨西哥的庫埃納瓦卡市（Cuernavaca）寄宿家庭住了兩個星期。高三時，她努力爭取到去澳洲參加一場女孩領導大會的機會。接著她大步跨進高中學生自治會，並於二〇〇八年志願加入歐巴馬的總統競選活動，不過在發現政治運作的真相之後，康娜莉的志願改變了，外交成為遙遠的夢想，從政的念頭失去誘惑力。之前她選擇在大學主修國際關係，如今卻不知道該如何運用所學。

到頭來旅遊沒有變成手段，反而成了目標。就在史丹佛大學的同學們嘗試抽大麻之際，康娜莉卻忙著準備防治瘧疾的藥物。大二那年她前去南非做研究，想知道建立社會凝聚力能否降低貧窮地區的犯罪率。為了蒐集資料，她一頭栽進截然不同的文化，學習南非七百萬人口所使用的搭嘴音語言（clicking language）科薩語（isiXhosa）。康娜莉與一位研究夥伴主持六十二次田野訪談，同時與社區嚮導結盟，如此才能確保受訪者提供真心誠意的答案，而不是說一些討好外國人的話。她買了頭燈和辣椒噴霧防身，以防突然停電；康娜莉很享受這次探險的每一天。

二〇一一年康娜莉畢業時，美國經濟剛剛度過二〇〇八到二〇〇九年的金融崩潰，此時依然搖搖欲墜。她那些關心就業的同學如願在貝恩、摩根史丹利（Morgan Stanley）等公司找到工作，但是對康娜莉（與她的許多朋友）來說，事情就沒有那麼順利了。她那些散漫的歷險並非大公司所樂見，先前康娜莉忙著替厄瓜多一個草根型非營利組織帶領學習之旅，可惜那樣的工作缺乏長遠的前途。每個星期她都在Graigslist、Monster.com等求才求職網站上搜尋機會，日復一日地發送求職信，抬頭千篇一律是「敬啟者」，結尾總不忘寫上「期盼獲得您的回音」，但結果總是石沉大海。

康娜莉開始默默感到深沉的害怕，就像她後來所解釋的：「我有一種感覺，早該在畢業的時候把一切搞定，否則就死定了。」大學畢業後的頭一年，康娜莉甚至找不到一份固定工作。

二〇一二年九月，康娜莉病急亂投醫，應徵維基指南網站的創意主管一職。這份工作並非良配，因為他們徵求的是視覺設計高手，這可不是康娜莉擅長的領域。儘管如此，她還是在求職信中儘可能鋪陳自己的滿腔熱血，吹噓在學期間完成的攝影和拍片作品，將自己捧為「擁有大膽兼創意眼光的藝術家」。不這樣做，康娜莉又能怎麼辦呢？這家公司聽起來很吸引人，而且她的求職焦慮感越來越深了。

康娜莉很幸運，因為這一家公司信奉力爭上游者的金玉良言：「聘人看態度，技能靠訓練。」和康娜莉面談的公司招聘人員沒有花太多時間考核她（並不存在）的設計作品選集，反而追問她於某段時間嶄露主動精神的例子。康娜莉趕緊抓住機會，她不曉得面談人員是不是想聽這個，立刻開始詳細描述一條勇敢克服險阻的道路，而她就是循著這條路徑，實地拍攝全世界規模最大的珊瑚礁復育計畫紀錄影片。當時康娜莉和男友跑去印尼度假，其他觀光客都在峇里島海灘上懶洋洋地享受假期，但那不是她的風格——她隨身攜帶攝影機，想要採訪海邊的漁夫。

漁夫不會說英語，康娜莉也不懂印尼語，所以她死背一個印尼語的關鍵句子：「和我們說說珊瑚的事。」凌晨五點，康娜莉在漁船出海之前趕到碼頭上，就靠這一句問話，採訪從事珊瑚礁復育計畫的工人和漁夫，對方用印尼語回答，事後她再請翻譯人員補上英文字幕。

維基指南駕馭得了這麼生猛的精力嗎？這家公司的總裁伊莉莎白·妲格拉絲（Elizabeth Douglas）是注意力非常專注的人，她的腦子裡閃過一個瘋狂的點子，說道：「我知道我們在討論的是視覺設計的工作，不過我想跟妳談談另一項計畫。」[17] 她夢想維基指南有朝一日成為全球性企業，意謂該網站上刊登的三萬多篇熱門文章，需要翻譯成西班牙文、阿拉伯文、韓文等至少十幾種語言。沒有人曉得，在公司預算緊繃的情況下，要如何實現這個願望；不管對誰而言，這都是全新的領域。康娜莉並不介意，她聲言：「這正是我熱衷的東西。我學得很快，會投入時間去做。」

妲格拉絲和康娜莉那個星期便談妥這項新工作，維基指南將聘用公司第一位國際專案經理。諷刺的是，在二十三歲的康娜莉走進公司大門之前，這份工作根本還不存在呢。

對於喜愛冒險的人來說，什麼也比不上初次窺見前無古人的疆域。只要發現這樣的處女地，就能夠享受美好的自由，盡情設定自己的目標、選擇自己的方法、擬定自己的規章。順風順水的時候，我們品嘗率先發現新局面的刺激，珍惜搞定困境的的喜悅感。萬一出現障礙，至少可以奮力一搏，找到別人從未嘗試發現的解決辦法。隨著一個月又一個月過去，我們逐漸精通新的科目，持續不斷地成長，體驗到偉大的舞蹈家瑪莎·葛蘭姆（Martha Graham）所謂的藝術家「神聖的不滿足」，她說：「幸運的不安定感使我們持續前行，讓我們比別人活得更有精神。」

如果文科教育已經將你引到最意想不到（以及最偏遠荒僻）之處，請鼓起勇氣來。你的正式技能組合也許和康娜莉的同樣端不上檯面，沒有關係，只要你擁有足夠的活力和樂觀的態度，而且願意學習，那麼你已經發展出來的本事，可能就綽綽有餘了。事實上，對最新的工作領域而言，你的準備或許已經驚人地周全，不過假如你還需要更多鼓勵和明確的資料，請參考從康娜莉的求生路徑中歸納出來的八點提示：

1.最初那段時間會很嚇人。康娜莉上班的第一天就發現，自己繼承了一堆彆腳的翻譯試作，時間可以回溯到將近四年前。西班牙文版的確收納了各種提問的一萬一千種答案，但是當中缺了很多維基指南最熱門的問答（譬如全世界的人都超愛閱讀維基指南網站上的那一篇「如何接吻」）。義大利文版根本還未成形。荷蘭文版的雛型雖然已經初見架構，可惜半途而廢。康娜莉的上司克里斯．哈德利（Chris Hadley）告訴她：「妳需要做的第一件事，是建立試算表，追蹤我們目前正在做的事情。」

麻煩來了！康娜莉的履歷表上註明她精通微軟的Excel和其他辦公室軟體工具。這說法……實在太樂觀了。哈德利在一旁觀察康娜莉怎麼搞定一份Excel試算表後，忍不住眉頭深鎖，他提供建議：「何不試試看IF指令？」[18]幾分鐘後，他又說話了：「如果妳用VLOOKUP，速度就會快得多。」康娜莉盡力不要顯得驚慌失措，每次都回答：「喔。」然後停頓一下，接著說：「好。」最後再說：「我懂了。」

該學習的東西那麼多，康娜莉靠不屈不撓的毅力度過難關。接下來的幾個星期，她在公司天天早到晚退，不斷更換座位，把椅子搬到可以幫助她的同事的座位旁邊。康娜莉提的問題沒完沒了，有些同事變得很不耐煩，可是她堅持下去，本領越練越高強，那股咬牙努力的拚勁讓同事逐漸認同她、支持她。有時候情勢緊迫，維基指南總裁妲格拉絲就會提醒大家：「我們偶爾都會把事情搞砸，這是文化的一部分。」

2. 你會結交意外的盟友。大部分重要的工作都需要大量團隊合作，一般來說，你所需要的盟友就在附近的辦公桌旁，不然就在隔壁辦公室裡。就算不是，至少對方和你說同一種語言、分享同一種文化，和他們交朋友是相當直截了當的事。可是康娜莉的世界不一樣，她需要操當地語言的主管（以及懂得深奧主題的專家），這些人分布在全球各個角落，從阿姆斯特丹到曼谷都有。康娜莉的未來繫於能否在倉卒間建立起結構鬆散的聯盟，並且使它繼續往前進。

大學教育幫她做好準備了嗎？有的，不過並非直接的因果關係。康娜莉不懂荷蘭文也不懂泰文，維基指南網站上某些主題（像是如何領養孩子），她也毫無概念。然而康娜莉受過良好的訓練，知道如何解讀意料之外的情境，以及如何和與自己截然不同的人建立連結。她告訴我：「最終我還是變成了外交官。我弄懂了不同的人想要什麼東西，也曉得他們能夠做什麼。我和他們談判，如果對方年紀比我大，我會百分之百尊敬他們，但是心裡還是非常清楚我們需要什麼。」

康娜莉最奇異的勝利是替維基指南新推出的德文版網站找到負責人。維基指南在歐洲的早期使用者看起來都不適合，後來康娜莉發現莫妮卡・米蘭達（Monica Miranda），來自瑞士的她曾經擔任企業執行長，退休後定居哥斯大黎加。這次一切順遂，米蘭達的德語無懈可擊，技術知識淵博，最棒的是她精於號召世界各地德語人士來幫忙翻譯。米蘭達的住家相當奇特，她住在離地三十英尺的樹屋裡，康娜莉告訴我：「可是屋子裡Wi-Fi（無線網路）性能絕佳。我們可以早上用Skype通話，其餘時間就靠電子郵件保持聯絡。」

類似的招聘勝利遍及全球。在康娜莉的新世界裡，哪怕在最不可能的地方，都能發現技巧高超的人才，而且這個領域仍然有廣大的空間供大家發揮。

3. 心生疑慮時，宜臨機應變。康娜莉一開始把焦點鎖定在僱用英語能力強的翻譯人員，這種做法看似明智，可是她很快就發現不對，最好的對策是選擇能夠以自己母語精確寫作的譯者，至於是否精通英語，反而沒有那麼重要。英語能力有限，但卻十分注意細節的人，可以盡心盡力查閱字典，最後翻譯出品質良好的文章。有些人可以用英語在Skype上聊得熱火朝天，但是用他們自己的語言換算度量衡或社交的客套話時，卻出現態度馬虎、不求準確的問題，假如維基指南依賴這些人翻譯文章，鑄成大錯的機會將比前者高出許多。康娜莉語帶譏諷地告訴我：「如果你要教人怎樣烤蛋糕，那麼麵糊放進烤箱後，一定要膨脹起來才算數。」

這一切都有賴於在真實世界中回歸批判性思考的一項要素：用心體會他人的觀點。康娜莉有一次很值得一提的經驗，那是她親自和南韓翻譯小組面對面溝通時所做的努力。她回憶道：「我們透過電子郵件交流時，一直很順利。」然而最後大家在首爾碰面了，「我們都聽不懂對方所講的英語。真的聽不懂。於是雙方只好在手機上把要講的話打成文字，然後傳來傳去輪流閱讀。」古怪嗎？是的。有效嗎？絕對有效。

4.新鮮的回饋將指引你下一步該怎麼做。假如你是個頑固的主管，就只會時時依賴自己的專業知識；假如你是個務實派，就會向別人吸取有用的資訊，依據多人的見解做出決策。康娜莉讀大學時並非主修商學，也沒有研讀過不同的領導模式，即便如此，她選修的國際關係課程促使她發展出社交觸角，碰到不可逆料的衝突時，她顯得特別敏銳。

一般來說，維基指南會避免翻譯容易冒犯當地不同文化的文章。這樣的結果造成俄羅斯文網站上找不到任何有關大麻油膏的文章，阿拉伯文網站沒有教人自己蒸餾伏特加酒的文章。可是那篇傳奇的「第一次親吻女孩指南」，該不該納進阿拉伯文版網站呢？這問題有點棘手，儘管這篇文章早就等著翻譯成阿拉伯文，但是有一名埃及男子卻提出抗議，不准維基指南將該文納入阿拉伯文版網站。康娜莉不確定接下來該怎麼做，於是開始緊盯維基指南的社群論壇，那是會員交換建議和發牢騷的園地。

不久之後，整個阿拉伯語系世界的女性開始發表意見和分析，其中有一位寫道：「我認為如果我們知道怎樣接吻，應該沒有關係。」更多人秉持的觀點是：「對伴侶或配偶來說很重要。」呼聲最高的見解則是：「我們對這玩意兒很好奇。」康娜莉對這些回覆報以微笑，篤定人們已經表達心聲，維基指南準備好略盡棉薄之力，將這個世界變成稍微快樂一點點的地方；埃及、約旦或其他阿拉伯語系國家中，任何有需要的人，都可以在這個火熱的主題之下得到答案：*Kayf litaqbil fatat li'awwal marr?*

5.有時候非人的工作負荷在所難免。對大部分人來說，萬聖節是只維持一個晚上的節日，各色短暫的搗蛋活動此起彼落。然而對康娜莉來說，萬聖節是個揮之不去的夢魘。到維基指南上班後的第一個秋季，她發現公司的西班牙文網站（原本該是最先進的翻譯專案）竟然被一大堆紛雜的內容塞得亂七八糟。原來這個網站的譯者、編輯、行政人員各有各的試算表，內容是已經翻譯成西班牙文的英語文章清單，然而他們的試算表都不一樣，也都不完整，所以很難弄清楚接下來應該做什麼。有幾篇熱門文章被翻譯了兩、三次，其他備受喜愛的文章則沒有排入優先翻譯的序列。除非有人能創造一個統一的資料庫，將每個人的努力成果整合在一起，否則根本沒辦法達到秩序井然的成長。

維基指南的總裁妲格拉絲指示康娜莉：十月底以前必須把問題搞定。總裁要求每一個人的資訊都要帶進單一系統，成為基本的「真相來源」。從那時候起，康娜莉的時間感開始模糊了，她無法分辨當下是黎明、傍晚還是半夜，日以繼夜地盯著規模龐大無比的Excel試算表，努力想要馴服這場混亂。（「如何避開尖酸刻薄的朋友？」翻譯好了。「籃球怎樣運球？」還沒翻譯。「怎樣替馬匹量身高？」翻譯了兩次——天曉得是什麼原因。）

為了阻止那股絕望擊垮自己，康娜莉把耳機音量開到最大，聽Ratatat樂團演奏的快節奏電音搖滾「野貓」（Wildcat）。這還不夠，她又改聽聲名狼藉先生的饒舌歌「錢多問題多」（Mo Money, Mo Problems）。經過連日通宵達旦拚命工作之後，西班牙文專案終於建立起自己的真相來源。第二天早上，康娜莉走到妲格拉絲身邊，輕輕吐出數星期前還覺得不可能實現的那幾個字：「搞定了！」

6.援助終將到來。到了二〇一三年十二月，康娜莉加入維基指南已滿一年，成功將公司版圖擴張為八種語言。她決定再接再厲，僱用剛剛從國際關係學系畢業的艾莉森・愛朵茲（Allyson Edwards），加入本來只有兩個人的團隊。這一來，康娜莉就有了額外的資源，可以幫助維基指南跨足更多語言。整個亞洲都在向他們招手，拜訪新的國家、促使維基指南大放異彩的時候到了。康娜莉和愛朵茲的第二趟探路之旅從南韓開始，該國的小型翻譯計畫已經準備好擴張行動，然後她們打算前往泰國。由於在首爾的機場碰到很多麻煩事兒，這兩位女士離登機門尚有一英里遠，可是前往曼谷的飛機只剩下短短幾分鐘即將起飛。康娜莉回憶道：「我們在走廊上奔跑，手裡緊抓著雙肩背包和旅行袋。艾莉森不相信我們趕得上，我不斷告訴她：『我們可以的！』每次碰到一群人在排隊，我就對他們說：『我們在做善事！我們為一個教育網站工作。可以先讓我們通過嗎？』」

人群真的分開來，康娜莉和愛朵茲在飛機起飛前幾秒鐘總算趕上了，兩人放聲大笑，擊掌歡呼。她們將在曼谷下飛機，相信能夠在那一週結束之前，再多僱用四十五個譯者。

7.你處在前無古人的疆域；有時候必須重新來過。維基指南若是使用讓大多數語言版本成功的手法，去印尼市場如法炮製，能夠順利搭上該國市場嗎？康娜莉看不出有任何必須謹慎的理由，於是和當地數十名譯者與一小群編輯簽下合約，開始轉換網路上的熱門文章。譯者的作品容或品質不穩定，萬一發生這種情況，想必編輯會抓出錯誤，修改怪異的措辭。反正大家都是印尼人，怎麼可能出錯？

幾個星期之後，康娜莉明白自己錯了。有些印尼譯者直接把英語文章丟進谷歌的翻譯程式，製造出來的印尼語文章通篇都是不知所云的句子。然而印尼編輯卻宣稱一切都完美無瑕，原來康娜莉僱用的這群編輯覺得批評別人的作品很不妥當。她的這支翻譯團隊實在太差勁了，重新翻譯勢不可免。康娜莉和愛朵茲需要飛去印尼，重新聘用一群新的譯者與編輯，這次她們遠遠避開住在首都雅加達的那些不可靠的人手，先前對方信誓旦旦工作時會小心謹慎，結果未能實現。兩位女士跑到鄉下地方的一所大學另起爐灶，這地方距離雅加達有三個小時的路程，學生和導師都很努力，比較符合康娜莉的期待。

由於康娜莉自己在大學選擇主修課程時，走的就是比較冒險的路徑，所以並不感到這樣的職場危機有多麼嚇人。對於大學三、四年級的學生來說，放棄無以為繼的研究主題，在時間只剩下一半的情況下擬定新的主題，再倉促完成學期報告，可能是極為恐怖的經驗。儘管如此，重新來過也有好處，即使時間遲了，只要能夠回到正軌，就可能再次獲得進展。這時候恐怖的感覺會削減，哪怕是因為兵荒馬亂而拿到B^-的爛成績，（或是連夜搭飛機趕到印尼），都比陷在註定失敗的專案中、因為深刻焦慮而動彈不得好多了。

8.最後該是迎接下一個巨大優勢的時候了。有些人在一切順利時，喜歡維持良好現狀；另一些人則喜歡反覆展開新局面的刺激感。二〇一六年將近年底時，康娜莉按捺不住展開新探險的衝動，她想再去拍紀錄片，想要從事社會公益方面的工作，甚至想去政治界試一試。康娜莉把維基指南的全球化任務控制權交給同事，然後就前往厄瓜多進行短期研究計畫，主題是稱作ikat的傳統編織方法。

康娜莉返回美國之後幾個星期，我和她碰面聊天，她很珍惜眼前的機會。康娜莉對我說：「我積了二十本感興趣的書要讀。我知道怎樣教自己獲取置身新領域時的成功要件。在維基指南網站學會的專案管理技能，能夠在非常多不同的領域中發揮作用。」

第五章——解決問題的人

哈囉，匹茲堡！二〇一六年十月，歐巴馬與另外三十位演講者抵達這個以後工業時代復興而聞名的城市，他們將針對創新的未來發表演說。這場活動名為「白宮前沿會議」（White House Frontiers Conference），選在匹茲堡最知名的兩所學校舉行，也就是卡內基美隆大學（Carnegie Mellon University）與匹茲堡大學（University of Pittsburgh）。這場會議的議程：勾勒人們對於美國未來前景的看法。大多數演講者都是精通單一主題的專家，例如美國太空總署的首席科學家、擁有一千項專利的機器人發明家、頂尖神經科學家，還有六位美國最聰明的軟體專家。這場會議所集合的腦力：廣大無邊。

為了使會議的每一方面契合妥貼，白宮組織這場會議的人員還需要另一種專家：有膽量往後退，分享簡單事實的演講者。他必須以社會學家、倫理學家或詩人的眼光看待人工智慧，除此之外，最好還能夠平衡兩方面：一方面是當今人們對谷歌地圖和無人駕駛飛機遞送藥品的興奮感，另一方面是早期人類如何駕馭用火的故事，以及一九三〇年代電力從稀有到迅速普及的法子。為了創造演講者和聽眾之間較為深刻的對話，應該有人分享史學家的觀點，講一講社會從抗拒、調整到接受科技進步的方式。這位講者的語氣越是呈現你來我往的對話氣氛，效果就越好。

前沿會議需要的是提姆・歐萊利（Tim O'Reilly）。[1]

上谷歌網頁搜尋歐萊利這個人，很容易就會得到一項（錯誤）結論，以為這個笑咪咪、充滿活力的男子一輩子都是技術專家。之所以這麼說，不僅因為他必須靠靜電才能讓日益稀疏的灰髮豎立起來，還因為他擁有一家科技出版公司，最暢銷的書籍包括《嵌入式系統所用之Node.js》（*Node.js for Embedded Systems*）和《iOS 10程式設計》（*Programming iOS 10*）。歐萊利也舉辦會議，多半以開放原始碼軟體、大數據、人工智慧為主題。他還是美國代碼（Code for America）組織和創客媒體（Maker Media）平臺的董事，在學校和其他場合鼓吹數位時代的工匠技藝。擁有這樣背景的人，想必是計算機系畢業的，不然也是主修類似的學科，對嗎？

事實上，歐萊利早年的經驗罕為人知，足以令人拍案叫絕。一九七〇年代他就讀哈佛大學，獲頒古典學系學士學位，此後再也沒有拿到其他文憑。歐萊利的畢業論文主題是柏拉圖與神祕主義，最喜歡的課程以賽謬爾・詹森（Samuel Johnson）的作品為焦點，歐萊利內心深處依然以古典文學研究者自居。在匹茲堡的演說中，他反覆提示大多數純科技人士根本沒有看出來的社會力量。歐萊利談到，當公民「願意花錢教育別人家的孩子」時，生活將會有所改善。他檢視維多利亞女皇時代的英國建立社會結構的方法，那些社會結構限制破壞性科技所帶來最惡劣的效果，因此早期的失業憂懼得以減緩，人民的生活水準也有所改善。歐萊利邀請與會者關注人類心智無法消弭的社會問題，建議若能審慎操作人工智慧，這些問題搞不好有機會得到解決。

歐萊利大學畢業時經濟十分拮据，為了做第一次商業簡報，他只好向一個年紀較大的朋友借西裝撐場面。今天的歐萊利喜歡穿皺皺的卡其褲和鬢邊的印花襯衫，但是這種低調的打扮是出於選擇。他的媒體公司有五百多個員工，這些年來光是旗下多筆商業投資分拆出去，就為他淨賺數百萬美元。賺來的錢很多又滾入他的企業，繼續投資；即便如此，據估計歐萊利的身價至少上億美元。我們可以停下來好好討論他是怎麼賺錢的，但是那樣就錯失重點了。我之所以拿歐萊利揭開這一章的序幕，是因為他雖然出身古典學系，卻跨入科技世界，而且慧眼看出純粹的技術專家從來沒有注意過的東西。

二〇〇五年，《連線》（*Wired*）雜誌的記者史蒂芬．雷威（Steven Levy）寫了一篇歐萊利的人物專訪，記錄他率先察覺趨勢的才華。[2] 在雷威看來，歐萊利長年熱愛閱讀、與每個人都聊得來、仔細傾聽別人說的話，這些都「幫助他在網頁瀏覽器問世之前，就先明瞭網際網路的重要性。同樣地，也使他在絕大多數人根本沒有聽說過之前，就已經辨識且投靠對等式網路（peer-to-peer，或稱點對點）、資訊聚合（syndication）、Wi-Fi等技術。」

幸好，讓歐萊利名利雙收的這四個事業領域，也可以是你的幸運大獎。下面幾節的重心，將是第二章強調過的批判性思考的第二和第三項要素：分析方法與解決問題的技能。文科教育背景教導你在面對渾沌不明的情況時，像個研究人員一樣勇於向前邁進。你曉得碰到資訊薄弱或資訊矛盾時，怎樣做出扎實的推論；你曉得如何從困難的文字中，萃取出每一絲意義；你能夠適應變動的環境，也能有效地工作，同時盡力把疏漏降到最低。

同樣重要的是，明知道不可能一步到位，你也能一點一點地朝解決辦法挺進。你撰寫的草案離成功固然還有一半路途，可是你不會因為前方的改善行動勢必艱難而退縮，有必要的話，你會花費比初期工作多好幾倍的力氣，直到得出最終的必勝版本為止。你不害怕難題，因為如果從某一個方向努力還不足以解決問題，那就多從三、四個不同的方向努力看看。

不論跨進哪一個快速變遷的領域，批判性思考技能都十分珍貴。新科技正在改造產業，數位廣告、3D列印、遺傳諮詢、出版、教育，許多行業即將改頭換面。自動駕駛汽車、軍用無人飛機、業餘玩家的無人飛機、「智慧型」房屋，各式各樣的例子紛至沓來。在所有領域中，光是意會到傑出工程能夠建造出什麼來還不夠，成敗繫於能否窺見更大的格局。這些科技應該如何應用？市場將會如何反應？每一項突破性科技可能帶來什麼風險和限制？所有問題都大得不得了，也都還沒有解答；找尋答案，要靠你這樣的人才。

一九五〇年代末期，英國科學家C．P．史諾（C. P. Snow）寫了一篇具有里程碑意義的論文，題為「兩種文化」（The Two Cultures）。史諾在論文中主張，西方社會的知識分子領導階層正在分裂成兩個陣營，彼此都不了解對方。[3]這兩個陣營便是自然科學家和文學知識分子，他們都基於危險的錯誤詮釋，將對方冠上奇怪、扭曲的形象。了解熱力學第二定律的人，不懂莎士比亞作品的含意，反之亦然。史諾宣稱：「對彼此不了解的程度之深，已經成了刻薄的玩笑。假如科學家深信未來，那麼傳統文化的反應就成了但願未來不存在。」

美國教育制度有一點相當可取，就是一直設法填補這兩者之間的鴻溝。我們國家要求大學生花四年（英國則是三年）攻讀學士學位，因為希望每個人都嘗試自己專業以外的課程。我們想要工程師讀幾本小說，也想要詩人欣賞數字與方程式的白然之美。如果你主修科學或工程，同時喜歡選修人文學門，那麼你就已經做好了準備，可以擔起替兩大陣營搭建橋梁的角色。假如你是歷史系或英文系學生，面對幾個數字和方程式不至於驚慌失措，那麼你也有勝算。認知研究之類跨學科主修的畢業生越來越受歡迎，顯示雇主、學生、大學教師逐漸意識到，擁有多元觀點的畢業生在就業市場上具有額外的價值。我也深有同感，幾乎任何有助於拉近兩種文化的方法，我都支持。

眼前的就業市場並沒有容易理解、放諸四海皆準的語言，可以用來捕捉這些多元層面的技能，因此文科畢業生最好的機會，可能落在那些職稱古怪、冗長、不清不楚的工作上。也許你正在謀求的職位叫做夥伴權益倡議者（partner advocate）、業務開發主管（business-development manager）、關係管理人（relationship manager）、顧客成功專員（customer-success specialist），雖然它們的工作性質都相同，但是每個組織都有自己的用語，需要語言改革加以統一。

至於眼前，我們姑且稱這些為**搭建橋梁的工作**。這個詞簡單好記，彈性也夠大，而且含括廣泛的產業與公司結構。我們很難確認目前存在的這類工作有多少，也不知道將來它們會多麼快冒出頭來，可是取火鏡科技公司提供的一個數字，是相當有用的起點：該公司估計美國經濟的混合型職缺，[4]也就是混合些許科技專門知識和大量非技術性知識的職務，總計每年至少增加二十四萬個新工作機會。

只要問問個別公司，看他們為這些專事弭平歧見的職位安排什麼樣的人才，一切就清楚了。位於德州奧斯汀市的Phunware公司，[5]是一家專門開發智慧型手機應用程式的業者，執行長艾倫．柯尼妥夫斯基（Alan Knitowski）說：「我們寧願僱用有潛力且極有熱忱的人選，而不願選擇履歷表閃閃發亮的人選。」他的顧客從大銀行、醫院到占星界名流都有，公司無法預測哪些方面的手機科技會吸引哪個潛在客戶，或引起對方的哪一些焦慮。柯尼妥夫斯基說，這樣結果是「我們僱用不害怕在職學習的求職者，這種人很有主動精神，會自行找到不足之處，然後設法補全」。

舉個例子。加州的Skycatch公司專營無人駕駛飛機所使用的軟體，幾年前該公司想要進入日本市場，需要派一個人去東京，主導與一家相當看好的潛在合作夥伴進行談判。Skycatch公司後來選中了米蜜．柯妮蕊（Mimi Connery），她於二〇〇八年自威廉士學院（Williams College）政治系畢業。柯妮蕊的優勢在於本身是很有經驗的談判高手，從事過風險投資，也當過心靈蒙蔽合唱團（Third Eye Blind）的經紀人。她擁有準確的直覺，知道應該如何談攏生意，萬一出現障礙時又該怎麼辦。Skycatch公司小組的其他成員更懂技術，必要時可以當她的參謀。和日本公司結盟，最要緊的就是看小組裡每一個人的需求與能力如何配對，這就是柯妮蕊的強項了。誠如她所指出的：「威廉士教我如何與人們互動，這一點在任何產業都很寶貴。」現在她正忙著創辦ＸＸ公司（XX Incorporated），專門生產女性用品。[6]

事實一再證明，雇主非常珍視文科教育的核心力量。羅技公司（Logitech）執行長布拉肯·戴瑞爾（Bracken Darrell）說：「假如你懂人文學，真的會鶴立雞群。」[7]他的公司以製造鍵盤和電腦滑鼠起家，如今嘗試推出比較先進的小型器材，盡力提高虛擬實境技術的吸引力。這就不只是工程方面的挑戰了，成功關鍵是深入了解哪些東西能夠使人們在工作上和遊戲時獲得滿足。

連結不同的世界

我們說的區塊鏈（blockchain）[8]究竟是什麼？

現在和我講電話的是奧立佛·米克爾（Oliver Meeker），[9]二〇〇九年畢業於紐約州北方的小型文理學校霍巴特學院（Hobart College）。米克爾目前在紐約市的ＩＢＭ公司工作，這份奇妙的工作要求他思考科技，以及未來的商業網路可能以什麼樣的方式運作。米克爾大學念的是社會系，兜了好大的圈子才進入現在這門專業。我很想搞清楚他在做什麼，假如他想用（區塊鏈）這個簡單又神祕的問題展開對話，我一點兒也不介意。

在我思量答案的時候，米克爾開始帶我走一段刺激的旅程：想像一座古老的村莊怎麼進行交易。很久以前，人們曉得哪些鄰居種植自家吃的糧食，而那些穀物又生長在何處。大家自然而然信任對方，不須憂心偽劣農作物。假如你用自家養的豬去換穀物，鄰居對你家豬肉的品質也具有同樣的信心。萬一發生爭端也很容易解決，因為交易本質和該負責的交易者明顯可見。隨著經濟成長，這類小村莊的信任再也不可能存在，位在遠方的市場成為主流，透過中間商維持交易秩序。此時生產效率雖然增加了，但是一旦出錯，產品來源和買方追索權的不確定性也跟著增加，人們再也不曉得自己最終的交易夥伴是誰。

我體會到米克爾的用意，也沒有理由打斷他，便繼續享受這一則迎向新世界的生動、宜人的引介。一不留神，他就開始對我講起區塊鏈，這是數位時代最新的大改造技術。起初我心存戒慎，因為一聽到區塊鏈，就會想到比特幣（Bitcoin），然後就聯想到地下經濟那些離經叛道的傢伙，他們就是利用比特幣做毒品交易的。然而米克爾要我體會截然不同的情境，對他（和ＩＢＭ）來說，基本上區塊鏈是關於建立信任，可以謹慎地應用在許多領域，包括資本市場的買賣結算，以及批准食品供應商所提供的聯邦品質認證。就像米克爾的解釋：「一切事關信任。」

針對區塊鏈的議題，大多數著眼於商業的討論都非常抽象，而各種企望提高透明度與安全性的暗示，也很難捉摸。米克爾講得很具體：「假設你想百分之百確知自己吃的鮭魚真的是有機的。」有了區塊鏈，交易的不確定性就消失了。在你的鮭魚供應鏈上的眾人與企業（漁夫、船運公司、倉庫、零售商），對於那條魚從大海到你盤中所經過的路線，看法完全一致。

ＩＢＭ與其他多家公司正在想辦法，要在主流產業中運用區塊鏈技術，例如健康照護、供應鏈等等。數位科技已經創造出數兆美元的產值，只不過我們看不見也摸不著。想一想信用卡、簽帳卡、電匯，再想一想PayPal、Apple Pay、GooglePay，抽象電子系統和紙鈔之間的連結，一直是朝越來越薄弱的趨勢走。米克爾主張，從某個點來看，區塊鏈有可能變成交換產品與服務的最佳方法，這得歸功於他先前暗示過的幾項關鍵特質：不變性、安全性、分散性、透明性。

在ＩＢＭ的區塊鏈團隊裡發現一個社會系畢業的組員，而且此人還曾經在越南待過四年多，我感到振奮卻不意外。至於其他數十位組員的背景，則包括電腦系、金融系等等。區塊鏈這項大改造技術在文化與商業方面的意義極為重大，需要有人來確保社會正確接受它。米克爾正是這類富有企圖心的專案計畫所需要的搭橋者。他是斐陶斐（Phi Beta Kappa）優秀大學生社團的高材生，笑起來能瓦解別人的心防，性格則活潑樂觀。一般人不見得會料到他在ＩＢＭ工作，可是千真萬確。有一次米克爾被指派介紹一家新創公司，地點是在億萬富豪理查．布蘭森（Richard Branson）的一處島嶼度假中心。米克爾的表現恰如其分，他身穿粉紅色開領牛津襯衫，太陽眼鏡推到頭頂上，拜海外工作經驗之賜，他體認到時時刻刻對當地情境保持敏感的重要性。米克爾說解決一個問題永遠不止有一種方法，他解釋道：「你永遠、永遠需要了解交流的對象是誰。」

按照米克爾的看法，他進入ＩＢＭ的路徑遠比大多數人所明白的更合情合理。他回憶說：「去霍巴特學院讀書真的逼我成長。在那裡我被逼著辯論，被逼著從多個不同的觀點思考問題。」大二那一年，米克爾接受一位社會學教授的建議，去越南遊學一個學期，結果他發現這項經驗改變了自己的人生。米克爾放棄原本想當公司律師的計畫，遠離旅居越南的美國人圈子，反而結交數十個越南友人。米克爾最喜愛的時光，是在河內市凹凸不平的人行道上，找一張塑膠小凳子坐下來，觀察這個迷人的古老社會如何應付現代生活。

海外學期結束時，米克爾寫了一篇論文，拿胡志明（譯按：越南共黨革命家及越南政府領導人）與武元甲（譯按：越南將軍，是打贏三次中越戰爭的功臣）這兩位政治革命分子，和美國汽車公司總裁艾科卡（Lee Iacocca）的領導風格相比較。米克爾能說流利的越南語，也渴望做更多觀察，便決定在越南留下來，為最早創辦的私募股權基金越南投資集團（Vietnam Investments Group）效力，擔任分析師一職。他接手的專案包括一項連鎖企業特許權交易的談判，那次談判的結果，將美國的冰雪皇后（Dairy Queen）餐廳引進了越南市場。

二〇一三年米克爾回到美國，正在三心二意地考慮是否接下一份金融業的工作時，一個朋友的話讓他重新調整找工作的焦點：「你一定要和ＩＢＭ談談他們的華生（Watson，譯按：能用自然語言來回答問題的人工智慧系統）。」ＩＢＭ這家大型電腦服務業者當時正斥鉅資投資華生系統，需要精於折衷的人才協助引進企業盟友。米克爾在越南開創事業的能力令ＩＢＭ的幾位招聘主管十分驚豔，於是將他帶進華生專案，兩年之後又鼓勵他嘗試業務開發專才的角色，專門輔助ＩＢＭ的下一個大創意：區塊鏈。

如今米克爾與各種不同組織合作，他們都希望透過ＩＢＭ的協助，能夠駕馭區塊鏈的技術。這份工作要做出成效來，就必須克服不熟悉的高深技術領域，但是這難不倒米克爾，他說：「只要是關於區塊鏈的文章，我全都閱讀過了。工作很吃力。我還學習ＰＢＦＴ，也就是實用拜占庭容錯算法（Practical Byzantine Fault Tolerance），學習如何談論驗證節點、電子驗證、客戶端驗證，項目不計其數。我也必須想像產業的改造、新的營運模式，以及創造新的商業案例。」像不像學越南語？「絕對相像！」

米克爾的上司布莉姬．麥德茉特（Brigid McDermott）告訴我，她想要打造一個解決方案生態系統，結合軟體工程、精進的新營運模式、參與者的群聚效應。那樣的系統需要將ＩＢＭ眾多專家團隊緊密結合在一起，每個人扮演不同的角色。麥德茉特說，米克爾不需要成為典型精力充沛的業務員，他最大的價值在於建構團隊。在這種情況下，一個旅遊經驗豐富的社會系畢業生，用處之大可能令人驚訝。

將數據用對地方

有些技術領域其實有很大的成分是非技術性的，譬如統計學便自成一格。這項與數據為伍的工作，已經不再是對個人數學技能的嚴酷挑戰，就如同現代的伐木業不再依靠壯漢鋸木砍柴一樣。自動化已經大幅度重新界定人類扮演的角色，隨著ＳＰＳＳ統計表（SPSS

Statistics）、SAS、微軟的Excel等軟體工具的興起，如今技術將數字交到我們手裡，真正的關鍵在於人類需要提出正確的問題，以及找到可以讓社會整體分享數據洞見的最佳方式，以便導引軟體的運用。康乃爾大學（Cornell University）統計學講師威廉・布瑞格斯（William Briggs）幾年前寫了一句頗富爭議性的話：「統計學不是數學。」[10]誠如他的觀察，我們已經過渡到新的時代，如今「統計學歸屬於知識論（epistemology），也就是如何曉得自己知道什麼的哲學」。

現在有一個機會，可以明瞭布瑞格斯究竟在說什麼；我們來仔細觀察一下開放餐桌（OpenTable）這個線上餐廳訂位服務公司，[11]他們從一九九九年創辦至今，已經將吃飯和數據這兩件事結合在一起了。如果你曾經待過紐約、洛杉磯、達拉斯、亞特蘭大或其他大城市，可能已經使用過開放餐桌網站，在網路上預定餐廳位子。用這方式訂位不但快速，而且不分日夜都能訂位，你可以一邊吃早餐，一邊預訂晚餐的四人桌，即使那家餐廳還要過幾個鐘頭才會營業也無妨。如果你希望用餐的時間已經沒有空位，開放餐桌也會列出完整的替代餐廳清單。截至今天，透過這個方式完成的餐廳訂位次數，已經超過十億次。

除非你有親戚從事餐飲業，否則你不太可能見識到開放餐桌的另一半業務。那十億次訂位轉換成極為豐富的數據，顧客的訂位習慣一覽無餘，這些數字可以拿回去賣給餐廳。

開放餐桌知道人們會提前多久預訂情人節大餐，這些提早預訂的位子，又有多高比率臨時取消了。開放餐桌知道你所居住城市的居民是不是星期二特別不愛上餐館，也知道你的餐廳平常日是否顧客罕至，但其他同行卻是生意興隆。本來你自認把餐廳經營得很好，但是這些數據洞見將會打擊你的自信，其結果是這些資訊令當事人不忍卒睹，卻又無法忽略不計。

每一天，開放餐桌至少派出一百個專家走訪美國全境，他們平板電腦不離手，隨時能向餐廳做簡報，討論無數個可能影響利潤的營運指標。那麼這些使者是什麼背景呢？你猜的沒錯。開放餐桌並未侷限在僱用商科或觀光餐飲科系出身的人，反而一再僱用西班牙語系、兒童心理系、英語系、政治系出身的人才，面對一流餐廳那些驕傲的、渾身是刺的老闆，這類人才最適合與對方分享分量恰到好處的數據分析結果。

為了親眼看看如此安排運作得如何，我搭上開放餐桌最厲害的餐廳關係經理之一秀娜・萊夢納（Shawna Ramona）的順風車。[12] 一九九〇年代末期，她在餐廳兼差當服務生，才湊夠了學費念完舊金山州立大學（San Francisco State University），總共花了六年才拿到英文系學士學位，可是直到現在萊夢納依然喜愛聊聊亞米斯德・莫平（Armistead Maupin）的《城市故事》（*Tales of the City*）或費茲傑羅（F. Scott Fitzgerald）的《大亨小傳》（*The*

Great Gatsby）裡面的人物。萊夢納喜歡人，喜歡猜測人們會被什麼樣的東西打動，當她走訪餐廳時，心裡有一整套如同光譜般的微妙思緒，供她揣度每一個人物的內在故事。

我們第一站抵達舊金山市繁忙的「市政廳」（Town Hall）餐廳，他們最拿手的菜色是鄉村火腿和其他南方菜。萊夢納的平板電腦裡裝滿了數據，顯示這家餐廳績效不彰，無法吸引大批顧客。不過「市政廳」的業務經理畢勇・科克（Bjorn Kock）沒耐心聽這些，他是個牙尖嘴利的德國移民，對於自己的餐廳該怎樣經營才會成功看法堅定。他瞄了一眼開放餐桌的圓餅形統計圖（該圖顯示他的餐廳幾乎從來沒有招待過十人以上的團體），立刻光火地將它揮開。科克宣稱：「我們的設計容納不了很多大團體。」他解釋說，大團體的餐點需要花太多時間才能完成，客人全部擠在同一時間點餐，造成廚房很大的負擔。此外，他的餐廳格局狹長又不工整，擺放大張餐桌會阻礙動線，就像溪流中卡了一顆大岩石一樣礙事。「那些十來人的團體！」科克一邊說一邊藐視地用手比畫著：「我不要他們來我們的餐廳。」

萊夢納沒有放棄，她說：「我懂你的意思，不過要不要在星期日做個實驗呢？星期日的生意比較清淡，你可以開放下午五點鐘一桌十人座的訂位，這樣廚房就不會太吃力，反正對你來說，這也是一筆額外的生意。」科克笑了起來，他被打動了：「也許行得通。」

下一站是舊金山時尚的索瑪區（SoMa District）裡的公園客棧（Park Tavern），這是一家葡萄酒吧兼餐廳，老闆叫做安娜・菀玻格（Anna Weinberg），她用一個熱情的擁抱和喜悅的尖叫聲歡迎萊夢納。只要有菀玻格在場，你就覺得像在看一齣快動作播放的電影，劇中人物在螢幕上飛來飛去，看都看不清楚。她一會兒坐著，一會兒站著，然後她又叫人過來往玻璃杯裡倒氣泡水。菀玻格在說故事，說到笑點時自己哈哈大笑，把金色的馬尾往後甩。她重新安排每個人的座椅，速度比你讀這個句子所花的時間還短。對萊夢娜而言，這是一場奇妙的表演，她沒有打斷的理由。

接著是中場休息。萊夢納拿出她的平板電腦，邀請菀玻格看一個大好「機會」。原來在過去這一年中，開放餐桌網站有好幾百個使用者在訂公園客棧的位子時，系統告知對方已經客滿了。餐廳的忠實粉絲設法提前訂位，卻發現餐廳只提供最長三十天的預先訂位期限。萊夢納裝出一臉難過的樣子——讓菀玻格自己去思忖背後的涵義，最後這位女老闆宣布：「好吧！那就改成六十天吧。我們三家連鎖餐廳同步放寬。」

第三站：位於舊金山金融區中心的傳統義大利餐館沛巴可（Perbacco）。這家餐廳的老闆是白髮如霜的安伯托・吉彬（Umberto Gibin），從事餐飲業的資歷已經超過四十年。吉彬沒有上過大學，少年時在義大利當餐廳服務生起步，學習怎樣在餐桌上片鴨肉。他是那種老派的人，而且頗以此為榮。其他人得盯著財務報表，才曉得生意怎麼樣，他只要登上自家餐廳樓梯，細看上百個用餐顧客的行止，就對生意好壞一清二楚了。吉彬和萊夢納慢慢啜飲咖啡，花了將近一個鐘頭，兩人聊八卦、憶當年。萊夢納談起打造一個便於手機使用的網站很重要，她提這個話題的方式很委婉，吉彬根本沒注意到，兩人的對話內容已經從他的生意轉移到萊夢納的生意了。吉彬抗議說：「我不懂科技，這方面我就像恐龍一樣。」儘管如此，他也曉得手機舉足輕重，等到兩人的閒聊結束時，萊夢納已經把下一代的技術包裝得比她到訪之前更吸引人（也更不嚇人）多了。

在開放餐桌公司內，大約有一百二十個員工負責將數據流傳遞給個別餐廳，其中只有十四人是數據科學家，比例大概是八分之一，這群專家小組的數量遠遠不及萊夢納這樣的非技術型使者。這次跟著她出訪，我目睹數據革命如何觸及主流產業，感到驚嘆不已。最令人吃驚的地方在於：把數字弄對是簡單的部分，只需要少數幾個人就辦得到；最難的挑戰和人類的習慣與遲疑有關。正因為如此，萊夢納出去拜訪餐廳時，只花一小部分精力討論平板電腦所儲存的圖表，她這份工作的核心是了解每一位餐廳老闆的願望和焦慮。前文說明過，由技術驅動的創新，核心固然是先進技術，但是卻會創造無數非技術性工作，讓人們能夠從「既有」的狀況連結到「將有」的展望。

開放餐桌網站負責業務的資深副總裁安卓雅・姜絲頓（Andrea Johnston）說，他們公司所定義的一流績效人才，是擁有「永無止境的好奇心，而且別人都樂於與之相處」的人。她還說：「他們不會操控對話，不會擺出自己是專家的姿態」，反之，她手下的明星們「和我們這一行所有不同性格的人都談得來。他們成為值得信賴的顧問，出發點是『我來和你一起努力』」。

假如這項描述與人文科系課堂上那種言詞交鋒、你來我往的活潑風格感覺相仿，真的不是偶然。姜絲頓本人是一九八九年的瓦薩學院（Vassar College）畢業生，主修國際關係。

簡單明瞭用語的力量

丹妮兒・席珥（Danielle Sheer）[13]先在喬治華盛頓大學（George Washington University）獲得哲學系學士學位，接著攻讀法學院，繼而從事公司法方面的事業。席珥從二〇〇九年起擔任Carbonite公司法務長，那是波士頓地區專門從事數據保護工作的業者。席珥剛加入這家公司時，在重要會議上經常被一串又一串的技術詞彙和縮寫字母嚇到；等到會議進入討論階段，她就努力把自己變成隱形人。然而不久之後，席珥明白比較簡單明瞭的風格不但能幫助Carbonite的顧客，也能嘉惠公司本身不同部門的專門人員。

她沒有想到此舉所產生的回報，比自己原先預期的大多了。席珥對*Fast Company*雜誌的記者說：「用簡單明瞭的用語說明複雜的技術性或策略性觀念之後，我們在解決問題上獲得了極大進展，幅度之大令人嘆為觀止。」以前Carbonite公司的員工經常感到懊惱，然後發現大家一直爭執不下的原因，其實是因為誤解某個特定詞彙的意義，了解這一點之後，就都鬆了一口氣。還有別的例子是員工為了解決某項問題，倉促趕出一個特定的解決方案就不肯鬆手，卻沒有回頭檢查起初的假設，看看還有沒有更快、更簡單的解決辦法。席珥說：「我不相信有哪一件事只有一種解答，這種心態使我成為小組裡非常罕見的一員。」

在boot camps程式（譯按：在蘋果電腦上安裝微軟視窗系統所使用的啟動轉換軟體）設計興起之前，每年至少有一千個主修文科的畢業生轉換跑道，將自己重新改造成全職軟體開發人員。到了二〇一〇基線年，轉行的比率大概增加到三倍。雜誌上的報導經常把這些非傳統程式設計師塑造成難民形象，因為原來選擇的主修科系到頭來缺少職業價值，在遍尋不到工作的情況下，只好向現實低頭，重新學習新技能。不過那樣的刻板印象對文科教育出身的人才並不公道，他們的價值歷久彌新。和我在加州同一個辦公室的同事黛安娜·妮米若夫絲基（Diana Nemirovsky）先在柯蓋德大學（Colgate University）拿到歷史系學士學位，之後培養出寫程式的嗜好，最後乾脆從事這個行業。妮米若夫絲基告訴我：「寫程式用不到我的學位，可是與客戶共事時，我的學位時時派上用場。它幫助我了解客戶想要什麼，也清楚表達我承諾要做什麼，對於我的生產力具有極為正面的影響。」

在橫跨技術性和非技術性領域的工作上，簡單明瞭的用語威力強大，這是商業界人人心裡有數的不宣之密。霓可麗雅・韓德蓀（Nekelia Henderson）[14]之所以能謀得一份搭建橋梁性質的高薪工作，走的就是這條路徑，她的故事是極佳例證。韓德蓀生於一九八六年，老家在喬治亞州格威內特郡（Gwinnett County），位於亞特蘭大市（Atlanta）東北方三十英里外。韓德蓀的母親是會計師，父親是機械師，她念中學時數學成績優異，不過最愛的是英文課和寫作課，面對自己的雙重才華，她該怎麼辦呢？父母和高中輔導老師都提供標準建議——每個力爭上游的家庭若是子弟學業成績出色，都會給同一個建議：那就當醫生吧。

韓德蓀把大家的忠告都放在心上，就出發去喬治亞南方大學（Georgia Southern University）念醫學預科了。可惜這項選擇進行得並不順利，所以她轉系主修藥學，沒想到依然不合適。兩年之後，韓德蓀轉校去讀喬治亞州立大學（Georgia State University），主修英文、副修西班牙文。她熱愛喬叟（Chaucer，十四世紀英國詩人）筆下迷人但難解的音韻，為但丁（Dante，十三、十四世紀義大利詩人）的《神曲》地獄篇（*Inferno*）著迷。二〇〇九年畢業時，她的平均成績（GPA）達到極為優異的三．八，然而就業前景不明，父母感到十分焦心。

接下來韓德蓀走的就是典型文科畢業生的旅程：連續好幾年頻繁換工作，伴隨額外的訓練，最終找到快樂的解決對策。韓德蓀大學畢業後先去兼差打工，在一家電話服務中心當顧客服務代表。她回憶說：「我做得很好，也賺了很多錢，可是我不喜歡那份工作。」之後她搬到紐約住了一小段時間，替一位時裝設計師寫了將近一百篇部落格貼文（韓德蓀的結論：很刺激，但不能當長久事業）。她返回南方，進了有線電視新聞網（CNN）當社群媒體實習生（她的評語：很有意思，可是仍然不太合口味）。韓德蓀跑去喬治亞州立大學報名公共關係課程，開始修第二個學士學位，渴望看見新機會出現。

這次果然天時、地利都對了。公共關係這一行正因為社群媒體的崛起而逆轉勝，重新揚眉吐氣了。光憑一則推特文章（或吹捧，或刻薄），就能在短短幾個小時之內，讓一家公司的品牌聲譽改頭換面。地方性公關公司搶著組建數據分析團隊，提供客戶深入的見解，以及「戰勝」推特、臉書之類社群媒體所需的策略建議。韓德蓀的一位教授指點她，去全球性公關公司「博通萬里」（Porter Novelli）的亞特蘭大辦公室謀職，這家公司的客戶包括全國運動汽車競賽協會（NASCAR，又稱納斯卡賽車）、疾病管制中心（Centers for Disease Control）、加州杏仁商會（Almond Board of California）等等。韓德蓀能用數字說故事嗎？如果能夠，這可能就是合適她的工作了。

這次總算是大功告成。

如今韓德蓀已經在此一崗位上待了兩年，在這個包容性更大的世界裡，她是數據的新面貌：身為非洲裔美國女性，她的報告不僅有數學考題的嚴肅面，兼有部落格貼文的逗趣帶勁。打比方對韓德蓀來說很容易，她把自己在公司內部心繫數據的角色，比作「一支攀登聖母峰的探險隊裡面的廚師或醫生」。這個比喻很巧妙，因為廚師和醫生並不只是大型團隊計畫中隱姓埋名的協助者。伐木場上，廚師總是最厲害的撲克牌玩家；戰爭電影裡，逗得觀眾出其不意哈哈大笑的，往往是醫生尖酸辛辣的妙語。在博通萬里公司裡，韓德蓀是活潑自信的角色，她會為自己寫的社群媒體貼文下這樣的標籤：#數字不會騙人#、#對數據卑躬屈膝#，以增加文章的吸引力。

儘管數字不會騙人，但它們需要有人加以詮釋——那正是韓德蓀保有這份工作的訣竅。博通萬里的客戶常常想出錢支持社群媒體上紅極一時的人物，因為這些網紅能幫助炒熱特定品牌，某些行業很容易做到，譬如健康照護就是其中之一。明星級部落客（或推特版主）都樂於收到額外報酬，也不介意公開談論他們本身就鑾喜歡的產品。反觀其他行業就比較難找到合適的抬轎人。韓德蓀常常繪製「影響者地圖」，針對特定主題列出社群媒體上最活躍的四十幾個人物，然後提供建議，讓客戶明瞭哪一個網路名人可能最適合他們想達成的目標。

推薦正確的人選，是對韓德蓀的一心多用能力的複雜考驗。Affinio、Traackr、Little Bird這類統計套裝軟體能夠立即告訴她，在特定主題上，哪些社群媒體人物擁有最大關聯性和影響範圍。然而推測哪一些人在傳遞特定品牌訊息時才是最可靠的抬轎人，就成了無法依賴自動化的藝術級任務了。咳嗽藥的製造商若是依靠熱衷整體健康主張的人來推廣產品訊息，恐怕爭取不到什麼新粉絲。科技公司如果指望「淨化版饒舌歌手」引來年輕人愛用公司產品，可能要三思而後行。這塊領域變動之迅速，至今尚未發明可靠的公式，可以確知什麼因素能在網路上打造（或摧毀）品牌。當客戶請博通萬里提供建議時，到頭來最重要的關鍵就是像韓德蓀這類專家的主觀判斷。

韓德蓀的上司之一布魯克・鮑爾奇（Brooke Balch）解釋說：「我們提供數據給不懂數據的人，意思是把事情簡單解釋清楚，同時要讓對方覺得自己聰明，這樣才能建立信任感。」

歐萊利全都做到了

本張開篇我寫得太趕，匆匆帶過了歐萊利的故事[15]中也許最有價值的一部分。從大學畢業（一九七五年）到前沿會議（二〇一六年）上替歐巴馬暖場的亮眼表現，歐萊利需要找到自己的路徑。他懂一點柏拉圖和賽謬爾．詹森，但那不足以保證生計，更別提在更廣大的世界上發揮重要影響力。然而歐萊利還是設法找到了自己的出路，究竟他什麼地方做對了？我們又能從他的經驗中，學習到哪些適合當前的教訓？

歐萊利大學畢業後的那些年，正好反映了本章的三大要點：連結不同世界、將技術資訊用對地方、發揮簡明用語的力量。歐萊利掌握了全部三個領域，憑藉這一點，他不僅保障穩定的收入，還奠下基礎，日後發展出一整套扎實且有創造力的媒體特質。有一天早上我們一起喝咖啡，歐萊利帶著我回顧那些年的經歷，連他自己也忍不住驚嘆，沒想到早年坎坷的求職路，後來竟然帶來如此豐盛的報酬。

歐萊利從哈佛大學畢業之後，花三年時間撰寫晦澀難懂的論文，目標讀者群卻少之又少。他獲得一筆聯邦獎助金，翻譯希臘寓言故事。之後又花了一年的時間，研讀社會理論學家喬治．賽門（George Simon）奧祕的筆記本，盡力為其注釋與編輯。接下來，歐萊利開始撰寫法蘭克・赫伯特（Frank Herbert）的傳記，此君是經典科幻小說《沙丘魔堡》（*Dune*）的作者。

歐萊利告訴我：「我就是那樣學會寫作的。」根據他的說法，那本傳記的第一稿和赫伯特自己的作品一樣纏夾不清，出版社編輯迪克・賴里（Dick Riley）退回稿件，要求他重寫一本條理分明的作品。第二稿歐萊利找到了自己的聲音，主題句變得簡潔、大氣；他轉變成有耐心、表達清楚的解釋者，反覆用整段句子介紹重要觀念，這些觀念原本是需要一整頁來解釋才夠。歐萊利的文章沒有任何炫耀奪目的亮點，可是非常合理；資料密度越大，他寫的句子就越短。

不知不覺間，歐萊利發現了使他終於躋身科技出版帝國之王的風格，他所欠缺的，只是一個珍惜他這種技能的社群。後來歐萊利碰到經驗老到的程式設計師彼得・布拉傑（Peter Brajer），對方正要幫迪吉多（Digital Equipment）電腦公司的實驗室產品撰寫技術手冊，這下子歐萊利時來運轉了。對古典學系畢業生來說，時薪四十美元的酬勞實在優渥得不容拒絕。歐萊利懂得的科技術語太少了，一開始布拉傑對迪吉多的專家們提問時，歐萊利在一旁默默記筆記，擔心萬一恍神露了口風，就會洩漏自己的無知。說起來，歐萊利也曾耗費大把精力，終於弄懂了殘缺不全的希臘文本；對他而言，迪吉多的東西再怎麼困難，也比不上希臘文難。接下來的幾個月，歐萊利運用詳細閱讀的技巧（以及詛咒迪吉多字彙意義模糊），已經準備好配合對方要求，創作任何種類的技術手冊。

不久之後，歐萊利最重要的見解浮現了。精進搭建橋梁技能、將其應用在科技公司推銷產品的商業需求上，並不是最能發揮歐萊利才幹的方式。反之，他體認到自己應該替需要使用這些科技產品的工程師和技術人員撰寫手冊，因為擁有新產品當利器，他們才能在世界上遙遙領先。歐萊利大可成為他們的擁護者，透露聰明的捷徑給對方，以便替他們節省時間；他能夠將手冊轉變成自我改善和充實自己的工具，任何有企圖心的科技人士閱讀歐萊利撰寫的手冊，都是為了更美好的生活鋪路。

從一九八〇年代初期以來，歐萊利（以及幾百個編輯和作家同志）就是在做這件事。歐萊利媒體公司（O'Reilly Media）不僅向數以百萬計理解程度各不相同的讀者解釋科技，公司舉辦的會議和線上研討會也已經成為匯聚點，有越來越多全球各地對特定技術同感興趣的社群，紛紛向他們靠攏。最早僱用歐萊利的那些老闆，將科技出版視為出版這一行的義務，但歐萊利卻把它當作提升出版品質的聖戰。

琳達．華爾許（Linda Walsh）是歐萊利媒體公司最資深的員工之一，她的腦中刻印著一幅畫面：歐萊利在沒幾樣家具的閣樓裡來回踱步，周遭是他的十來個員工，全都懶洋洋地攤在懶骨頭椅墊或靠枕上，或是倒在任何可以坐下來的地方。歐萊利先前在牆上貼了一大張白紙，此刻隨手記下一些可能的計畫，都是大家接下來能夠動手做的。歐萊利激動地說：「這是一個觀念的種籽，只是種籽。」他漫無目標地揮著手，宣稱：「我要知道你們是怎麼想的。」

估計一下歐萊利多年來所發揮的影響，顯然那些參加過他的會議或買過他手冊的人們，已經從科技榮景中獲利豐碩，遠超過歐萊利自己的收益，不過他說無所謂。歐萊利告訴我：「你所創造的價值，應該永遠超過你所捕捉到的價值。」假如我們想知道這句格言的出處，他應該能幫忙追溯到古希臘哲學家戴奧基尼斯（Diogenes）。

第六章——水管結凍，心思解凍

貝絲・庸妲（Bess Yount）正要講她頂喜歡的一個故事。[1] 場景：麻薩諸塞州西部柏克夏山脈（Berkshire Mountains）一個嚴寒的週日早晨。連夜冰風暴帶來了災情，人們開始一天的活動時，注意到明顯不對勁的事：淋浴設施故障，馬桶沖水之後水箱沒有再注水，水管和廚房水槽都結凍了。打開水龍頭，除了發出可憐的嘶嘶聲，一滴水也流不出來。

庸妲說，該找水電師傅來了。可是該找誰呢？

庸妲的故事講得好極了。哪怕現在是暖和的春日，我們置身加州蒙羅公園（Menlo Park），這裡是臉書公司布置豪華的總部，根本和冰天雪地毫無關係。可是庸妲把故事場景描述得那麼完美，害我真的打了一個寒噤。我的心思轉動，想像水槽故障的聲音，窗臺結霜的樣子，殖民風格的老房子狹窄的走廊，還有木頭地板觸手冰冷的感覺。我澈底相信她的故事，以至於想像力取代了周遭的現實。我在心裡變成了同病相憐的麻州屋主，被水管結凍的問題弄懵了也嚇到了。時光靜止，我完全無法思考其他事情，直到庸俎指引我找出解決辦法為止。

好在幫手就快到了。在庸俎的故事裡，冰風暴造成的破壞使我們趕緊找到自己的智慧型手機或筆記型電腦，連上臉書向朋友吐苦水；我們想要別人同情，想要陪伴，也希望得到一些解決問題的建議。就在我們打字通報現狀時，忽然注意到一則廣告跳出來，恰巧反映了當下的情況：城裡有個水電師傅開始營業了，就是此刻。即使現在是星期日早上也沒關係，他專門幫人修理結凍的水管，隨時可以應屋主召喚上門來幹活兒。廣告上寫著他的電話話碼，我們只要打一通電話就行，然後很快就能享受熱水淋浴、乾淨碗盤，以及熱水帶來的一切樂事。

困難的處境……料想不到的解決方案……壓力得以紓解。你能想像庸俎在假日派對、教堂晚餐會，甚至在小型政治募款活動上講她的故事。庸俎藉著分享一段美國文化現象，創造出一種巧妙的、能安撫人心的方法，贏得了人們的信任。如果你曾親眼見識過業務高手怎樣推銷，就知道這種經典配方的力量有多大。即便如此，想要克服聽眾的疑慮，仍然需要大師畫龍點睛的手筆。

庸妲是臉書數一數二會講故事的人。二〇一〇年她獲得社會學碩士學位，短短幾星期後便加入這家成長迅速的社群媒體公司。如今庸妲隸屬於該公司成員多達三千人的業務與行銷團隊，協助臉書從賠錢的實驗品，轉變成世界上最賺錢的媒體公司之一。從來沒有人要求她寫程式，可是她的價值絕不亞於臉書廣受吹捧的軟體工程師，原因是她與那些懷疑論者產生連結，並吸引他們跨入臉書快速成長的廣告生態系統；[2]她使進步這件事顯得賞心悅目。

我初識庸妲時，她去許多城市拜訪小企業會議，譬如安克拉治（Anchorage）、沙加緬度（Sacramento）、邁阿密、芝加哥、德州書格丘（Sugar Hill）等等，在那些地方施展她的魔力。抵達每一站後，她會找很多人攀談，包括餐館老闆、美甲沙龍業者、只有兩個合夥人的律師事務所、牙醫診所，事實上任何種類的商家都不放過。庸妲見的人當中，很多都是將近五十歲甚至年紀更大的人，在他們那個年代，報紙廣告和電話黃頁替小企業提供可靠的促銷方法。如今這些經過時間考驗的方法已逐漸式微，報紙閱讀率不斷崩跌，電話黃頁也和酒精複印機（ditto machine，不懂的上網搜尋去！）一樣過時了。

從某個層面來看，企業主明白自己必須與時俱進，然而老一輩往往感到迷惘和護短，他們花那麼多年才掌握了傳統廣告林林總總的細節，眼看這門老技藝的價值衰退，心裡難免感到難過。在這些商家能夠從印刷品轉移到像素（pixels，譯按：數位影像顯示的基本單位）之前，心裡需要得到這項保障：數位科技在他們的世界中確實可以物超所值。他們也需要一種安全的方式可以學習掌握新技能，而不至於在課堂的閒言閒語中，覺得自己是最遲鈍的學生。

庸妲把他們的痛苦趕走了。如今她不再花那麼多時間出差，新焦點是製作風格輕快活潑的影片，拍攝影片的好處是可以在全國各地播放，但她的溝通方式並沒有改變，依然不斷分享真心誠意的故事，幫助聽眾將世界觀轉變得比較符合現況。那則麻州匹茲菲市（Pittsfield）關於水電師傅和冰風暴的真實故事，現在有了類似的場景，還有拉丁裔移民、奧克拉荷馬州修理站和更多角色加入陣容。庸妲不愛炫耀自己受過社會學訓練，你不會聽見她使用「非正式教育計畫」或「學習促進模式」這類字眼，可是她照樣有辦法在簡報時展現極致的敏銳，掌握新信念扎根的方式。臉書自身的成長證明新信念形成了。二〇一〇年庸妲加入臉書公司時，每年賣出的廣告不到一億美元，六年之後，這個數字已經超過兩百六十億美元。臉書光是靠銷售像素（只有像素，別無其他東西），收穫的廣告利潤就四倍於規模數一數二的傳統媒體集團哥倫比亞廣播公司（ＣＢＳ），可是ＣＢＳ花了八十幾年，聚集旗下所有廣播、電視、網站、有線電視網（包括Showtime與Movie Network電視網），才達到了這個規模，反觀臉書才創辦十來年。ＣＢＳ享有輝煌的過去；臉書擁有未來。

現代社會有一個極大的祕密，那就是生辰左右了人們對新科技的喜好程度。科幻小說作家道格拉斯・亞當斯（Douglas Adams）說過一句很有名的話：我們對於自己誕生以前或嬰孩時期發明的一切神奇事物，從來不覺得奇異。[3] 核子武器、搭噴射飛機旅行、減肥軟性飲料？這些被創造出來的東西顯得平凡無奇，大家都習以為常。如果祖父母對這類發展嘖嘖稱奇，我們會儘量壓抑著別打呵欠。用亞當斯的話來說，這類前進的步伐只是世界運轉方式很自然的一部分。

我們愛上某項創新的時候，幾乎總是介於十五歲到三十五歲之間，某樣東西忽然驚天動地闖進生活。每個人的年序都不相同，但是大都能從過去三十年的發明中，挑選出自己喜歡的項目：手機、無線網路、數位音樂、Xbox 360電玩、iPhone、推特、簡訊、３Ｄ列印、影像串流、Airbnb民宿網、虛擬實境。我們不只熱烈歡迎這些刺激的、革命性的新玩意，還可能特別注意自己最喜歡的項目，把它當作名利的敲門磚。正如亞當斯那句冷硬的評語：「運氣好的話，你還能拿它當事業。」

在亞當斯所切割的社會中，人們對於自己三十五歲之後才發明的東西，反應大不相同。在這種情況下，**一切都太遲了**。我們覺得已經被習慣綁死，而生活就是由這些習慣所定義的，除去少數例外，我們根本不想改變。隨著年紀變大，脾氣壞又愛鬧彆扭，再也感受不到新事物有麼多神奇，不論承認與否，我們心裡其實但願進步停下來。亞當斯就發過尖銳的批評：過了你三十歲生日之後才發明的任何東西（哪怕再好也一樣），你會覺得它「違逆事物的自然秩序」。

不管大家感覺如何，科技進步擋也擋不住。前一章說明工業界的技術突破，反而使得擁有分析與決策技能的批判性思考者供不應求。這一章的重心是消費技術的快速進展，看這樣的技術進展如何刺激業者對批判性思考者的需求，這裡指的是那些精通毗鄰技能（adjacent skills）的批判性思考者，他們以啟發的方式判讀現場氣氛與人員情緒，也以這種方式溝通。

對於抗拒改變的消費者來說，科技好比快遞公司的貨車不斷在自家門口堆放新包裹（上面標示科技驚喜！），送貨速度之快，誰也來不及全數拆開。如今美國有七成國民擁有寬頻，回顧公元兩千年時，寬頻基本上還不存在。美國人平均每天花五十分鐘使用臉書，[4]相較之下，每天閱讀報紙的時間只有十六分鐘，其實讀報紙的人也不多了。我們已經用網飛（Netflix，譯按：經營網路隨選串流影片的公司）取代了電影院，用亞馬遜取代了百貨公司，用多寶箱（Dropbox，譯按：線上儲存服務業者）取代了檔案櫃。這一切才剛剛起步。

不論你是把亞當斯的年齡劃分當真，或只是看成一個比喻，他的基本訊息無庸置疑。當今世界面臨的社會重大挑戰，並非工程師如何迅速創造新科技；社會的重要應變點（point of strain）在於如何促使懷疑論者與遲遲不肯行動者迅速接納每一波新浪潮。由於戰後嬰兒潮世代逐漸老化，整體社會也在變老，因此這一點就變得格外急迫。我們生育下一代的速度不夠快，無法讓美國像從前一樣年輕（目前美國人的年齡中位數是三十七點八歲，遠高於一九七〇年的二十八點一歲）。[5]如今半數以上的美國人，已經落到亞當斯最終分界線老邁的那一邊，往往視每一項新進步為自然秩序的衰敗。

科技本身無法駕馭說服的藝術，人工智慧系統很會下複雜的日本圍棋，可是它沒辦法讓你想要坐下來自己玩一局。Alexa、Siri、Cortana這些工具的設計宗旨，是讓科技變得更友善、更容易親近，取悅熱心嘗試新科技、喜歡數位幫手的人，但是卻嚇壞了那些害怕機器人將會奪權的人。正因為如此，美國經濟僱用一千四百萬個業務員，而與電腦相關的工作崗位則僅有四百萬個：改變人們心思這種高度微妙的挑戰，是不可能自動化的。

最聰明的市場行銷人員和業務員深知非真人勸服的限制，例如郵遞猿（MailChimp）和HubSpot之類的自動化系統懂得歸納我們一個月之前的購物習慣，然後用客製化電子郵件砲轟我們。追蹤小型文字檔案（cookies，譯按：網站為了辨識用戶身分而儲存在用戶端的資料），就能跟蹤我們瀏覽網頁的過程，不論開啟什麼網頁，同一件T恤的廣告都會陰魂不散地跟過來（廣告商抱著這樣的希望：如果我們在某家服裝店網站的購物車中有尚未結帳的T恤，也許透過這種方式，可以重燃我們先前對購買這件T恤的興趣）。然而這種緊迫盯人的技巧效果還是有限的，因為使用者經常會被激怒；不論年紀大小，我們都不喜歡被當作商家設下天羅地網推銷東西的節點。Connecture軟體公司行銷長史蒂芬妮·梅爾（Stephanie Meyer）就說：「不能是企業對消費者（B-to-C），而必須是企業對人性（B-to-human），或是企業對我（B-to-me）。」[6]

於是那些會講故事、有說服力的人開始得到尊敬（甚至威望）。假如大學畢業的你有那樣的天分，請花一點時間體認一下，你所擁有的技能不但稀罕，而且珍貴。你能用迥異於演算法的方式與其他人接觸，你的聰慧與溫暖將會協助你在一對一的情境下更有說服力，你那判讀現場氣氛與人員情緒的能力，會使你在小群體中如魚得水，而你鼓舞他人的本領將使成功更上一層樓。

如果你還是不相信自己的力量有多麼珍貴，那就讓矽谷高階主管桑鐸旭・賈亞拉姆（Santosh Jayarma）為你全盤解說一下。賈亞拉姆是工程師出身，在谷歌工作了好幾年，然後自己創辦了一系列公司。數年前賈亞拉姆跑去史丹佛大學的校園梭巡，尋找可以僱用的人才，但是他並未在工程學院停留，反而溜進人文學系去徵才。

賈亞拉姆對那裡的兼任寫作講師麥可・馬龍（Michael Malone）解釋來意。賈亞拉姆說每一件事情都亂了。如今要打造產品新功能，不再需要花一年時間密集進行工程，把程式寫好是簡單的部分。很多以軟體為基礎的產品，位在美國海外的程式編寫團隊只消短短幾星期時間，就能夠組裝起來。困難的部分是與潛在使用者產生連結，因為對方要麼熱烈擁抱這個讓人興奮的點子，要麼完全忽視。賈亞拉姆解釋，為了創造連結，他需要說故事的人去說服世界其餘的人們，請他們想像一下，如果早早使用這種棒透了的嶄新創造，他們的生活會變得多麼美好。他說，為了讓這條妙計奏效，「英語系學生正是我要找的人才」。[7]

永遠別忘記這些組織多麼需要你。企業傳統上都低估了把故事說對的重要性，他們相信第一線行銷人員或後勤的技術文件寫作人員都是工蟻，只要耐住性子把細節處理好就行了。這項信念以前就很值得懷疑，到了今天就更荒謬了。去找一個快速變動的領域，你那一身千錘百鍊的溝通技能就會成為龐大的資產。你那些技術領域的同事與其上司還沒發現自己的故事，他們不善口舌，不然就是沉默寡言，要他們講故事簡直會嚇死他們。這類人才不知道如何和美國年紀較大的科技恐懼症患者連結，很可能也不確定該如何接觸年齡較輕、會被新事物打動的人。少了你，有野心的組織如陷泥淖，如果你能成為他們的庸俎，那就等著收取會令你驕傲的高薪與認同吧。

現在我們就來檢視說故事的藝術如何在以下三方面帶來豐厚的報酬。

主動展開對話

外面的世界好熱鬧！南加州大學（University of Southern California）的專家估計，我們每個人平均每天接觸的資訊多達七十四吉位元組（gigabytes，即十億位元組），[8]這個數量相當於每天接觸十四個小時的簡訊、電子郵件、Snapchat、ＩＧ照片、YouTube影片、公司影片等等，其中大部分都是轉眼即忘的內容。

如果你開始寫部落格、當記者、錄製播客節目、寫文章或成為任何型態的訊息製作者，上述資訊超載現象會如何影響你獲得注意的機會？喜歡冷嘲熱諷的人可能會譏笑你徒勞無功，因為我們實在很容易就相信這是一個資訊太多、注意太少的世界。即使是擁有商學學位、受聘於企業的「內容提供者」，也都拚命保衛他們的網站點閱數和點擊率，為了使提供的內容發揮最好的效果，不惜花費數百萬美元。大型媒體公司莫不引用當今的標準閱聽人參與公式，儘可能壓榨出最大的價值。那麼你有何希望呢？你的人文科系學歷如何才能勝出？你欣賞純粹的創意，又有何可取之處呢？

不要浪費精力和懷疑論者爭辯，倒是可以從恩蒂・安德芮葛（Andy Anderegg）[9]的故事中汲取力量。安德芮葛大學主修英語系，她把那些死硬派的主張完全翻轉過來，證明有一條通往成功之路至今依然寬闊。

二〇一〇年，安德芮葛只是美國中心地帶又一個英語系畢業生，即將完成堪薩斯大學（University of Kansas）的美術碩士學位，前途一片茫然。紐約沒有人願意出版她的小說，事實上她也不算真正寫完一本小說，只是在探索不同寫作文體所組成的世界：這一個世界有各色各樣寫作風格，從名人回憶錄到博士論文都有。

安德芮葛的寫作出現瓶頸時（所有作家都會碰到），就會夢想自己住在距離校園九十五英里的堪薩斯市，她的嗜好之一是經常逛酷朋（Groupon.com，譯按：全球最大的團購網站，提供消費者各式折價券），鑑賞可以在這個大城市使用的打折優惠券，多麼有樂趣！如果她住在堪薩斯市，有了酷朋的幫忙，她就能在鏽馬刺時裝店（Rusty Spur Couture）買一頂亮晶晶的粉紅色牛仔帽。事實上，有了買一送一的優惠券，花二十美元就能買到兩頂。

移居堪薩斯市的夢想沒有持續很久，不過安德芮葛對酷朋的喜愛有增無減。這個網站的求職欄貼了一則求才訊息，是芝加哥總部徵求內部作者，起薪：一年三萬三千美元。錢不算太多，可是安德芮葛本來就不指望靠寫作致富，她計畫用一、兩年時間把這份工作弄到手。即使酷朋網站的風格前衛，與學術性質的寫作天差地遠，但安德芮葛仍然願意嘗試，以前的文體寫作訓練將會幫助她解構酷朋作者搞怪的方式，只要她能通過酷朋的寫作考試就行了。

這個腦筋轉得快、臉上架了一副大眼鏡的畢業生果真成功了。

安德芮葛寫了一篇極為誇張的搞笑文章，描繪在底特律市（Detroit）打保齡球可以享受多少樂趣，藉此打進了酷朋公司的作者班底。她先讚美大拇指是「人手城堡裡的至尊」，還宣稱打保齡球是在「頌揚大拇指」。安德芮葛用肅然起敬的口吻描寫保齡球館裡最凡俗的細節：「經典橘色」的座位，擁有天賜「超自然能力」、會自動迴轉的球，螢幕記分板「主要是為箱型水母所設計，公平起見，只會指揮二十四隻眼睛中的兩隻盯住球瓶」。

誰曉得打保齡球是這麼有趣、戲謔的經驗？當然啦，背後的祕密是酷朋並不是真正在推銷打保齡球，而是在推銷稀奇古怪、料想不到的氛圍。這個網站的目標群眾遍及全美國，人數多達幾百萬，屬性介於非常愛社交和孤單寂寞這兩極之間的任一點，他們無法決定該怎麼打發時間、怎麼花錢。酷朋變成驚奇點子源源不絕的朋友，邀請大家展開各種探險。精心寫好的酷朋廣告可以讓任何東西聽起來刺激有趣，更重要的是，酷朋網站使用的時尚口吻讓訂閱者容易獲得朋友響應，而不顯得過於殷切或跋扈。

安德芮葛六月拿到碩士學位，八月就開始為人師表。酷朋因為優惠券引來的網站流量每年成長百分之三百，所以公司無時無刻都急著招聘更多作者。公司裡很少有人知道怎樣解釋自家網站的奇巧風格，大多數應徵者自己也搞不定，所以安德芮葛主動提出一套訓練模組，幫助其他好幾十位英語系畢業生破解謎團。她負責作者的聘用與訓練，如此一來，年薪一下子增加到四萬七千美元。

從來沒想過用諷刺寫作炒熱自家產品的商家，發現酷朋（和折價券）的趣味替他們吸引了大量新顧客上門，譬如懷俄明州（Wyoming）一家牛排館平凡無奇的家常沙拉，在安德芮葛訓練過的作者筆下，可以變成傻兮兮又吸引人的招牌菜。你想來一客核心家庭沙拉嗎？還是要一客大家庭沙拉？嗐，膽量夠的話就試試問題家庭沙拉好了。這些樂子講也講不完。

一時之間，酷朋完美捕捉了美國人的情緒，好幾百萬人申請帳號，每天都會收到電子郵件，不但內容讓人會心一笑，還提供折價券、保證新探險。二〇一一年酷朋股票公開上市，投資人紛紛搶進，全盛時期該公司自稱市值超過一百五十億美元。最後酷朋的成長曲線還是往下彎了，二〇一一年看來爆笑的內容，到了二〇一四年開始變得老生常談。降低成本成為常態，公司要求安德芮葛發電子郵件的速度必須大幅提高，即使被迫重複使用上個月的句子也在所不惜。二〇一五年初，安德芮葛自己辭職了。

安德芮葛在酷朋大起大落的經驗不需要視為挫折，這是她在事業旅途中所得到最重要的教訓。酷朋意氣風發的時候，安德芮葛賺到好幾次升遷，從堪薩斯大學畢業之後短短五年內，就成為這個芝加哥網站的執行編輯，年薪超過十萬美元。安德芮葛辭職後搬到南加州，將自己定位為其他數位媒體公司的顧問，報酬十分優厚。她只花一半的時間工作，就能維持六位數的收入，其他時間用來撰寫一系列短篇小說。安德芮葛不但成為數位時代的巫師，幸運擁有神祕的知識，知道怎樣寫出散播力極強的貼文，她還利用自己的專業知識完美定位，打造執業顧問的新路線。

這類技能永遠都有價值，更重要的是，任何雇主都撬不走你的這些本領。

我聽見你在說什麼

同理心有回報嗎？

上個世紀大半時間，這個問題的答案一直是令人尷尬的「沒有」。我們冀望（甚至感激）社工人員、護理師、幼教老師、商店店員、餐廳服務生衷心關懷他人，然而至少在美國，這些領域的薪資都相當微薄。我們社會上賺大錢的人，靠的是企圖心和發狠追求優先目標的決心；這些人有的善良、有的粗暴，可是多半會期待世界上其餘的人配合他們的態度和優先目標。加州大學爾灣（Irvine）分校心理學者保羅・皮弗（Paul Piff）研究財富與社會行為之間的互動，發現最富有的美國人比較自戀，比較不信賴他人，優越感也很強。10

對任何深受人文思維薰陶的人來說，這是令人沮喪的真相。在大學校園裡，了解別人觀點的能力毫無疑問是美德，你去任何一場畢業典禮找張椅子坐下來，都會聽到致詞者好言稱讚同理心的力量。最優秀的心理學家、人類學家、政治學家、社會學家時時刻刻都想弄清楚，什麼東西能夠打動別人。在二〇一六年畢業典禮上致詞的西北大學院長艾德里安・藍道夫（Adrian Randolph）宣稱：「透過多種透鏡觀看世界……是藝術與科學學院的核心所在。」[11]假如我們的社會不考慮體貼別人的藝術，那樣的情勢變化就讓人悲哀了。

華頓學院（Wharton School）管理學教授亞當・葛蘭特（Adam Grant）在著作《給予》（*Give and Take*）中，提供比較令人欣慰的替代選項。葛蘭特把世人分成給予者、索取者，以及兩者都有一點兒的互利者。[12]他發現許多成就最低的人是天性慷慨的給予者，但是卻遭到別人剝削。可是成就最高的人往往也是給予者，他們採用比較謹慎的策略去接觸更寬廣的世界。起先他們可能誤用同情心，假如對方投桃報李，也給予溫暖的回應，他們就會繼續秉持同理心。萬一對方不領情，他們就會撤回先前的好心。葛蘭特的結論是：慷慨與同理心是致勝的美德，你只需要慎選朋友，就不會錯了。

在我們這個深受科技影響的社會裡，同理心的回報很可能正在增強。掌握尖端技術的公司希望重新確立美國人的習慣（不僅是臉書，還包括其他一些掌握顛覆性技術的業者），可是想成功不能靠蠻力。舉個例子，優步公司的老闆們不畏挑戰，持續登廣告徵求社群管理人和成長管理人，加入這家租車共享公司。他們要的專才必須特別擅長建立和諧關係，因為僱用司機、維持乘客使用忠誠度，甚至事後處理某趟不愉快的車程時，都需要懂這門功夫的人才。如此具有挑戰性的工作，年薪可能超過八萬美元。搜尋領英網站上目前登錄的優步公司社群管理人名單，就會發現這類工作所吸引的人才，大學的主修科系多半和同理心有關，譬如斯沃斯莫爾學院（Swarthmore College）心理系，以及麥基爾大學（McGill University）藝術史學系。

還有另一個因素有助於將同理心轉化成市場價值高的技能，那就是現在打分數比以往容易多了。透過Yelp、TripAdvisor、eBay這些商業平臺和無數評比網站，人們的商務聲譽時時呈現在眾人眼前，善於互動的好名聲成了寶貴的資產。同樣重要的是，隨著我們花更多時間在網路上吸收資訊、交換八卦、開人玩笑，心理上反而更渴求較深刻的情緒參與。表情圖示可以冒充實質情感一段時間，然而到了某一點，這種數位表達方式再也起不了滿足作用，我們渴望和那些願意透過我們的視角觀看世界的人做生意，從而獲得真正的笑容和完整的五感愉悅。

在動手寫這本書的幾個月前，我在加州遍植杏仁樹的鄉間待了一個星期，替《富比士雜誌》撰寫建造網站（Build.com）的專訪。這家網路公司每年販售大約五億美元的水龍頭、門把和其他居家修繕用品，雖然財力、聲望、品牌知名度都不敵規模更大的競爭者，例如亞馬遜和家得寶（Home Depot），但卻出乎意料成為他們的強勁對手。我想要找出箇中原因，而找尋答案的最佳地點就是建造網站的業務部門，這個部門配備將近兩百名員工，承包商和屋主在工地需要即時的建議時，就是由這些業務員接聽電話、提供服務。我找到一個適合深入研究的人選：瑪莉．海倫．史密絲（Mary Helen Smith），[13]內華達大學雷諾分校（University of Nevada, Reno）的英語系畢業生，後來改行當業務員。

前去現場觀摩那天，等我戴上耳機旁聽史密絲的顧客來電時，她當天的業績已經超過兩萬五千美元，是整個部門裡最好的成績。可是史密絲既不急躁也不推銷，相反地，她好脾氣地探問每一通來電的現場細節，彷彿和失聯的老朋友重新連繫上似的。有一位住在夏威夷的女子打算買一個科勒牌（Kohler）的洗臉臺，卻想再殺殺價。史密絲從頭到尾都沒有說不行，只是要求對方再多告訴她一些家裡的修繕計畫，每聽到一個細節，她都會報以友善的回應，像是「那是絕佳選擇！」或「妳選的顏色很可愛」。兩分鐘後，史密絲完成了交易，價格依然是牌告原價。

如果業務員太賣力，這種愉快、順暢的交談就會讓人覺得很假，不但銷售不成，甚至可能適得其反。以史密絲的情況來說，同理心是她這個角色的核心部分。我趁著空檔請她告訴我，她來建造網站工作走的是什麼路徑；她是在校園裡吸收了人文科系的思維模式，還是從童年開始就是如此？其實史密絲兩者都是。她從小在加州東部很鄉下的地方長大，那兒靠近內華達州邊界。史密絲的父親開了一家飼料店，母親在中學教英語，家裡養很多動物，除了她的小狗史丹利（Stanley）之外，還養了貓、鴨、馬。史密絲從小就立志要當獸醫。

後來她進了內華達大學雷諾分校英語系。四年的學習為史密絲熱情友善的天性增添些許世故，她對大學最鮮明的回憶，包括不同學生對指定教材的迥異反應。研讀托妮·莫里森的小說《最藍的眼眸》（*The Bluest Eye*）時，史密絲因為班上男生、女生對問題採取截然不同的立場而感到震撼，她回憶道：「我堅持自己相信的立場，可是我也對別人的好論點保持開放態度。」有一個學期史密絲去羅馬尼亞遊學，還有一學期他們分析和批評莎士比亞的《亨利五世》（*Henry V*）……每次有意見相左的情況，不同文化的碰撞，以及大家排解爭端的努力，都在她腦中留下無法抹滅的印象。

我在建造網站的時候，每隔幾分鐘就會有鈴聲響起，慶祝某個業務員拿下大額訂單。先前我沒有料到，居然會發現一個沒沒無聞的知識分子，在這家賣水電材料的公司打破銷售配額。然而和史密絲談得越久，她的成功（與背景）就越顯得合情合理。正如她向我解釋的，這份業務工作的一部分樂趣，是關於破解每一位來電者的恐懼與渴望。建造網站的每個客戶都「像小說裡的人物。我喜歡贏得他們的信任，那樣感覺很好」。

你所有的朋友都在這裡

每一個街頭音樂家都曉得這個把戲，你很可能也知道。假如你想在公共場所拉小提琴賺錢，於是在面前攤開空琴箱，希望路人會丟幾個銅板進去，這麼做肯定是不夠的。如果你開始拉琴之前，先在箱子裡擺幾個面額不同的硬幣，再放幾張五美元的紙鈔，藉此創造一種新社會規範的模樣，這樣旁觀者就會隱隱覺得有義務掏錢贊助。他們聽到你演奏，看到先前的人已經付錢的錯覺，然後心裡就會假設自己也該捐一點錢，做法正確而且符合風俗。

亞利桑那州立大學心理學教授羅伯特．洽奧蒂尼（Robert Cialdini）[14]很愛引用這個例子，說明社會認同的力量。當我們設法決定該如何應付意料之外的情境時，會很高興從別人的做法中獲得提示。收看電視節目時，如果聽到笑聲，我們也會開始跟著笑。想要融入情境的欲望太強烈了，哪怕街頭藝人的表演水準沒有很出色，我們還是會從眾留下贈金；即使喜劇演出不太好笑，我們也會跟著別人哄堂大笑。

用更嚴肅的眼光來看社會認同的觀念，你就會發現它貫穿整個文科教育的每一個層面。閱讀《安娜・卡列尼娜》（*Anna Karenina*，譯按：俄羅斯作家托爾斯泰完成於一八七七年的寫實主義小說），你會禁不住為列寧遷居莫斯科之後性格巨變而感到震驚。住在鄉下的列寧是很有想法、行事果斷的人，到了首都之後卻變得奢侈浪費，因為他想要跟上一群新朋友揮霍無度的腳步。列寧的本質改變了嗎？抑或只是近墨者黑？

修習心理學的你，很快就會重溫所羅門・艾希（Solomon Asch）關於從眾心理的先驅研究。[15] 安排一屋子主見很強的陌生人，然後把另一個人請進房間，拿出兩條線，詢問他這兩條線的長度是否相等。儘管事實擺在眼前，這個人的答案還是會受到其他人的說法左右。如果房間裡有足夠的人自信滿滿地堅稱兩條線一樣長，那麼大部分人這時候都會屈服，選擇加入群眾的陣營。如果要這個人暗中寫下答案，不讓其他人有機會取笑他或反對他，那麼這個人多半會寫出貼近事實的答案。

如果你研究當今政治局勢，或是以政治顧問維生，就逃脫不掉越來越強大的社會認同力量。皮尤研究中心（Pew Research Center）在二〇一四年的劃時代研究中，發現被認為是自由派的人，最常透過CNN、全國公共廣播電臺（National Public Radio）、MSNBC或《紐約時報》獲取新聞；反之，被視為保守派的人，最信任的新聞來源是福斯新聞頻道

（Fox News）。皮尤研究中心的一組分析家宣稱：「說到獲取政治和政府方面的新聞，自由派人士和保守派人士根本是居住在不同的世界裡。」一站在政治光譜兩個極端的人，討論政治時會尋找思想與自己雷同的對象，至於那些在社群媒體上和他們意見相左的人，不是取消對方的好友身分，就是乾脆封鎖對方。於是個人最喜歡的意見持續加深，其他的觀點則根本進不了他們的視線。

不論你的路徑是怎麼走的，人文學科都已經加深你的了解，讓你曉得人們可能會如何受其他人的信念影響而產生動搖。畢業的時候，你已經分析過充足的情境，能夠自己做出孰真孰假、孰利孰弊的判斷，也曉得了什麼有說服力、什麼是白費力氣。你知道社會認同的真諦，絕不只是幫街頭藝術家賺更多小費的把戲；你也清楚在高風險情境中，建立（或摧毀）長期信任的細緻手段有哪些。儘管如此，你很明白能夠登高一呼「你所有的朋友都在這裡」，這句話的威力有多大！

假如你受社會認同的想法所吸引，想要將它應用在符合社群意識、沒有爭議的方式上，不妨想一想傑夫．柯胥納（Jeff Kirschner）的例子。畢業自密西根大學創意寫作系的柯胥納創辦了垃圾地圖（Litterati），這是一個鼓勵志願者撿垃圾的社會企業。[16] 想要說服大家騰出一個下午來幹活兒，通常是無望達成的任務，可是柯胥納設法組織清理垃圾的常態活動，在舊金山、加州史塔克頓（Stockton）和其他一些城市進行得有聲有色。這些活動有許多仍在持續進行，志願者定期在社區巡邏，撿拾空罐、菸蒂、漢堡包裝紙等垃圾。

柯胥納的獨特優勢：他安排每一位志願者用手機拍下所有垃圾的照片，同時標記地點。這樣的結果是，垃圾地圖創造出垃圾氾濫地區的細部地圖，藉此協助市府官員重新調整清道夫的清掃路線。在舊金山，垃圾地圖的菸蒂照片幫忙辨識香菸製造商，這一來就能促使這些品牌出錢分攤清理成本，無異是有力的工具。由於科技創造了立即回饋和行善的共識，志願者很樂意加入這場運動，而團體績效則以累積的分鐘數來計算。

我們把這一切都指回臉書：水管結凍的故事，也就是庸妲深愛的那份工作的隱形起點。二〇〇八年秋天，臉書才創辦了四年，員工中以軟體工程師的人數最多，二十四歲創辦人馬克・祖克柏（Mark Zuckerberg）和他的幾個大學友人只是其中的少數。回顧當年臉書的企業文化仍然生猛，充滿對科技的熱情和大學宿舍的樂趣，辦公室氣氛太緊張時，程式設計師就在鋪地毯的走廊上比賽滑蛇板。

那年秋天的一次員工會議上，有人請祖克柏解釋臉書如何看待廣告。當時我人在現場，還記得祖克柏無比熱情地侃侃而談，他說臉書花樣繁多的下拉式選單可以讓廣告買主輕鬆管理廣告計畫，完全不必和真人攀談。想要接觸十八歲到三十五歲的女性嗎？只要點幾個鍵，你就能精確瞄準目標。想把焦點放在喜歡園藝、愛看恐怖電影、曾去過法國旅行的對象嗎？點、點、點，你的廣告火炮就已經瞄準好火線交叉處的目標用戶了。

那個時候，祖克柏以為他的工程師們正在打造一個自動化奇葩，將會把傳統廣告團隊打成無法還手的老古董。再見了，狂人時代的政治！握手、募款餐會、真人上陣來來去去談廣告案的實務，統統再見吧！祖克柏很確定自己已經窺見未來，至少在廣告這一部分，前路將是科技戰勝人性。

到了二〇一〇年，祖克柏的想法改變了。真人銷售團隊畢竟不是毫無用處，臉書下拉式選單的花樣太多、反應太快，搞得首次買廣告的人沒有買成，他們覺得自動化系統太冷漠、沒有人情味，引不起他們的共鳴。臉書的普通用戶完全不介意，幕後自動化系統控制用戶網頁的動態消息會跳出哪些故事，對他們來說，科技是隱形幫手，使他們能夠輕鬆與朋友保持連繫。然而對廣告主來說，臉書的科技太凸出了，讓人感覺冷冰冰又緊迫盯人，沒有任何讓商家放輕鬆的社交暖場行為，反觀老派媒體的廣告業務代表，就會讓雜誌廣告或電視廣告的買主感到安心和愉快。

重整旗鼓的時候到了。假如企業主管在出手購買臉書廣告之前，想要透過真人獲得保證，那麼祖克柏和公司精於商務的營運長雪柔・桑德柏格（Sheryl Sandberg）就會如他們所願。如果企業想知道同類公司購買臉書廣告的故事，他們也會雙手奉上。

如今臉書僱用數千名員工，編入公司的廣告、行銷、銷售、業務開發團隊，這些人因為擁有與寫電腦程式無關的寶貴技能，竟然和臉書出名的連帽衫工程師團隊並肩而立。這些人很會講故事，對顧客有同理心；他們證明擁有歷史系、英文系、心理系或其他人文學系的學位，在商業情境中能夠發揮多麼大的力量。畢竟這些新進人員曉得如何安撫人們，在對方即將嘗試新科技之前推他們一把。萬事安全無虞；你的朋友們都已經上車了。

第七章——統治世界

史都華・巴特菲德（Stewart Butterfield）[1]十二歲的時候，父母送他去念自家經濟條件所允許的最尊貴的私立學校。這一家人先前在加拿大西部遊蕩了十幾年，包括在嬉皮公社待過一段時間。到頭來反文化行動的魅力不再，悔恨代之而起；這對父母認為讓兒子去念貴族學校聖邁可中學（St. Michaels University School），或許能彌補失去的時光。這所位於溫哥華島（Vancouver Island）南端的學校有壁球場、板球場，連宿舍的稱號都是堂堂盎格魯薩克遜大名，譬如溫斯洛（Winslow）和賽門斯（Symons）。他們的兒子在這所學校不會穿髒兮兮的T恤，而會欣然打扮得流露出預校生風格，並且謹遵聖邁可中學的紀律。至少他們抱著這樣的希望。

可惜巴特菲德不打算當任何人的棋子，他謹慎地展開叛逆行徑，穿衣領柔軟的馬球衫去上課，然後趁老師不注意的時候，悄悄穿上一件深色夾克，背後印著兇悍的鐵娘子樂團（Iron Maiden）標誌。學校行政人員急著幫助這個新學生安頓下來，邀請他領導晚餐祈禱儀式，想來男孩應該明白這項殊榮的重要性，必然會體面地履行責任才對。沒想到巴特菲德和另一個同謀用唐老鴨似的破鑼嗓子念完整段祈禱文——「願祢的國度降臨」、「靈命日糧」等等，結果引得兩百個同學發出爆笑，老師們情緒沸騰。巴特菲德用這種方式昭告全世界，他打算一輩子都做打破規則的人。

如今巴特菲德經營史萊克科技公司（Slack Technologies），根據散戶投資人的估計，這家位於舊金山的軟體公司市值三十八億美元，在科技業颳起旋風，吸引了三百多萬個用戶，這些人工作的組織包括ＩＢＭ、第一資本（Capital One）、美聯社（Associated Press）等等。史萊克的辦公室通訊工具令人賞心悅目，結合了臉書使人上癮的樂趣，和中規中矩的群組電子郵件，方式之巧妙幾乎讓職場員工樂於和同事連繫。

巴特菲德是創辦史萊克的執行長，擁有價值數億美元的公司股票，如此巨大的成功竟然是出於這個破壞分子的復仇，也是他充滿奇怪事端的人生中，最新的一次轉折。巴特菲德現在年紀四十出頭，他的人生使命彷彿是抓住任何吸引他的新點子，完全不甩傳統的期望。我問他史萊克成功的原因是什麼，他卻開始討論*eudaemonia*，[2]這是古希臘的一個觀念，意思是「因為實現個人志向而產生的快樂」。

你大概不意外巴特菲德念過哲學系，他在一九九〇年代中期進入加拿大維多利亞大學（University of Victoria）就讀。哲學領域在知識上的嚴謹特質吸引他，而歪曲觀念的大好機會唯有搗蛋分子懂得欣賞，令他欲罷不能。巴特菲德回憶道：「全都看我的心境而定。有時候我覺得這可能都是胡說八道，有時候研究哲學卻提供最棒的思考契機。我學會把文章寫得很清楚明白，也學會如何循序漸進領略一項論點。」

「當代英美哲學撰述有百分之九十真的含糊不清，想要闡述其意義可能非常吃力。儘管如此，還是會有逐漸變得清晰起來的美好、獨特感受，至少有那麼一刻是如此。讀大學時，我受到如何思考事物的絕佳教育，對我後來主持會議和其他很多方面絕對有所助益。」

巴特菲德的例子證明，擁有文科學歷的人能夠攀升的高度是沒有限度的，只要你不在乎攀頂的路徑不符合傳統就行。其實正應該如此，你自己的教育並不反映商學院和工程學院那種秩序井然的規範，你在大學裡追索的課程，教的是反覆探究發人深省的問題，而不是用普世公認的事實與方程式塞滿大腦。你的目光在課程總表上跳來跳去，打量自己感興趣的課程，而不是按部就班選課：行銷學101、行銷學102、行銷學103。你崇尚的是原創力、清晰度、說服力，即使自己並非永遠都正確也無妨。

這個世界需要你的力量，在意想不到的地方需要這種力量。就讓商學院、工程學院的畢業生在校園徵才博覽會上享受勝利的時刻吧。如果哪一家化學公司需要年薪七萬五千美元的發酵工程師，那麼某位工程系畢業生將是絕配，而你不適合。你進大學的目的，並不是成為訓練有素的求職者，以便謀得一份職責狹隘的工作。反之，你要找尋的是需要你的批判性思考能力的廣闊環境。你的大學教育可能在多年之後才會給予最高的回報，也許是第四份工作，也許是第七份工作。你參加的是一場時間拉得比較長的競賽，你要的報酬來自不凡的情境，在這些情境中，你能夠自詡「我是探索者」、「我是團隊打造者」，或「我能為特定情境找出意義，而大多數人根本不了解」。

如果你喜歡這樣的目標，可是需要額外的協助，那麼請花些時間閱讀本書末尾幾章。第十二章「說你的故事」揭露常見面試問題的潛規則，教你如何利用雇主所欣賞的方式，傳達自己的文科力量。你的大學經驗大致上應該切合職場的要求，上司與招聘主管只想聽你用商務語言（而非校園用語）表達過往的成就。不論你正在寫履歷表，或正在準備工作面試，這一章所解釋的技巧將能幫助你營造勝出者的印象。

第十三章「爭取合理待遇」教你改善賺錢能力的最佳方式，不論你有沒有繼續在正式教育管道深造都一樣。大學畢業後第一年的收入，不必然限制來年的所得，未來還有更好的日子，這一章提到的七步驟系統能幫助你好好利用機會。長遠來看，文科生往往可能比選擇職業傾向明顯的大學同學賺更多錢，對方起薪確實比你高，可是剛起步的你賺到獨特的專業知識，替成功創造無限的可能。

需要證據嗎？我們用這一章提供的人生賺錢趨勢三部曲，來看看出身十大常見科系的大學畢業生。文科組的代表科系是英文系、歷史系、哲學系、心理系、政治系，職業導向組的代表則為會計系、土木系、電腦系、護理系、企業管理系。

無庸置疑，文科畢業生起步緩慢。

一般起薪——資歷零至五年（每一薪級表，年薪）[3]

電腦系	六三五〇〇美元
護理系	五七五〇〇美元

土木系	五七二〇〇美元
會計系	四八三〇〇美元
企業管理系	四五八〇〇美元
哲學系	四四七〇〇美元
政治系	四四三〇〇美元
歷史系	四二二〇〇美元
英文系	四〇四〇〇美元
心理系	三八三〇〇美元

讓他們在事業上打滾個一、二十年，生活都會變得比較優裕。如果你擁有人文學門或社會科學方面的學歷，等你年屆三十歲或四十出頭，收入可能已經和從商或護理工作的同儕齊平（至於要趕上工程師，唉，可能性就很低了）。

這時候大部分常見科系的系友，一般來說都能賺到六萬美元至八萬美元的年薪。

事業中期的一般薪資——資歷十至二十年（每一薪級表，年薪）

電腦系	一一一〇〇〇美元
土木系	九六三〇〇美元
哲學系	八四一〇〇美元
政治與政府系	七九九〇〇美元
會計系	七七二〇〇美元
護理系	七四一〇〇美元
歷史系	七二六〇〇美元
企業管理系	七二三〇〇美元
英語文學系	六八二〇〇美元
心理系	六二一〇〇美元

務必記住一點：年收入並非衡量人生成功與否的完整指標，不論你在大學選擇攻讀人文學科或職業導向的科系，這一點都真實無誤。隨著歲月的推移，其他問題往往變得更緊

迫：你想設法儘量擴大自己的社會影響力，而不是增加現金收入嗎？你想設法縮短工作時數，好好過辦公室以外的生活嗎？你有善待家人和朋友嗎？這些因素讓我們很難答覆這個問題：一條從教育通往事業的特定路徑，成功與否可以用薪水上的小小差距來判定嗎？

儘管如此，希望在自己的領域中攀至巔峰，或是期待貢獻卓越而賺到高人一等的收入，也只是人之常情。這一章我們要用不同的方式來看數據，看看每一個科系最能賺錢的路徑是什麼。我們的目標是布魯金斯研究院（Brookings Institution）的漢彌爾頓計畫（Hamilton Project），該計畫分析美國人口普查局的數據，俾便追蹤大學不同科系畢業生的終身所得。詳細觀察這些發現，就可能看出十大科系的畢業生之中，收入前百分之十的人在退休之前總共賺到多少錢。

現在你可以看出人文學科的全面攀升了。哲學和政治等學門竟然是高成就者的跳板——這裡指的是勝過電腦之類職業領域的同學。並非每個政治系畢業生日後終身收入都能累積到四百八十幾萬美元，然而很多市長、參議員、州長都有這個實力。至於歷史系，高成就者負責基金會運作、主持電視節目、寫暢銷書籍，也創造相同的經濟條件。哲學系畢業生同樣不遜色，成功者如巴特菲德和華爾街某些最有成就的投資人。

高成就者的終身收入——十大科系前百分之十成就者的收入（漢彌爾頓計畫）4

政治與政府系	四八一萬美元
歷史系	三七五萬美元
會計系	三六五萬美元
哲學系	三四六萬美元
企業管理系	三〇七萬美元
土木工程系	三三六萬美元
電腦系	三二〇萬美元
英文系	二八一萬美元
心理系	二六四萬美元
護理系	二一六萬美元

本章接下來將探討三條已經證明可行的路徑，人文科系畢業生靠它們統治世界（有名副其實的，也有打比喻的）。第一條路徑涉及公部門和非營利組織的豐富機會，政府的本質就是檢驗全套批判性思考技能，想要成為高效能領導人，你就得時時刻刻管理對立勢力與對立目標的交集。

第二個機會區塊是金融交易，尤其是風險投資、避險基金、私募股權等領域。選擇其中一個以投資為中心的舞臺，雖然不會有兩萬個部屬替你效力，但你卻能在優雅的小辦公室裡運籌帷幄，掌管龐大的資金，還有幾十位員工幫你處理細節。也許你會與美國一些頂尖的風險投資家走相同的路徑，譬如那些注資支持推特、優步、領英的投資專家。不然的話，你也可以效法許多人文科系出身的選股天才，他們因為這門功夫而成為財產多到難以想像的富豪。

最後，人文教育塑造出不安於現狀的心靈，創業精神恰是他們自然的歸宿。Chipotle墨西哥燒烤餐廳和Pinterest圖片分享平臺等企業，都是由政治系畢業生創辦的。人文學科的背景啟發了創辦全食超市（Whole Foods Market）、企業雲計算公司（Salesforce）的高階主管。花四年研讀人文學科的你養出特別的胃口來，喜愛應付新領域、謀求意想不到的對策。創業家有一句大家耳熟能詳的老話：「我必須自己開公司，因為我沒辦法替別人工作。」對巴特菲德那種崇尚自由精神的人來說，這句老話依然真實，本章結尾將進一步探索他的旅程。

我只有在一個高調的領導範疇中，找不到足夠的文科背景代表：大企業總裁。在討論比較愉快的替代選項之前，我們先花一分鐘了解一下造成這項事實的可悲因素。

公司大，路徑窄

二〇〇二年，教師保險公司（Teachers Insurance）挑中耶魯大學哲學系畢業的賀伯・艾里森（Herb Allison），[5]擔任公司的下一屆執行長。接下來的幾年，艾里森經常被拿來當作榜樣，證明連擁有最「不切實際」的人文科系學歷，也有辦法成為超大型公司的領導人（教師保險公司管理四千多億美元的退休資產，主要是替大學教授代為管理）。艾里森興趣廣泛，和後來的事業搭配得宜。他在美國海軍服役四年，曾在越南短暫待過一段時間。一九七〇年代，艾里森在伊朗首都德黑蘭為美林公司（Merrill Lynch）工作，當時美伊關係比現在平穩多了。後來他愛上一個伊朗女子，想要娶她為妻，可是她的父親開出條件，除非艾里森開始學習波斯語，否則不讓女兒嫁給他。艾里森樂於接受挑戰，在短短兩個星期內學會了一千個生字，這都得歸功於他拿閃示卡（flashcards）勤奮練習。

二〇〇八年艾里森退休時，教師保險公司沒有再找和艾里森一樣背景多采多姿的接任人選，這家位於紐約的機構選了哈佛大學經濟系畢業生羅傑·費格森（Roger Ferguson），[6]此人的成就以商業為主軸，一路功績彪炳。費格森在哈佛大學取得法律和經濟雙料博士學位，一九八〇年代擔任公司律師和麥肯錫（McKinsey）公司的顧問。之後費格森有一段時間擔任聯邦儲備委員會（Federal Reserve Board）的委員，以及大保險公司瑞士再保險（Swiss Re）的領導職務。費格森本身就是個先驅型的人物，他念大學時為了支付哈佛大學的學費，曾經靠打掃洗手間賺錢，日後卻成為最早期黑人高階主管。不過美國教師退休基金會（TIAA）相中費格森，倒不是因為他個人曲折的旅程。TIAA董事會之所以覺得費格森是「理想人選」，原因是他在策略管理、金融服務、經濟政策方面的背景。

這一點很悲哀，卻也是事實：大企業已經降低聘用文科畢業生擔任高階主管的意願。可能是歷經過二〇〇〇至二〇〇二年，以及二〇〇七至二〇〇九年這兩次金融與經濟動盪，公司董事會變得更謹慎了。大企業比較不願意將執行長的工作託付給背景精采刺激或能夠帶來新風氣的人。管理的投資期限也縮短了，很多股票上市大公司的成敗（或存亡），都與應付季度盈餘目標的壓力息息相關。其結果是，大公司更想要經營安全妥當，同時極力避免意料之外的情況發生。

想要攀爬到大公司頂峰，如今最可靠的路徑是擁有與工程相關的學歷，而且如同英國華威商學院（Warwick Business School）管理學教授克里斯提安・史戴德勒（Christian Stadler）所宣稱的，還必須「趁在職時加入兄弟會似的小圈圈」。[7]史戴德勒是研究企業執行長接班的專家，著有《永續成功：優秀公司的歷史教我們的事》（*Enduring Success: What We Can Learn from the History of Outstanding Corporations*）。如他所見，現在多國企業在考慮執行長人選時，對並非在美國長大（例如中國、印度、巴西）的人才抱持比過去開放的態度，因此將來可能會越來越偏愛工程思維的執行長。在這些國家裡，企圖心強的學生幾乎一面倒選讀工程科系。

大公司並不是不欣賞人文科系畢業生的別出心裁、開放心態、穩健判斷和溝通實力，問題是組織變得越複雜，就越容易把最有創意的人才壓在執行長職位底下一、兩級。公司董事會寧願最高層行事穩當，所以多半會挑選經由傳統角色穩定攀爬公司階梯的人選。《財富雜誌》一百大企業的執行長當中，有四分之三來自營運部門，百分之三十二擁有起碼的財務經驗。基於這些優先條件，也難怪工程和商業科系畢業生在企業攀頂的競賽中遙遙領先。

史賓沙（Spencer Stuart）是專門網羅高階主管的獵人頭公司，長期分析美國五百大企業每一個執行長的教育背景。[8]他們發現，一九九九年大約百分之十五高階主管擁有文科教育背景，到了二〇〇八年，這個數字已經掉到百分之六。相較之下，二〇〇八年擁有工程科系學歷的高階主管達百分之二十二，其次是三個最常見的科系畢業生，經濟系（百分之十六）、金融系（百分之十三）、會計系（百分之九），三者總共占樣本的三分之一以上。如果史賓沙公司有更新的數據就好了，可惜他們的分析只做到二〇〇八年，反正客戶對結果不再感興趣，出身血統已經成為定局。

詢問公司董事會如何挑選執行長，他們的答案可能會集中在無涉出身背景的因素，例如領導技能、策略明確度、以往出色的成功紀錄。董事們很少對候選人年代久遠的主修科系選擇表現深刻、外露的興趣，即便如此，當今美國規模最大的二十家公司，最受青睞的事業軌道還是緊盯相同的模式。其中八家公司，包括艾克森美孚石油（ExxonMobil）、微軟、寶僑（Procter & Gamble）、威訊無線（Verizon）在內，必須擁有工程學位才能爬到執行長的位子。另外八家公司，例如沃爾瑪（Walmart）、可口可樂、AT&T、甲骨文（Oracle），執行長都有商學或經濟相關科系的學歷。在這張二十大公司的名單中，唯一展現文科教育實力的代表，是歷史系出身的布萊恩．莫伊尼漢（Brian Moynihan），他目前擔任美國銀行（Bank of America）執行長。〔摩根大通銀行（JPMorgan Chase）執行長傑米．戴蒙（Jamie Dimon）擁有經濟學和心理學雙學位。〕即使是逆反心強的蘋果電腦公司，現在也開始謀求穩當作風。自從創辦人兼執行長史蒂夫．賈伯斯（Steve Jobs）去世之後，掌管這家公司的人就已經不是那個瑞德學院（Reed College）輟學生了——他曾在高科技領域讚揚文科思維的重要性。現在蘋果公司的大老闆是提姆．庫克（Time Cook），他是出身歐本大學（Auburn University）的工業工程師。

這樣的趨勢能夠自給自足很長一段時間，現任與前任執行長往往也擔任對方的公司董事。雖然社會呼籲提高性別與種族多元性，公司董事會必須因應此一壓力，但是他們不必面對引進非傳統教育背景董事的呼聲。這樣的結果是，公司董事會放眼望去盡是商業和工程科系畢業生，未來可能也會繼續挑選背景雷同的執行長。少了恰當的人脈，文科畢業生就更難打進這個圈子了。

到了某一個點，這一切可能會發生改變。在此同時，如果你想以人文科系的文憑在事業上一飛沖天，還有大把機會等著你。

社會部門讚賞的特質

二〇一四年賈斯汀・戴維斯（Justin Davis）畢業自緬因大學（University of Maine）政治系，艾力克斯・魯欽斯基（Alix Rudzinski）則於二〇一五年畢業自聖母學院（Assumption College），他也是念政治系。目前這兩位都在華府擔任全職助理，工作並不算體面。他們要接電話、做一些檔案研究，有時候替上司煮咖啡，年薪不到兩萬九千美元。

別替他們難過。

在政治圈內，傳統的職業快速升遷管道比過去運作得更有效率。基層工作的薪水固然微薄，還包含很多體力活兒，不過晉升機會相當多。一般國會助理只會在這個工作崗位上待一．九年，他們趁這段時間觀望環境、結交友人、建立實幹的名聲。過不了多久，更理想的工作自然會冒出來。

向上攀爬的路徑對戴維斯和魯欽斯基這種力爭上游的人特別明顯，因為他們的頂頭上司緬因州參議員蘇珊・科琳絲（Susan Collins）[9]當初到華盛頓落腳時，自己也是從國會助理幹起。一九七五年她從聖羅倫斯大學（St. Lawrence University）畢業，主修政府系。當時緬因州參議員威廉・柯恩（William Cohen）的辦公室需要人手，科琳絲接下這份工作，薪水很低，還有很多不如意的地方。她忍受和別人一起住宿舍，荷包裡可動用的錢少得可憐，晚餐只吃得起三明治。不過這樣的窘境沒有持續太久，到了一九八一年，科琳絲已經成為一個很有實力的小組委員會的辦公室主任，最終還自己出馬角逐州參議員的位子。

一九八〇年代的成功招數，到了今天效果甚至更好。面對當前政治界的施與受現象，文科教育提供你絕佳的本能；你能理解投票集團，也能明白選民對著你憤怒地辱罵、驅趕時，背後真正的問題出在哪裡。你曉得如何說服人民，甚至可以鼓舞他們。用科琳絲自己的話來說，文科教育「使你能在同一席演講中引述柏拉圖和蜘蛛人」。

更甚者，你知曉每一個大學生都熟悉的部落格、播客、推特風暴（tweetstorm）、社群媒體運動、情感分析器（sentiment analyzers），以及現代數位溝通的其他種種工具。對年紀較長的上司來說，這些都是難解之謎，於是只要有新聞祕書和溝通主管的職缺，他們通常都會挑選二十來歲的應徵者，因為覺得年輕人最理想。在黑白電影的時代，政壇新聞祕書往往由頭髮灰白的老記者出任，反觀現在的新聞祕書更像是菜鳥，譬如替科琳絲參議員處理媒體事務的手下，就是二〇一三年從史東希爾學院（Stonehill College）政治系畢業的克里斯多佛．奈特（Christopher Knight）。

沒有人知道，什麼樣的特定成就將在未來數十年促使某人攀上政府最高層，民眾的胃口不斷在改變，不同時代的人重視不一樣的東西，從服軍役到工會積極行動主義不一而足，而那樣的變動特性正好適合你發揮文科教育的力量。歷史紀錄顯示，從一九六〇年代以降，每一個時期都有相當多受過大學教育的美國參議員和眾議員獲得人文科系的文憑。臨機應變的能力永遠不會退流行，它幫助你在時時改變的規範中保持冷靜、控制局面。

文科學歷在慈善圈也是攀登頂峰的最佳資格。如今規模最大的十二個基金會當中，有八個的負責人擁有人文學科或社會科學的文憑，像是福特基金會（Ford Foundation）董事長出身政府與溝通系；蓋蒂信託基金（J. Paul Getty Trust）董事長和麥克阿瑟基金會（MacArthur Foundation）董事長念的是歷史系；休利特基金會（Hewlett Foundation）董事長與禮來基金會（Lilly Endowment）董事長主修宗教研究；摩爾基金會（Moore Foundation）和梅隆基金會（Mellon Foundation）的兩位董事長都主修心理學。

這些領導人正是我們在前面幾章所遇到的那類探索者；他們念大學時不惜休學一個學期、轉系、畢業後暫時在倉庫工作以釐清自己的優先要務、去大學教書……然後任由好奇心引導他們嘗試許多不同的職業。事實上，這一段敘述正是詹姆斯．庫諾（James Cuno）的簡歷，他是威廉米特大學（Willamette University）歷史系畢業生，目前擔任蓋蒂信託基金董事長兼執行長。誠如庫諾所言，並沒有任何證明管用的總體計畫，可以保證你未來成為基金會負責人。如果說還有值得一提的條件，那就是董事會要找的人選，是親自體會過富貴與貧窮兩邊生活的人。從不同觀點了解這個世界太重要了，不但要知道貧窮的滋味，也要知道富裕的日子是什麼模樣。

征服股票市場

文科畢業生前進華爾街？你到哪裡也找不到這種資格要求；金融部門有很大一部分的從業人員都是從小愛財，然後進大學念個經濟或金融學位，以期儘速致富。儘管如此，仍然有一些異類在專業投資這塊領域嶄露頭角，擁有文科學歷的財富管理者數量多到令人吃驚，最常見的主修科系是哲學。

拿喬治．索羅斯（George Soros）為例，他在倫敦政治經濟學院（London School of Economics）念完哲學系，然後靠投資發財致富，《財富》雜誌估計他的資產高達兩百四十九億美元。索羅斯在著作《金融煉金術》（*The Alchemy of Finance*）裡指出，他一生都在探索思維與現實之間的交互作用，至於成功的交易策略是無心插柳柳成蔭，讓人開心的副產品罷了。他最喜歡的探索領域：群眾心態改變的方式，他們如何產生信念，如何短暫扭曲現實，最終又如何瓦解信念。索羅斯就是利用這種動能，也就是他所謂的「反射原理」，買賣石油公司股票、下注放空英鎊，以及其他種種投資行動，結果賺進數十億美元利潤。投資成功使索羅斯聲名大噪，但他的說法是：「抽象的東西更重要。」[10]

美國最大的共同基金公司領航投資（Vanguard）和富達投資（Fidelity），目前的領導人都有扎實的文科背景。領航投資執行長比爾．麥克奈柏（Bill McNabb）畢業自達特茅斯學院政府系，富達投資執行長艾碧蓋兒．姜森（Abigail Johnson）是霍巴特學院的歷史系畢業生。他們兩人大學畢業幾年之後，都重回校園拿到企管碩士學位，靠自己的實力便足以在會議上應付常見的業務指標。儘管如此，兩人在接受媒體訪問時不約而同表示，若要捕捉最大的商機，他們公司需要有好奇心、心胸開放的洞察力，不受今日財務報表上的項目所羈絆。二〇一三年姜森告訴富比士網站（Forbes.com）：「不要假設別人已經在做的事情，會是你要的現成答案。有時候的確有這樣的答案，不過你必須想得更遠，對你和你的組織而言，正確答案恐怕不是別人已經做出來的成果。」[11]

大規模投資是智慧型人才出沒的地方。專業投資人從不停止閱讀，他們會加入外交關係評議會（Council on Foreign Relations）之類的組織，部分原因是想要獲得地緣政治的見解，以幫助他們賺錢，另一部分卻是基於不實際的原因：他們就是覺得思考中國的未來

「很有意思」。這些投資人當中很多變成大學校董，因而得以重新和學術圈往來（他們樂於替學校基金會管理人提供建議，同時有助於他們打通這條人脈）。這些人即使在尋找物廉價美的股票時，行為也類似學術性質；在眾多紐約頂尖金錢管理者參加的會議上，演講者發言時莫不提供大量註解。

美國鬥志最旺盛（也是最成功）的投資人之一，是留著絡腮鬍、口若懸河的卡爾・伊侃（Carl Icahn）[12]，他最知名的投資方式是買進績效欠佳的公司股票，然後逼迫對方進行策略性改組。公司高階主管如果表達抗拒，伊侃就恫嚇他們，不久之後，對方往往會投降。一九九〇年代初期，我在《華爾街日報》當記者的時候碰到過幾次這樣的爭議事件，為此我訪問了伊侃六回，每一次都見識到他殷殷分析雙方立場的功力，真的感到很震懾。他一條一條解釋為什麼自己是對的、為什麼管理階層要反對、對方哪裡疏漏了、他又為何預期自己的觀點會勝出；我必須等他全部解釋完畢，這通採訪電話才能夠結束。伊侃既是富有批判性的強人，又好為人師。

很久以前，伊侃是普林斯頓大學（Princeton University）哲學系的學生，畢業論文題目是「意義的經驗主義準則」，厚達八十頁，我設法找到了一本，發現這篇論文已經顯露伊侃著名辯論風格的初步特徵。我們怎樣知道糖溶於水？大學生伊侃問道。做實驗知道的。

我們怎麼曉得打字機不溶於水？根據對水與金屬的既有知識推論出來的。實驗、推論……他在這兩者之間來回舞動，發展自己的理論。直到論文結尾，他才洩露自己如此熱衷追求哲學問題的原因。這個大四學生主張，至今專家還未完整定義過「意義」，但是已經很接近了，就像我們住在一個城市裡，「忽然發現這個城市擁有龐大的金與沙勻相混合物（homogenous mixture）。如果能將金子從沙子裡分離出來，價值絕對高多了。」

自此之後，哲學家伊侃就一直在抽離沙子，而剩下來的就成為他聚積的一百七十億美元財富。

美國西岸的人文科系畢業生選擇另一種投資風格：透過風險投資替新創公司注資。每一年《富比士》雜誌都會發表一百大高科技風險投資人排行榜（Midas List），令人訝異的是，其中有相當高比例根本沒有科技和商業背景。以麥特・科勒（Matt Cohler）為例，他是耶魯大學音樂系畢業的；彼得・芬頓（Peter Fenton）一九九四年畢業於史丹佛大學哲學系。兩人現在都在基準資本公司（Benchmark Capital）工作，這家公司以慧眼如炬出名，很早就開始投資eBay、Snapchat、ＩＧ、推特。詢問他們採取什麼途徑投資，答案都是依循批判性思考的核心觀念。對於工作上必須應付很多模糊不明的狀況，兩人都感到很自在。科勒和芬頓尋找的高階主管，必須擁有強烈的學習欲望，以及吸引優秀人才的能力。

芬頓指出，帶著文科背景進入風險投資這一行，「會提的問題本質上就很廣闊」。他說，這通常意味超越產品和工程的專門性，有利於發展關鍵見解，找到成就偉業潛力最大的人才和企業。

領英公司最為人熟知的創辦人瑞德．霍夫曼（Reid Hoffman）[13]如今身兼葛瑞洛克合夥公司（Greylock Partners）的風險投資人。霍夫曼就讀史丹佛大學時主修符號系統（symbolic systems），這是融合心理學、語言學、哲學、電腦科學和統計學的跨學科領域。霍夫曼說，同時接受這麼多門學科的教育，證明幫助非常大，他不會把焦點放在只能解決狹隘問題的公司上，而是特別注意企圖心更大的東西：「透過科技融資和創業，改善人類的生態系統。」

往任何一科人文學門不斷鑽研，鑽到某一個點，你一定會碰到重大觀念發生衝突。西北大學哲學系畢業生丹恩．歐基弗（Dan O'Keefe）目前替米爾瓦基市（Milwaukee）的藝匠合夥公司（Artisan Partners）管理共同基金，他主張黑格爾哲學所說的精神緊張使得人文科系畢業生對投資又恨又愛。歐基弗解釋，要當個偉大的投資人，「你需要有兩種幾乎不相容的特質——或至少是創造極度緊張的特質。你需要絕對的信念，相信不論別人怎麼想，你都能夠跨進市場，並且發展出獨特的點子，最終必會賺到錢。但是你同時也需要無比謙虛，必須對新資訊保持開放，哪怕新的資訊可能壓倒你先前所有的努力，也不能畏縮。」

白手起家

我們都聽說過，工程師和電腦科系畢業的人懂得怎樣創辦公司。他們有一些簡直聰明絕頂，大學輟學了還能創辦臉書、Spotify（譯按：世界最大的串流音樂服務業者）、微軟這些價值數十億美元的公司。商學科系畢業生也懂得如何創辦公司，他們念大學的那些年接受十分密集的訓練，學會了辨別市場、創造營運計畫、討好顧客、賺取利潤。那麼人文科系的畢業生呢？他們對於創辦永續經營的公司，可能有什麼見解嗎？

他們不會瘋搞，會找到平衡。文科畢業生每天都在粉碎自己的刻板印象，想要充分的證據嗎？只要看看*Inc.*雜誌每年刊登的美國五千家成長最快速新創公司排行榜就知道了。你會發現擁有心理系、哲學系、美術系的人有能力創造；你會在各式各樣商業領域碰到兢兢業業的新公司，從藝人經紀、有機果汁到派對籌辦都有。在最成功的新創事業中，將近三分之一的創始團隊裡有文科畢業生成員。

資深風險投資人羅伯特．史普旺（Robert Sprung）指出，文科背景的人才具有特殊才能，「善於創辦靠點子而不需要大量資本的事業」。[14]舉個完美的例子，那就是在*Inc.*雜誌上排名前十大成長迅速公司的全球化合夥公司（Globalization Partners），這家公司提供工具和人脈，協助數以千計美國公司拓展海外據點，目的地從祕魯到新加坡都有。創辦人妮可・莎馨（Nicole Sahin）[15]就讀聖路易市（St. Louis）馬里維爾學院（Maryville Collegse）人文系，原本計畫畢業後從事考古工作，但是去了一趟哥倫比亞的高原做田野工作之後，「我明白自己並不想在有生之年不斷造訪一個村落。」她這樣告訴我。

莎馨花了十幾年，經歷了許多波折，才敲定自己的事業雄心。（她曾在柬埔寨創辦一所學校，也曾在菲律賓待了相當長的時間，連當地語言都學會了。）到了二〇一四年，莎馨終於成立自己的公司，先前那些漫無目的的遊蕩，掉過頭來賜予她遍布世界各地的寶貴人脈。旋轉一下地球儀，隨便挑一個國家，莎馨就能想出某個能在當地擔任業務代理的人選。異地企業風俗不同也難不倒她，事實上，她反而喜歡有機會建立文化橋梁，她對我說：「那就好像每天都在運用人類學。」

矽谷的風險投資人派垂克・莊（Patrick Chung，音譯）表示：「文科畢業生知道怎樣推銷自家產品，他們擅長協助客戶以不同的方式思考這個世界。」[16]繪畫之夜（Paint Nite）[17]正好是個貼切的例子，這家公司專門在酒吧和餐廳舉辦繪畫派對，適合各式各樣主題，從公司活動到單身聚會應有盡有。在*Inc.*雜誌的二〇一六年排行榜上，它是全美成長速度第二快的公司，大幅超越正在嘗試類似概念的另外六家公司。繪畫之夜的優勢在哪裡？其他公司的焦點都是設法和願意出大錢買授權的酒吧簽約，可是繪畫之夜則努力網羅受人喜愛的藝術家和主持人，他們可以選擇自己想要的地點辦活動。這項策略必須歸功於公司的共同創辦人西恩·麥格瑞爾（Sean McGrail），他畢業於喬治華盛頓大學心理系，對顧客的欲望具有算無遺策的本能。

文科畢業生另外還配備兩項特質，不過他們自己並不像別人那樣誇耀。一項是想像自己功業彪炳（統治世界那一類）的蠻勇。就讓商學院和工程科系畢業生為了增加百分之二營業利潤傷腦筋吧，他們屬於大公司，在可以預期的路徑上孜孜矻矻往前進。反觀你腦子裡的祕密對話大膽多了，反映出你大學歲月的那些好點子與開闊的眼界。想像你是約翰·麥基（John Mackey），[18]德州大學哲學系畢業生，一九七八年創辦全食超市，對所謂良心資本主義感到著迷。信奉良心資本主義的企業為所有重要關係對象服務，包括客戶、員工、社區、環境在內，而不只是一心一意為股東的福祉著想。你想像自己在柏拉圖的真善美之外添加第四美德，懷疑論者的質疑並不重要，你從學生時代起就在追逐偉大的理念，現在更沒有理由停下腳步。為什麼該停下來呢？麥基就沒有，最後他經營了世界一流的有機食品公司，每年營收超過一百四十億美元。

創業家身上的最後一項文科生優點：追求完善的欲望永無止境。根基深厚的企業有一點挺惡名昭彰的，一旦達到若干績效水準，他們就覺得心滿意足了。（到處都看得到例子，從牙膏公司到航空公司都是，一旦過了某一點，就都大同小異了。）反觀最棒的新創事業創辦人從不止步，他們自詡為恆久學習者，永遠不滿意自己現階段的產品或服務，總是渴望繼續改善。在他們身上，謙虛和野心融合在一起，不禁讓人聯想到大學校園裡那股勇往直前的探索精神。二〇〇九年創辦Pinterest圖片分享平臺的班恩・斯爾柏曼（Ben Silbermann）是政治系畢業的，他說：「我們永遠都在實驗各種功能。」[19]這家公司的主題照片網頁每個月吸引了一億一千多萬用戶，可是對斯爾柏曼來說，「這仍然只是初階產品。」

為了了解上述四種特質如何交互影響，我們再進一步觀察巴特菲德的事業生涯。[20]過去二十年來，巴特菲德醉心的哲學啟發他創造精巧的網路世界，他和一些朋友花了幾年時間開發「無窮賽局」（infinite games），相信自己正觸及某種深刻的東西，而社會建立文化的方式就和這種東西有關。巴特菲德的計畫很少獲得群眾青睞，可是每一次失敗都隱含激發未來成功的因素。

這些計畫太過細緻，以至於一再迫使巴特菲德與其開發人員發展玩遊戲的捷徑——結果竟然替產品找到新生命，也就是廣受歡迎的商務工具。一切都是意外發生的。二〇〇四年，巴特菲德從激動的夢境中醒來，相信「遊戲永不停止」（GameNeverEnding）內部的數位成像工具可以自己獨立成一個事業。他無意中發現了創造Flickr的基礎，這個網路相簿服務變得非常熱門，後來巴特菲德把它賣給了雅虎（Yahoo）公司，進帳兩千五百萬美元。二〇一三年幸運再度降臨，公司裡的工程師在開發巴特菲德所創的Glitch公司的遊戲時，用來交流想法的內部聊天工具竟然大翻身，成為巴特菲德事業上最輝煌成就的基礎，那就是史萊克。

在那兩次勝利之間，巴特菲德發現自己實在沒辦法替大公司工作。他在雅虎內部待了三年，想要替新東家照顧Flickr，好讓它繼續成長。然而這項安排並不順利，那兒有太多規矩、太多會議，太多綁定短期績效的營運目標，沒有讓Flickr發展成最佳服務平臺的任何空間，尤其是需要花一、兩年時間才看得出財務效益。二〇〇八年，巴特菲德決定要辭職，離開之前他寫了一封寓言式的電子郵件，完全沒有說雅虎一句壞話，只是呈現一絲諷刺的、超現實的個人挫折感，夾藏在一則隱喻中：他訴說一個心思單純的錫匠如果置身這個處境，將會有何感受。

巴特菲德的備忘錄是這樣開頭的：「你知道，錫就在我的血液裡。」[21]

「我家世世代代與這種最有用的金屬為伍。當初加入雅虎時，是衝著馬口鐵皮（錫片）的巨大動力、成長和創新去的。我知道那裡正是自己該去的地方……從一九八〇年代末期開始，隨著普通製造業、石油探勘與煉製、物流、旅館、賭場等行業欣欣向榮，我覺得自己有點被排擠了。等到網路革命開始，我們進軍網站，我卻在潮流席捲下失去方向。我想要與時俱進，可惜我們自己的生產線已經有三十多年沒有出產過一張馬口鐵皮了……請您接受我的辭呈……我將要多多陪伴家人，照顧自己那群數量不多但仍在成長的羊駝，當然，還要回頭做做錫工，那是我最初的愛。」

巴特菲德的這封電子郵件讓矽谷樂開了花，馬口鐵和駝羊的傻氣是很方便的掩飾；這個桀驁的哲學家其實在悄悄準備另創事業——凡事都要照他自己的辦法來。這一次，重大突破在巴特菲德創辦的遊戲公司Glitch內部發生。當時開發的那個遊戲始終沒有闖出名堂來，可是參與那項計畫的每一個人都愛上一款很有意思的線上通訊工具。使用這個工具的時候，一個小小的線上視窗會提醒你，同事們目前的工作進度如何，它提供的細節恰到好處，既不像垃圾訊息那樣惹人厭煩，也不會讓人陷入疏離或孤立的危機。本來每天下午三點鐘有六個人要固定開會報告進度，因為有了這個小工具，這麼基本的例行公事忽然間不再需要了。Glitch注定要滅亡，但是那款通訊工具（二〇一三年命名為史萊克）[22]卻留了下來。

史萊克的部分優勢來自於一個很厲害的自動化夥伴，它的名字叫做史萊克機器人（Slackbot），會視需要提供使用祕訣和指導，它身負的使命是讓用戶即使只和史萊克進行最簡短的互動，也感覺好玩和有效率。早期用戶輸入「嘿，史萊克機器人」，可能會得到不同的回答，像是「哈囉」或「近來好嗎」，甚至「馬兒才吃乾草」（譯按，乾草的英文和打招呼的「嘿」字同音）。如果使用史萊克系統時搞得一團亂，這時候機器人會告訴你：以前**我們靠重啟史萊克來清除這堆亂糟糟的東西。現在推薦這個辦法給你，不過我們心裡懷著無比悔意和自我厭棄**。

二〇一三年八月，史萊克私下進行產品發表測試，為時僅二十四小時，不料竟湧進八千個使用者。到了二〇一六年中，數字已經成長到三百萬人。當初那個不肯乖乖念祈禱文、讓人火冒三丈的中學生，後來變成了叛逆的公司高層主管，還假裝自己是個錫匠，如今他已經是成就斐然的企業執行長。巴特菲德成功的祕方，是知道處在一個太過嚴肅的世界，應該在什麼時候流露一些傻氣。也許他根本不需要進化，也許成功只是意味替永不改變的個性找到恰當的情境。

等到笑話淡去，巴特菲德的雄心便燃起了。事實上，他有一股子蠻勇，是那些自創公司的文科畢業生身上常常見到的。二〇一四年巴特菲德接受多倫多《環球郵報》（*Globe and Mail*）訪問時，宣稱他的目標是將史萊克打造成通訊王牌，就像微軟在軟體界稱霸那樣。[23]別管這兩家公司的規模差距有如天壤，巴特菲德照樣夢想成為統一的中樞，服務每一個人。

他達到那個理想了嗎？還差得遠。二〇一五年我和巴特菲德會面時，他談到工匠精神的重要性，以及史萊克的成功有多麼取決於搞定無數微小細節。他在某個尖刻自我反省的一刻，對另一個記者說：「我覺得我們目前只是一大坨廢物。真是爛透了，給大眾這麼糟糕的東西，我們應該被羞辱才對。」[24]

詢問巴特菲德關於史萊克用戶的問題，比較體恤的一面就跑出來了。用戶的問題就是他的問題，巴特菲德承諾要儘可能有同情心、要幫助用戶。十幾年來科技公司一直像無頭蒼蠅似的，想要找出更聰明的辦法，好在組織內部分享知識。由於涉及的不僅是軟體方面的挑戰，這一塊區域顯得含糊、混亂。巴特菲德解釋，這項挑戰也在考驗人類動能，尤其是「詮釋的能力，用來了解那些說不清楚自己想要什麼的人」。[25]他曉得，史萊克越能夠破解表達不清的偏好，它的軟體就會變得越發珍貴。

二〇〇八年，巴特菲德返回母校維多利亞大學，以傑出校友身分發表演說。他在開場白中開了個玩笑，保證會解釋「怎樣運用哲學賺大錢」。不過他很快就變得正經八百。

巴特菲德宣稱：「創業精神是一條適合的大道，供你們實踐自己在獲得文科學歷的過程中所學習到的東西。」他說：「如果你好好認識生而為人的意義，了解生活、文化、社會，那麼這個背景就會給予你創業的良好視角，純粹的商學教育做不到這一點。你什麼時候想學，都能很快學會閱讀資產負債表，可是想要在倉促間學會其他東西，就困難得多了。」

Your Allies

第三部
你的盟友

第八章——識貨的雇主

黑裙子、黑跟鞋，另加兩則排練充分的例子隨時可以派上用場。宋妮雅・沃拉（Sonia Vora）[1]在芝加哥大學念大四那一年，前前後後十幾次昂首闊步踏進這種例行公事似的校園徵才面試。她以為這是在金融服務業謀職的正規辦法：大銀行和投資機構招聘，你前去面試，連一開始的握手都被用來測試你是否適合這份工作。能不能成功，要看你和他們理想的新人有多相像：這個人必須無怨無悔接受冗長的工作時間、快速的工作節奏，還有華爾街永無止境的壓力。

然而二〇一四年冬天，當沃拉的求職階段將近尾聲時，這個模式被打破了。

那是沃拉第一次不必表演那套模式化的說詞，賣弄計量經濟學或投資特定股票的好處。反之，這次面試對方提出一個不尋常的問題：「妳為什麼副修哲學？」沃拉形容哲學讓她體驗如何按部就班解釋一項論點，以及質疑支持某些主張的邏輯，這些令她感到很刺激。沃拉終於可以把對話拉到預估盈餘和複合成長率之外的範疇，她不需要隱藏自己醉心尼采（Friedrich Nietzsche），也不必隱瞞她在大學時鐵了心，以尼采的雙重意志觀念為題，寫了一篇二十頁長的論文。由於沃拉這個異於尋常的特點，在這次面試過程中，招聘人員基本上是告訴她：「**如果來我們公司工作，妳的事業大有可為。我們想要看看妳擁有什麼樣的知性好奇心。**」

接著對方提供她一份工作，沃拉接受了，同意加入這家位於芝加哥的晨星（Morningstar）投資公司，[2]他們相當歡迎副修哲學的應徵者。晨星公司是一九八四年成立的，創辦人喬依．曼蘇耶托（Joe Mansueto）畢業於芝加哥大學，他認為世界需要更完善的共同基金分析。曼蘇耶托早期在自己的公寓經營只有四個成員的公司，很多工作都由他親力親為。如今晨星的員工已經超過四千人，據點擴及世界二十七個國家，總部設在芝加哥市中心一棟醒目的摩天大樓。共同基金研究現在依然是晨星的核心業務，但是除此之外，他們還拓展到六、七個相關的領域。

晨星公司喜歡僱用背景豐富的文科畢業生——例如在大學研究過竇加（Degas）繪畫或智利文學的人，曾經聘用過拿到宗教研究博士學位、後來決定不想當牧師的員工。只要你有好奇心、有活力、渴望接受下一次挑戰，晨星公司不會計較究竟是哪一個領域啟發你的靈感。打從一九八〇年代末期成立以來，因為僱用文科畢業生，任其落實批判性思考的精髓，使得晨星公司的業務一直欣欣向榮。

這樣的公司文化並非偶然。我在為本書做研究時，深入了解二十四、五家特別喜愛招攬文科畢業生的組織。這些組織橫跨多種產業，從Etsy、史萊克這類新創公司，到ＩＢＭ、麥肯錫等級的大企業都有。為了更準確的評量，這張研究清單上也包括非營利機構，例如「為美國而教」（Teach for America），以及政府單位如美國國務院，甚至還納入顛覆傳統的企業，譬如企業租車公司（Enterprise Rent-a-Car）和工業零件供應商麥馬斯特卡爾（McMaster-Carr）。整體來說，這些組織可以分成十大類別，我們稍後再詳述。

這些公司有一個共同理念，亦即企業的成敗繫於文科教育的關鍵要素：在工作上開疆闢地的願望、尋找洞見的能力、選擇恰當的途徑、判讀現場氣氛與人員情緒、鼓舞別人。這些公司所企求的人才，力量超越正規的商學和工程學系畢業生，他們要的就是像你這樣的人。

沒錯，如果你在校那幾年讀的是巴爾札克（Balzac）的作品，而不是資產負債表，如果「改變率」（conversion rate）讓你聯想到宗教派系，而不是潛在客戶，那麼你確實需要時間長一點的訓練，才能達到新雇主的特定需求。但是也不要緊，喜歡人文學科畢業生的老闆了解這一點，他們明白你能夠在短時間內掌握新的素材。當這樣的公司僱用你時，他們相信你那愛追根究柢的天性很快就會做出寶貴的貢獻。

晨星公司一直以來都實踐這種抱負遠大的用人原則。吉姆．莫菲（Jim Murphy）[3]在科羅拉多大學（University of Colorado）探索過中亞外交政策之後，於二〇〇八年加入晨星公司。當他開始在公司的芝加哥總部展開電話銷售工作時，不免納悶公司幹麼僱用像他這種國際關係系畢業的學生。幾個月後，莫菲爭取調職成功，去倫敦擔任一份新工作，內容全部是面對面直接銷售。答案可不就出來了嘛！英國客戶挺喜歡和一個常識豐富的美國人聊聊，莫菲告訴我：「我可以在酒吧裡暢談，不被當作蠢笨的美國人，這點讓我有了好名聲。」

艾茉芮．琴可（Emory Zink）[4]在法國鄉下地方和佛羅里達州蓋恩斯維爾市（Gainsville）當過一段時間英語教師，之後在二〇一五年加入晨星公司。琴可也有金融方面的背景：她二十八歲那年拿到企管碩士學位，還替一家退休金顧問公司工作一段時間，創作思維領導方面的材料。不過琴可仍然用自己就讀印第安納大學（Indiana University）時的追求衡量自己（她念的是法文和比較文學系），這一點晨星公司也沒有意見。目前琴可擔任債券基金分析師，她可以針對自己的發現，自由創作充滿熱情的影片，她的影片裡沒有個人特寫和喋喋不休，而是以教育者的明晰與活力解釋每一件事情。我請琴可說說自己最心儀的作者，她立刻回答：「我愛納博科夫（Vladimir Nabokov，俄裔美國作家）！誰不愛呢？」她自顧自地吃吃笑道：「在這裡我敢這麼說，這也是我愛在這裡工作的一個原因。」

如果你感到奇怪，為什麼像晨星這樣的公司敢跨越慣常的聘僱界線，其實答案挺簡單的。這些雇主長期以來都在僱用各式各樣的通才，成果也很美好，久而久之他們就習慣了僱用文科畢業生所帶來的（大）機會和（沒那麼大的）風險。為美國而教組織是出了名的樂於接納形形色色背景的新鮮大學畢業生，招聘進來的生力軍將下放到問題學區當講師。這種大膽作風有爭議性的一面，而且並非所有工作安排都成功了，儘管如此，為美國而教的倡議者表示他們成功的比例高於失敗。這種勇往直前的心態可以追溯到該組織創辦人溫蒂・蔻普（Wendy Kopp），她在普林斯頓大學念四年級時創辦這個組織，主修社會學的她看出社會有這個需求，大膽想像該如何因應。

一向保守的麥肯錫管理顧問公司也走了這條路徑，自從一九九〇年代維吉尼亞大學（University of Virginia）人類學系畢業生卡拉・嘉爾特（Kara Carter）加入公司以來，非實用學系畢業生受到青睞的程度就提高了。嘉爾特在這家合夥顧問公司龐大的健康照護部門擔任七年共同領導人，二〇一六年底轉任加州保健基金會（California Health Care Foundation）的影響力總監（chief impact officer）。她的成功促使麥肯錫更容易邀請到其他人類學系畢業生加入公司，在領英網站上，這家擁有一萬一千名員工的顧問公司，現在總共僱用了兩百七十個畢業自人類學系的員工。

在許多公司內部，最支持你這種應徵者的可能是公司大老闆，他們的層級太高了，根本不會煩惱你剛進公司時的生產力高低。不信的話，可以問問維基指南網站年方二十三歲、大學主修國際關係的全球化主管康娜莉。康娜莉第一次接受日後的頂頭上司面試時並沒有成功，後來是與公司總裁進行一場廣泛對話之後，這份工作才從天而降。這樣的機緣時刻對你比較有利，因為你和你的文科背景往往會引來別人的高度注意，畢竟高階主管的工作是思考策略性機會，他們的眼界遠超過眼前這個月的需求，也比較可能欣賞你的足跡踏過多少地方、你曾籌畫多少新點子、你如何巧妙應付世界的主要挑戰。

假如你在晨星公司接受面試，那麼和約翰・瑞肯札勒（John Rekenthaler）[5]談上一個小時，將會受益無窮。他的身材魁梧，臉上架著厚厚的眼鏡，一九八八年加入公司時，是編號第十八名員工。瑞肯札勒是賓州大學英語系畢業生，後來又回母校進修，拿到兩項更高的學歷，如今在晨星公司擔任研究副總裁。我問瑞肯札勒，晨星公司為什麼喜歡聘用文科畢業生，他連珠炮似地給我一串理由，全都呼應我們到目前為止所討論過的那些特質。他告訴我：「碰到曖昧不明的情況時，文科畢業生感到很自在，你可以交給他們還未完全成形的東西，然後告訴他們：『去把答案弄出來。』他們也真的辦到了，如果是其他科系畢業的學生，就不能盡如人意了。其次，文科畢業生擅長衡量證據和設定優先順序，他們很會做評估。第三，文科畢業生有脈絡和歷史的意識，這點對投資人很重要，你需要退一步觀察整體脈絡的能力。」

每年六月，晨星公司最新加入的大學畢業生會提交工作報告，公司創辦人曼蘇耶托則花一個小時歡迎這批六十個左右的新員工……同時分享他的一些想法，解釋為什麼他的公司要這樣組成。我溜進大會議室後方旁聽其中一次迎新會，好奇曼蘇耶托會不會另外透露一些公司格外看重文科人才的說法。晨星的價值觀真的深入公司肌理，無法應用到其他公司嗎？抑或晨星是一種有用的模式，其他企業大可參考他們的聘僱方式？我旁聽的結果如下。

乍看之下，曼蘇耶托其貌不揚、短小精幹，頂著一頭稀疏的棕髮，大眼眸閃閃生輝，笑容有點傻氣。他穿著皺皺的卡其褲和淺藍色馬球衫，外表更像汽車旅館的職員，而不是大公司的老闆。很難理解這個親切、樸實的傢伙怎麼能賺到二十幾億美元的身家，即使曼蘇耶托自己也覺得有點好笑，沒想到自己竟然變得……重要了。

接下來曼蘇耶托開始講話。他的臉龐煥發光彩，看起來非常開心，而且對自己事業的基礎策略顯現沉穩的信心。曼蘇耶托宣稱：「我們僱用聰明、勤奮、有好奇心、有創意、有熱情的人才。我要傳達的訊息是鼓勵各位專心投入，這裡有很多東西可以好好利用，從事拓展計畫的機會很豐富。」這位創辦人暫停一下，然後很快帶過一張陳列晨星公司許許多多條事業線的圖表，各種計畫名稱、業務統計數字朝圖表的四面八方延伸出去。曼蘇耶托聳聳肩說：「可能有人會說：『你想做的事情太多了。』然而在我看來，這是巨大的力量。」

大老闆的簡報結束時，有人問曼蘇耶托，晨星公司這個罕見的名字是怎麼來的？曼蘇耶托笑了，臉上露出一絲夢幻的表情，他的心再次回到十八歲。那個十二月天的嚴寒午後，他蜷縮在芝加哥大學里根斯坦圖書館（Regenstein Library）的椅子上做作業，雖然離晚飯時間還早，太陽已經開始西沉。

他回憶道：「那是我在芝加哥大學的第一年，彼時我正在閱讀《湖濱散記》（*Walden*），心裡對這本書有很多疑問。我深受作者梭羅（Henry David Thoreau）的寫作方式啟發，非常想要知道結局。讀到最後一句話『破曉後白日猶長，太陽只是一顆晨星』，我心想：**見鬼的那是什麼意思？**然後我才明白，他的意思是就算太陽已經存在這麼久遠，也仍然處在它的新生期。我的領悟是，不論你身處何地，依然擁有光明的前程。」

文學，樂觀主義。這家本來只是老闆一時興起而創辦的公司，如今僱用了四千名員工，誰說人文學科的價值觀不能轉譯成偉大的事業生涯？讀者不妨將以下這十類事業，想成機會特別良好的去處。

腳步快速的新創公司

如果你喜歡開疆闢土的工作，那麼你尋找的雇主應該與你一樣醉心於未曾探索過的新事物。景氣好的時候，風險投資專家每年挹注五百億美元給新成立的公司，希望對方做出一番亮眼的成績來。TechCrunch和VentureWire這類網站會告訴你誰正在籌資，而*Inc.*和*Fast Company*這些刊物則告訴你哪些行業成長快速，至於免費網路工商名錄如Crunchbase，讓你很輕鬆就能按照產業別或地理區進行搜尋。

這一來，你不必花很多時間，就能夠建立一張新創公司清單，不但數量可觀，而且性質讓你非常心動。本書前文提到過的幾家公司，繪畫之夜轉變人們開派對的方式；Qualtrics將威力強大的意見調查工具交到每個人手上；史萊克保證提供更快速、簡便、有趣的方法，處理職場溝通的例行公事。這些公司（和眾多先驅者如Airbnb、Snap、優步）一再找上文科背景的人才，請他們銷售、行銷或設計新的服務。史萊克公司需要有人確保，他們活潑善良的數位助理不會開玩笑開過頭，後來他們果真找到對的人：安娜・琵卡妲（Anna Pickard），這個戲劇系畢業生以前曾在網路上模仿貓，以及替《衛報》（*Guardian*）寫部落格，靠這些工作賺錢。

建立一張心儀新創公司的名單固然很令人滿足，但是困難的部分在於怎樣吸引對方的注意。這些公司的運作步調大多很快速，因此僱用員工的程序可能是極為模糊的地帶，別指望他們會派代表去校園徵才博覽會，耐心等候你主動過來打聽。如果你自己主動寄履歷表去這些公司，也別認定他們會好好讀你的履歷。他們不會在你畢業之前一個月，就跑去你們學校的就業輔導中心提供面試報名表。想要找到全職工作甚或只維持一季的實習機會，你需要展現自己的才略。

我在《成為稀珍人才》（*Becoming a Rare Find*）這本電子書裡，談到寄發傳統履歷不太可能奏效時，該如何吸引雇主的注意。你可以積極尋找中間人（譬如校友、教授、家人的朋友）幫你介紹，即使當下沒有職缺，也可以試試看能否弄到一次混個臉熟的對話機會。另外，你要儘可能利用感覺不那麼生硬的機會，當面結識對方，例如同業大會之類的場合。主動和顧客服務代表、行政助理，或是本身權力不大、卻能夠幫你說好話的人建立和諧關係——你若是與他們的互動良好，對方肯定會幫你說好話。最後，想像你一旦被這家新創公司錄取，能夠為公司做些什麼？然後提出這個想法，以它作為基礎，幫你以實習生的身分打入團隊。誠如富比士網站職場專欄作家莉茲．萊恩（Liz Ryan）所指出的，大部分公司之所以聘用新人，是因為他們需要新血，以應付事業上的「疼痛點」。如果你能發現那個疼痛點，並且提出解決辦法，那就向前邁一大步了。

切記，超長工作時間和遠低於理想的薪資，使得新創公司惡名昭彰，此外，倒閉的新創公司多如過江之鯽，而另一些始終未能像創辦人所希望的那麼成功。儘管如此，探索者的精神能帶著新成立的小公司走得相當遠，風險投資專家提供融資給尚未證明自己的年輕公司時，心裡正是指望這一點。他們投入的大部分金錢，目的是以最有利的方式提高中選新公司的成功機會，也就是僱用像你一樣的新進人才。

運用科技

站在變革的邊緣，大公司能闊步前進嗎？其實這並非他們擅長的領域，當企業規模越大、歷史越悠久，就會逐漸產生惰性，延續經過實踐考驗的成功之道比較容易，反之，鼓起勇氣去不熟悉的市場追求新起點，就困難多了。即便如此，還是有例外。如果你想去邊疆打天下，同時又捨不得大公司提供的安穩、福利、資源，那就仔細觀察那些決心魚與熊掌兼得的企業：挾帶高科技的商用服務業者。

這支大軍的成員包括IBM、惠普（Hewlett-Packard Enterprises）、勤業眾信聯合會計師事務所、資誠聯合會計師事務所（PricewaterhouseCoopers）、埃森哲顧問公司（Accenture）、安永會計師事務所（Ernst and Young）、安侯建業會計師事務所（KPMG）。他們有一些是從電腦製造業起家，另一些從一開始就是會計公司。不論是哪一種，他們現在都專精協助企業客戶安置新科技，使所有程序運作得更順暢。你若是去這些公司上班，可能三個月在亞特蘭大工作，之後又調到休士頓，再接著轉調去倫敦、北京或布宜諾斯艾利斯。你會變得善於探查問題、擬定對策，然後不眠不休地工作，以便搞定一切問題。

這聽起來像是適合你的文科教育背景的工作嗎？如果你明白這些龍頭企業年復一年步步向前的祕密是什麼，一切就說得通了。這類企業永續經營的唯一方法，就是不管出現什麼新技術需求，他們都要儘快搶先因應。當紅的口號永遠不斷在改變，「**軟體是服務**」的說法過時，「**手機優先**」代之而起，後來又不敵「**機器學習**」，餘此類推。這些公司的高階主管無法預料五年之後將會替顧客安裝什麼東西，可是都知道他們需要有彈性、韌性強的腦袋，隨時跟上下一波突破性技術，一而再、再而三如此——必要時改弦更張無數次也無妨。

假如你有史學、政治學、語文學甚或考古學的背景，那麼你的腦袋已經裝備好了，正好適合這樣的工作。想想那個社會系畢業，後來變成ＩＢＭ區塊鏈事業狂熱推銷員的米克爾。當初他能夠爭取到這份工作，並不是因為比ＩＢＭ的工程師更懂區塊鏈軟體的複雜與精細。ＩＢＭ之所以看上米克爾，是因為他很快就能掌握新觀念，然後將它們解釋得清楚明白。像他一樣的通才往往從一個專案調到另一個專案，將類比、歷史脈絡、日常用語完美混合在一起，依此向顧客說明公司的產品，使對方覺得他們自己也很聰明。

同樣地，勤業眾信過去幾年來也在擴大招聘視野，徵求的人才超越四大核心科系：科學、科技、工程、數學（取其字母縮寫，合稱ＳＴＥＭ領域）。如今該公司資訊長賴瑞．

昆嵐（Larry Quinlan）指出，勤業眾信偏好ＳＴＥＡＭ人才，多出來的那個Ａ，正是藝術領域。[6]

ＣＡＣＩ國際公司（CACI International）是位於維吉尼亞州的國防工業承包商，專長是技術執行。根據領英網站的資料，該公司的員工當中至少有兩百七十個英文系畢業生、一百五十個歷史系畢業生、三十個哲學系畢業生。沒錯，這些人文科系畢業的員工人數，和公司總計兩萬員工中占絕大多數的工程背景人員相比，簡直是小巫見大巫。然而如果你熱愛閱讀，不論出身哪一個科系，在應徵ＣＡＣＩ的工作時，絕對是一個加分項目。需要證據嗎？請看以下三個面試重點，這是ＣＡＣＩ在考慮若干職務的應徵者時，必定會採用的一部分標準試題。

- 你自認是好作者嗎？除了學校作業，你曾寫過哪些其他種類的文章？寫了多久？
- 列出你感興趣的三個點子。詳細說明你寫下來的第一個點子。
- 寫出你最近閱讀的兩樣令你覺得有意思的讀物。

如果能夠設法爭取到這樣的面試，你將會發現自己那段據說是不切實際的大學教育，其實給了你很大的空間，可以贏得這些公司的認同。

金融菁英

你的知識廣博得令人側目，還積極培養出美學素養，喜歡和人來一場火花四射的知性辯論——純粹只是喜歡，沒有別的目的。你的成績其實足以進入菁英水準的法學院或醫學院，但是你決定要在大學追求的目標，是滿足自己最大的好奇心，而不是專注學習傳統的預備專科。讀完極不務實的科系後，你以優等成績畢業，現在想要一份待遇優渥而且有思考空間的工作。那麼你該何去何從？

對於企圖心旺盛的文科畢業生而言，高端投資行業是自然的落腳之處。如果你對避險基金（利潤很高的一種投資合夥事業）有興趣，那麼結構型投資組合管理公司（Structured Portfolio Management）之類的組織，將會欣賞你這樣的人才。類似機會在一流的共同基金公司也相當充裕，譬如富達投資、領航投資、資本集團（Capital Group）、道奇考克斯（Dodge and Cox）等等。

這些機構（如第七章所述）當中有很多負責人幾十年前也和你一樣，靠一股衝勁讀完大學，他們念大學部時主修哲學、藝術史，或其他十分吸引他們卻無關職業的科目。他們知道（或希望！）未來還有很充足的時間，可以將自己的知性技能轉移到投資領域上。你選擇了與他們類似的科系，儘管無法保證找得到工作，卻應該能幫你爭取到公平的評價。

根據領英網站提供的資料，富達投資公司有七十二個員工擁有很深的藝術史背景，有的在大學部主修藝術史，有的是前一份工作和藝術史關係密切（你應該還記得富達投資的執行長姜森，她大學正是主修藝術史）。他們的職位五花八門，包括平面設計師、軟體工程師、投資計畫顧問、個股研究助理、人才招聘主管等等。有一些甚至不需要替自己的藝術史技能另謀出路，他們根本就是在富達投資公司的藝術部門擔任全職人員。

英文系畢業的你在富達投資公司也不會孤單。領英網站估計，這家公司的四萬五千個員工當中有一一三八個取得英文學士學位（相較之下，獲得金融學位的有一一八六人，經濟系一一四五人）。至於其他人文科系畢業生的勢力也相當堅強，令人刮目相看：西班牙文系四四九人，歷史系四三八人，政治系四三三人，心理系三六八人，法文系二五一人，社會研究系二二一人，創意寫作系一五〇人，社會學系一四〇人，哲學系一二九人。

有時候光有文科背景很難打進金融界的菁英圈，如果是這樣，按照布萊恩．德切薩爾

（Brian DeChesare）[7]的說法，你需要在三方面創造格外有力的印象。德切薩爾曾經是投資銀行家，透過他所架設的部落格《合併與收購》（*Mergers and Inquisitions*）為所有網友提供建議。德切薩爾說，第一是建立「你能算數學，事實上你數學相當不錯」的印象。第二是解釋你一直細心培養自己對金融的額外興趣，而且這項興趣成長得很快。第三是展現某個亮點，那是你對某個金融方面的知識，以及主修人文科系時磨練出來的分析技能，兩者結合之後所迸發出來的。

另一些情況是金融菁英期待你的加入。根據玻璃門網站（Glassdore.com）的報導，第一流避險基金會固定在工作面試時放入加料的題目，譬如**警察局應該擁有軍火嗎？你對成績有何看法？ISIS這類恐怖組織的存在是無可避免的嗎？**這些問題最早是在成員不受限的小組辯論中流行起來，令人感覺好像大學裡的研討會，而不像傳統的工作面試。你回答時需要確保對方聽見自己的聲音，但是不能靠叫嚷得比別人更大聲來「贏得」辯論，你的成功也要建立在別人的答案之上。假如你能帶進不為人知的假設和狡詐的定義，那就有紅利點數落袋了。一旦謀到這份工作，公司將會期待你應付類似的複雜、微妙的問題，只要那些問題有明確的投資意涵，就難以避免了。如果你正在追索與字母控股（Alphabet，譯按：谷歌的母公司）／谷歌公司相關的投資見解，那就需要對未來的網路廣告有自己的觀點——接下來你就會受邀思考，未來五到十年人類對於資訊與娛樂的渴望將會如何演化？再接著琢磨石油業、製造廠、餐廳的投資個案，過不了多久，你的思緒就會延伸出去，彈性變得越來越大。

沒有人能在每一個情境下想出正確的答案，儘管如此，如果你的分析敏銳度能搞對百分之六十五的答案，勝過丟銅板得到的效果，你的老闆就會付你很高的薪水。

解決問題的人

諾德斯特龍（Nordstrom）需要節省開銷。[8]這家優雅的百貨公司正面臨利潤縮減的困境，**高階主管決定把節省開銷的主戰場放在清潔費用上。現在上司要求你找一個降低百分之五十成本的方法，但同時不能毀損顧客對諾德斯特龍的好印象。你要怎麼做？**

如果你在麥肯錫、貝恩、波士頓顧問集團（Boston Consulting Group）等管理顧問公司上班，上述這類問題將會讓你每天廢寢忘餐。星巴克該賣冰淇淋嗎？音樂廳如果想要提高整體營收，票價該降還是該漲？商務困境不斷朝你湧來，和你解決它們的速度一樣快。當大公司（和其他各式各樣的顧客）不確定該怎麼做時，就會把你和同事這些外部專家找去商量。

如果你是文科畢業生，必然已經碰到過類似的情境，難道不是嗎？從古典學到社會學，主修任何人文科系的學生最難以忘懷的學術經驗，大概就是深入探索曖昧不明的主題。你不害怕資訊不完整，也不擔心材料亂七八糟，更不介意自己往下挖掘情境時，臨時的假設忽然自己崩潰了（也許你會惱怒，不過和害怕是兩碼事）。

顧問公司特別費心思尋找像你這樣的人才。回顧從前男士穿雕花皮鞋、繫窄領帶的年頭，頂尖顧問公司僱用的多半是常春藤盟校或少數同類菁英學校的畢業生，如今貝恩顧問公司的招聘人員卻前去十來所州立大學找人才，像是科羅拉多、佛羅里達、維吉尼亞、威斯康辛等州。他們不僅去商學院，還騰出時間會見人文科系的學生，畢竟這群人才已經知道如何界定目標、建立分析架構、蒐集資訊——然後動手追查適當的解決辦法。

文科畢業生的機會不限於傳統的三大策略顧問公司，其他一些顧問公司也值得注意，例如科爾尼（A. T. Kearner）、布利吉斯潘（Bridgespan）、鷹山（Eagle Hill）、甫瀚（Protiviti）、嘉思明（Kurt Salmon）、商仕達（Censeo）、創見策略（Innosight）等等。

或許可以考慮一下丹麥的瑞德（ReD Associates）顧問公司，他們在紐約有個不小的辦公室，共同創辦人克里斯提昂・麥斯比亞（Christian Madsbjerg）在為世界數一數二的飲料公司、運動用品公司、電子產品公司提供下一步該當如何的建議時，經常公開引用哲學家馬丁．海德格（Martin Heidegger）的思想。瑞德顧問公司的團隊有很多人才在大學主修人類學、都市研究、國際關係，我追問麥斯比亞原因，原來他很推崇人文學科，認為他們在「綜合多組複雜數據後做成決策」的訓練十分珍貴。[9]

用數字說故事的人

如果你是佛蒙特大學（University of Vermont）地理系畢業的，或是蒙特克萊爾州立大學（Montclair State University）心理系畢業的，抑或邁阿密大學（University of Miami）美術系畢業生，能夠從事什麼行業呢？既然是這樣，不妨順便想一想華盛頓大學（University of Washington）的工業工程加繪畫雙主修學位。不論你學的是哪一個專業，只要能夠把數字轉化成引人注目的示意圖、資訊圖表（infographics）和構思成熟的故事，就會在欣欣向榮的數據視覺化這個新領域中大受歡迎。

假如你已經掌握技巧，知道如何使一則有力的故事聽起來像真的，你就已經成功一半了。若是你還能嫻熟操作Excel，認為統計學是數學中「好的那一面」，你已經擁有這一行所需要的全部基礎技能了。各行各業的公司主管讀了柯爾・諾瑟鮑姆・娜菲克（Cole Nussbaumer Knaflic）所寫的《Google必修的圖表簡報術》（*Storytelling with Data*），都會忍不住說：「我們也應該這樣做！」富有影響力的商學院教授如史丹佛大學的珍妮佛・艾卡爾（Jennifer Aaker）[10]無不倡導，將數據作為論述基礎，是「引起聽眾在知性與感性層次雙雙產生共鳴」的一種方法。嚮往純粹主義的人也許仍在努力撰寫偉大的小說，可是如果你想要走一條比較平坦的名利之路，何不先創作偉大的資訊圖表？

把你自己想成一流餐廳的大廚，用你的核心食材（文字和數字）調味，再擺上視覺裝飾，使你的訊息不但光彩動人，而且清楚明白。用箭頭連結你的觀點；用對話框引出活潑氣息；用漫畫激發大家的情緒。你正在探索尚未定義完全的新溝通型態，你最好的作品充滿活力卻不紊亂，最棒的圖表可能會被擺放在幾百萬人的眼前。康卡斯特（Comcast）和網飛之類的娛樂公司都想要你的技能，路透社（Thomson Reuters）、彭博社（Bloomberg）、《紐約時報》等媒體公司也一樣。如果你將文科教育所能灌輸的想像力和「慧眼」帶進職場，那麼不需要擁有應用數學的博士學位，也能在這個快速成長領域的製作團隊裡掙得一席之地。主修心理學或其他著重密集研究的社會科學的學生都必須擁有基本的統計知識，有了這個基礎，很多、很多與數據有關的工作都會把你視為符合資格的應徵者。

第五章特別提到廣告與公關公司（例如博通萬里公司）積極招聘文科畢業生，藉此提高數據團隊的說故事力量。如果你打聽一下其他業界龍頭，例如FCB集團、TBWA、奧美集團（Ogilvy）、群邑媒體集團（Group M），就會發現更多職缺。再把清單擴充到電子郵件行銷的領域，還有更多公司會吸引你的眼光，例如郵遞猿、HubSpot、創空間集團（Creative Group）等。

最後，不妨注意一下開放餐桌之類的公司，他們大舉部署顧客關係專家，提供融合營運方針和友好氣氛的服務。你會發現某些公司也供應類似的服務，譬如Zillow（本地不動產價格）、美達利亞（顧客服務評比）、薪級表公司（PayScale，按職務羅列薪資數據）。原始數據到處都有，但是唯有像你這樣的人才能夠篩選出情緒分數、利潤趨勢、人口變遷的意義，同時還要清除累贅無用的資料，所有的數字才會變得有價值。將使用者的注意力拉到最重要的趨勢上，你的聽眾將會非常感激。

媒體公司

現在還有媒體公司在徵新人嗎？假如你的焦點是傳統印刷刊物、電視臺、出版社，那麼答案確實令人沮喪。廣告收益枯竭、預算持續緊縮，哪怕編輯或製作人願意僱用你，多半也沒有錢能提供你像樣的底薪或全職工作。去維基百科信手翻翻名人傳記，你會發現很久以前大城市的報社幾乎什麼人都願意錄用，抱負遠大的作者能夠加入編輯部，出了大學校門直接就業，正好藉此磨練寫作技能。這招對雷・布萊伯利（Ray Bradbury）管用，對蘇珊・法露迪（Susan Faludi）也管用，可惜今天對我們大多數人來說，這條路就像複寫紙和撥號轉盤電話一樣，已經不復可見了。

然而如果將媒體定義得更廣泛一點，你的機會根本沒有減少。認識一下彭博新聞社（Bloomberg News），這是由創辦編輯馬修・溫克勒〔Matthew Winkler，肯尼恩學院（Kenyon College）歷史系畢業〕一手打造出來的，最近的領導人是約翰・米克斯維特（John Micklethwait，牛津大學歷史系畢業）。這家媒體的核心用戶是銀行家和證券經紀人，他們每年支付兩萬四千美元費用，透過彭博社的螢幕終端機接收金融即時新聞，所以你的第一份工作不太可能是報導白宮消息，或是去巴黎辦公室上班。適應公司有些兒紀律嚴明的文化之後，你的機會將越來越多。彭博社有很多文科畢業生，他們在眾多採訪路線都表現優異，調查報導、藝術、教育等領域都不成問題。

當一切順利時，數位媒體的成長可能快得驚人，但是一旦運氣不佳，也可能在短短幾個月內萎縮甚或滅亡，這是這個行業的本質。傳統媒體的時代，通常需要歷經十來年，讀者興趣或廣告品味才會大幅度改變；反觀在網路時代，需要的時間可能只有十分之一。這樣產生的結果是，你不要期待能為同一個老闆工作三十年。Vox媒體（Vox Media）、BuzzFeed、Vice媒體（Vice Media）、《赫芬頓郵報》（*Huffington Post*，網路媒體）、《商業內幕》（*Business Insider*）這些公司在二〇一六年都搶著招聘新人，可是十年之後他們的命運肯定會出現分歧。你需要不斷更新技能，和能夠提醒你注意下一波大好機會的人脈保持連繫，以便了解自己何時應該轉換跑道。第十三章「爭取合理待遇」將再詳細探討，如何在不穩定的行業中維持穩定的事業。

有靈魂的新創事業

企業的社會責任是什麼？半個世紀以前，自由市場派經濟學家米爾頓・傅利曼（Milton Friedman）[11]駁斥這項問題，認為它誤導人們，十分具破壞性——這段說詞相當出名。在傅利曼看來，公司只有一個責任：「運用它的資源，進行以增加利潤為宗旨的活動。」僅此而已，除非對公司財務有益，否則沒有必要涉足社會活動，現階段不需要，未來也不需要。如果前面這四句話令你氣得想找人吵架，那麼不妨考慮替眼光較寬廣的公司工作吧。你最理想的去處是我們所謂的「有靈魂的新創事業」。

還記得我們在第一章重點介紹的手工藝品市集網站Etsy嗎？[12] 該公司執行長狄克森是杜克大學英語系畢業生，學校講師川朗特・希爾（Trent Hill）還記得這個學生「很有興趣尋找使資本主義更有人性的方法」。Etsy嘗試落實那個目標，將自己定位成工匠創作者接觸全球顧客的管道，讓他們不必籌措昂貴的廣告預算，也不需要斥資生產設備，卻仍然擁有競爭力。即使這些年來Etsy的產品登錄規則已經改變良多，惹火了某些早期加入的商家，但是這個網站依舊自詡支持「由人民賦予力量的經濟」。現在Etsy上有一百五十多萬個商家，販售從蠟燭到珠寶等無奇不有的工藝品，其中很多商家是必須在家裡照顧幼兒的父母，他們透過Etsy的服務，得以在經濟體中贏得一小塊立足之地。

如果你正在尋找一條道路，好通往社會型創業（遵循這種型態的企業公然採取「雙重底線」，其一是非財務目標，其二是傳統的營業標準），這裡提供三個好辦法，可以幫助你拓展人脈。

最簡單的辦法：閱讀*Fast Company*雜誌，他們非常積極報導這個行業的近況。最有野心的辦法：參加斯科爾世界論壇（Skoll World Forum），這是社會企業家的聚會，由eBay共同創辦人傑夫．斯科爾（Jeff Skoll）透過他的斯科爾基金會（Skoll Foundation）贊助舉辦。最巧妙的辦法：追蹤推特的斯科爾社群，你可以利用「@SkollFoundation」和「#SkollWF」，主動去接觸那些在你關心的領域中有所進展的人。

世界大使

你對書本有何感覺？這不是腦筋急轉彎，而是真正想要找出靠著不斷閱讀充實知識的人。也許念中學時有些艱澀難字讓你感到挫折，但那些都已不重要了，現在屬於你的時刻已經到來。你念大學時喜歡指定閱讀清單最長的課程，這個祕密不必再隱藏了，因為有個尊貴的大老闆就想要你這種人才，那就是美國國務院——尤其是擁有一萬五千多名員工的駐外事務處（Foreign Service）。

想要去美國大使館工作，你什麼都需要懂一點：美國的政府系統、地主國的政府系統、進餐的正確方法、一六一二年簽署的條約為何至今仍有爭議。每年春天，國務院派出代表到全美各地參觀眾多大學校園，尋找「有冒險心、適應力強的問題解決者」（這是國務院自己的話，一字不漏從國務院徵才網站首頁擷取下來的）。爭取國務院的工作，過程冗長且競爭，你需要在標準化招聘考試和親自面試中表現優異，同時還要通過背景考核。有意者最好從國務院招聘人員那裡或其官方網站取得詳細資料，但是在你動手之前，我們先來欣賞一下這項聘僱流程的兩個部分，它們特別傾向廣泛閱讀的通才。

還有哪裡的錄取考試是因為你曉得下面這些答案而得到高分的？某句冷門的引語是出自薇拉・凱瑟（Willa Cather）還是費茲傑羅？[13] 電腦突然出錯，是因為釣魚式攻擊（phishing）還是阻斷服務攻擊（denial of service）？毒品非法交易在荷蘭、中國還是美國最嚴重？你喜歡隨時隨地吸收知識的傾向，終於成了優點而不是缺點了。用國務院自己的話來說，你應該要「跨越眾多學科，掌握充足資訊與知識」。要達到那個境界，正確的途徑是：「擁有扎實的教育，並且養成閱讀、學習、拓展世界觀的個人生活習慣。」

不論你至今已經讀了多少書，國務院的招聘人員想要用更多的閱讀機會來誘惑你，所以他們的推薦閱讀清單塞進了六十八本書，內容囊括大型校園圖書館藏書中的所有類別，這張清單是入職申請的一部分。[14] 只要你敢，大可狼吞虎嚥閱讀這些書，讀越多本越好，這些書駐外事務處都很欣賞。他們推薦你去讀政治地理學經典，譬如《國家為什麼會失敗》（*Why Nations Fail*）、《槍砲、病菌與鋼鐵》（*Guns, Germs, and Steel*）、《一九八〇年以來的俄羅斯》（*Russia Since 1980*）、《中國走向世界》（*China Goes Global*）。你也需要花時間閱讀一些社會學、行為經濟學的書，例如《移民故事》（*Immigration Stories*）、《決斷兩秒間》（*Blink*）、《心理學與生活》（*Psychology and Life*）。別忘了住在海外將會延伸你對文化規範的意識，所以不妨預先閱讀《親吻、鞠躬還是握手》（*Kiss, Bow, or Shake Hands*）。

其他政府單位的工作都沒有像駐外事務處這樣熱衷文科價值觀，但即使是低調尊重教育背景的組織，也有助你追求事業。想一想商務部、退伍軍人事務部、教育部等單位，還有國會也算是政府部門，這些地方可能都重視你在大學所選的主修科系與培養的力量。

鼓舞人心的非營利機構

每一年為美國而教組織（ＴＦＡ）都僱用四千多個大學四年級生，他們大多會去美國最麻煩的學區任教。在最好的情況下，ＴＦＡ這種做法是提供無與倫比的機會，企求改善國內年輕人的生活。ＴＦＡ僱用的老師當中，大約有三分之一會長期待在教書的崗位上，對其餘的老師來說，這卻是很好的跳板，他們離職之後有些轉入校務領導工作，有些進醫學院深造，還有人自己創辦公司。

ＴＦＡ、美國志願隊（AmeriCorps）、和平工作團（Peace Corps）接受任何主修科系的畢業生，所以如果你不確定該拿自己的文科學歷怎麼辦，這些機構倒是讓人躍躍欲試的選擇。他們給的起薪自然比不上你同學在麥肯錫的薪資水準，但是如果你有良好的體驗，就能夠信心滿滿地說：「我去那裡並不是為了錢。」切記每一個受雇者的經驗都是不相同的，即使是從事照理說應該鼓舞人心的工作，你也可能遇到憤怒的家長、不服管教的學生、壞掉的課桌椅，還有什麼都想插一手、就是不肯讓你好好教書的官僚。如果你能找到克服的辦法，未來的歲月中你將成為一股無可抵擋的力量。不妨上理想主義者網站（Idealist.org），打探這些非營利組織的最新就業機會。

反傳統的企業

本章開篇時提到，對人文科系畢業生友善的文化並非偶然生成的，孕育這種文化最關鍵的養分之一，是組織願意聘用有潛力的人才，之後再訓練他們技能，通常是透過長達一整年的輪調計畫來執行。花幾個月做業務，再花一段時間做顧客服務，然後去人力資源部門從事一項計畫……要不了多久，你就能揣摩出新雇主的行事作風。此外，你也會獲得專門的技能，因而變為特定部門饒有價值的員工。你已經做好成功的準備，不僅是短期效能卓有績效，長期晉升潛力一樣大有可為。

過去三十年來，很多大型上市公司已經廢除這類管理訓練計畫，因為在削減成本的聖戰中，管理者的投資期限縮減，這種計畫就成了理所當然的靶子。隨著此類訓練計畫消失，頂著主修科系「不切實際」名號的畢業生出路也變窄了。反觀在努力打拼的私營企業裡，管理階層比較容易把焦點放在長遠目標上，因此仍然維持這類計畫。

文科畢業生有一個知名的避風港，那就是從事物流與供應鏈事業的麥馬斯特卡爾公司，[15]芝加哥郊區的狄藍尼（Delaney）家族是該公司大股東兼經營者。麥馬斯特卡爾聘用文理學校的畢業生，像是瓦薩學院和戴維森學院（Davidson College），還專挑成績優秀的學生。這家公司除了平常的金融、工程學系之外，也願意考慮語言、倫理、人類學等科系的畢業生，在這方面相當有名氣。不過你若想要進入這家公司，請先確認你受得了超長的工時和吃重的業務目標，並非人人都能適應要求嚴格的公司文化。儘管如此，艾蜜莉·賴玻妲（Emily Rapport）的故事還是能幫你打打氣，這位是戴維森學院的英文系畢業生，進入麥馬斯特卡爾公司後轉到技術訓練，目前從事軟體開發。她曾問過主管為什麼願意在她身上冒險，他們的答案是：「編寫程式教得來，學習卻怎麼也教不來。」

文科畢業生的另一處樂園是企業租車公司。這家位於聖路易市的公司每年大約僱用一萬個大學畢業生，堪稱美國數一數二的校園徵才大戶。新進人員在公司接受為期一年的管理發展計畫之後，很有機會自己經營一個分店，或是成為公司主管；至於離職的人員則發現，他們在企業租車公司工作的那段時間，轉化為極有賣點的技能，不論在專案管理、預算或業務方面都很拿手。

企業租車公司僱用的大學畢業生當中，大概有三分之一是沒有特別選修過商業課程的文科學生。該公司的招聘副總裁瑪麗．雅婷穆（Marie Artim）解釋：「我們對學生的科系、學校或成績都沒有特殊要求。我們更重視軟性技能，希望找到的人才懂得顧客服務、有同理心，具備溝通技能、工作倫理和彈性。」[16]如果你善於同時接受多種任務，而且精於團隊合作，那就更理想了。

第九章——你的校友人脈

「妳太衝動了。」、「妳太散漫。」整個大學期間，香織．傅蕾妲（Kaori Freda）一直遭到好意的大人這樣斥責。大學已經畢業六個月了，傅蕾妲沒辦法替自己辯駁，因為她還是謀不到一份像樣的企業職務，甚至沒有把履歷表寄出去，也沒有在企業網站上搜尋就業機會。反之，此時傅蕾妲正站在日本東京的碼頭上，準備搭渡輪前往南方六百英里外的小笠原群島。[1]

在開闊的海域上航行二十五個小時之後，傅蕾妲的船停泊在父島，這是位在太平洋的一個偏遠島嶼，大小只有瑪莎葡萄園島（Martha's Vineyard，譯按：位於美國麻薩諸塞州外海的島嶼）的十分之一，人口僅僅一千五百。傅蕾妲開始在一個生態旅館打工，換取食宿；她打算在此待上大半年，這將是探索自己日本傳承的大好機會（傅蕾妲的母親在日本誕生，父親是歐洲裔美國人）。她早上要餵雞、徒手刷洗旅館地板，下午可能去探索珊瑚礁、陡峭的懸崖和美麗的海灘。

承認吧，我們的內心深處都藏著一個衝動，幻想暫時甩開一切責任，跑去太平洋島嶼上混日子，待的時間要看自己敢耽擱多久而定。儘管如此，我們緊緊壓制這種危險的念頭，畢竟有帳單得付、有完成期限要趕，還有家人的期望要滿足。有責任心的人不會給自己放這麼異常的假期，直到自己的職業已經有了保障——如果真的有那麼一天的話。誠如頗受敬重的作者傑夫・塞林哥（Jeff Selingo）在著作《大學畢業後的人生》（*There is Life After College*）中指出的：「二十幾歲時漫無目的遊蕩的日子越長久，將來迎頭趕上的難度就越大。」[2]

可能時代在改變吧，這一章以傅蕾妲開篇的原因，是她找到了方法享受逃避現實，同時也得到一份很棒的工作。在小笠原群島待七個月，完全沒有損害到她的職涯前景，反之，這位瑞德學院的畢業生（二〇一五年美術系）在體驗島上生活的時候，取得了耐吉公司（Nike）與奧勒岡州（Oregon）一家新創公司的入職資格。

傅蕾妲的成功彰顯一個令人快意的新方向，這個新方向正在動搖人們尋找理想工作的方式。不論你從哪裡起步，即使是像傅蕾妲那樣置身天涯海角一棟被白蟻蛀蝕的木屋裡，你都比以往更接近職涯盟友串起的網絡。只靠一臺筆記型電腦、無線網路，以及願意開口求助的心態，你就能獲得驚人的成果。找到足夠的幫手，履歷表上比較不平順的部分就不會再毀掉你的未來了；你能以自己最強的實力作為基礎，爭取到新的肯定，而不是因為自己曾經的失誤，遭到永久的懲罰。拜Skype、WhatsApp這些軟體工具之賜，如今你能迅速、輕易地建立職涯人脈，那是前人作夢也想像不到的，就好像你在自己目前居住的世界，和你想要加入的世界之間，伸出長長的蜘蛛絲，將兩個世界連結起來。

你最大的盟友是成千上萬個大學校友，他們在你謀職的每一個階段都能夠助你一臂之力；不論你人在何方、想要找什麼樣的工作，這些夥伴比從前更容易接觸得到。校友們清楚哪些罕為人知的領域正在蓬勃發展、哪些組織正在招募新人、哪裡可以爭取到面試機會，他們還有最重要的技能，那就是如何把工作弄到手。校友們曉得的內幕消息會幫你製造深刻印象，不管你人是在太平洋環礁上，或是在大都市的咖啡店打發時間，都有盟友替你撐腰。你只需要採取主動，從容結識新人即可。

想要和能助你一臂之力的校友搭上線，第一步就是運用軟體工具，例如Graduway、

Switchboard、CompusTap，甚至勤用領英網站。人名錄搜尋會幫你辨識哪些校友目前從事的行業和地理區正好很吸引你。透過一封簡短的電子郵件或留言，你可以連繫上銀行業的甲校友或設計業的乙校友，向對方描述你們的共同背景。你可以主動提議打一通二十分鐘左右的電話和對方聊一聊，請他們提供一些看法，介紹他們行業的現況，以及指點你怎樣成為實力最強的應徵者，爭取到一份工作。你發出的訊息必須簡短而且有重心，不過也別忘了填入足夠的細節，讓對方感受到你的訊息是私人性質，而非亂槍打鳥。大部分校友都願意幫忙，他們特別熱衷協助個性討人喜歡、樸素真誠的學生。如果你們之間的第一通電話進行得很順利，不要遲疑提出後續計畫，包括安排和對方見一面、快速檢討你的履歷表，或是請對方介紹能夠幫上忙的其他人給你。哪怕你寫出去的五封電子郵件，只有一封會引出有用的對話，你也算敲開大門了。

最幫得上忙的校友，往往是比你早三、四年畢業的那一批，他們仍舊處於事業發展早期，對基層員工的招聘依然興致勃勃。你不必想方設法找某個出名的校友騰出時間來幫你，事實上二〇一一年或二〇一五年畢業的校友提供的協助一樣管用，甚至很可能更實用。

就拿傅蕾妲的例子來說，她謀求更理想工作的旅程，是從遠渡重洋追尋個人意義開始的。自瑞德學院畢業之後，傅蕾妲想要回日本尋根，於是買了單程機票飛到東京，立志每個月生活費只花一百美元，至於財源從何而來，就必須看她能找到什麼特別的實習機會而定了。傅蕾妲去長崎探親，過程順利，但是去一所日本幼稚園打工，就沒有那麼如意了。

後來她聽說位於偏遠島嶼上的佩蘭生態度假村（Eco-Village Pelan）提供免費食宿，邀請有意願的志工去那裡幫忙打雜，心下決定這真是完美的辦法。她在自己的部落格中寫道：「這裡將是我心靈花朵盛放的所在。」抵達當地之後，傅蕾妲發現這片群島正如同她所希望的那樣迷人。她和輕艇教練交朋友，穿上浮潛裝備，在溫暖的淺海中追逐章魚寶寶。她還與寄宿家庭成為密友，教他們家的小女兒畫畫。

至於義務的打雜工作……嗯，變得有點複雜。幾個月後傅蕾妲告訴我：「我喜歡餵雞。」餵雞是簡單的體力勞動，本身很純粹，報酬也很明顯。清掃堆肥廁所就討厭得多了，不過只需要花幾分鐘時間，可以當作鍛鍊堅忍的服務。然而她的老闆最需要她的地方，卻是卯足了力氣幫忙蓋一間山羊圈，那裡既沒有推土機，也沒有鏟斗機，人人只能用手挖土，一週又一週地做下去。

傅蕾妲說：「我煩透了挖水溝。」她的雙手起水泡，皮膚被晒傷，工作單調枯燥，開始像所有第一次接觸大型工程的人一樣，心裡冒出絕望。你做得越多，就越明白前方還有未知的龐大工作等著你，每個星期都很容易相信自己根本沒有進展，事實上時間感是往後倒退的。在此同時，傅蕾妲的父親打電話、寫電子郵件給她，催她返回負責任的世界。傅蕾妲並不清楚接下來該何去何從，內心的天人交戰越來越複雜。難道妳上大學就是為了做這個？真的嗎？妳還想挖多少水溝？有一天晚上，傅蕾妲開始利用生態村的無線網路，搜尋她感興趣的美國公司耐吉是否有職缺，不過並沒有抱太高的希望。在瑞德學院念大一時，傅蕾妲在學校就業輔導中心所贊助的聯誼活動上，認識了耐吉公司的幾個員工，此後一直和他們保持連繫。這次她瀏覽耐吉的網站時，發現他們位在奧勒岡的總部正在徵求一位技術分析師。

後來那個職缺找到了人，可是有其他工作機會跟著出現了：耐吉也許需要一位常駐藝術家，或是一位解決安全漏洞與軟體自動化問題的臨時專員。於是傅蕾妲的追索行動開始了。

傅蕾妲認識的那些人沒辦法拍板僱用她，可是能夠鼓勵耐吉的同事透過Skype面試她，由對方自己決定是否請她來工作。不過傅蕾妲應該曉得，這場面試將會很困難，如果她在面試中表現得不專業或準備欠佳，那麼耐吉馬上就會丟棄她的申請。他們需要一個星期左右去安排面試時間，對方問她是否想要繼續？傅蕾妲回信說要。

後來她告訴我：「我真的很想要這份工作。」她急需面試的訣竅，可是島上沒有人能幫得上忙。其實只要透過網路發出一次請求，就有多達一萬兩千個瑞德學院的校友看見她的求救訊息。於是傅蕾妲登入學生與校友職涯人脈網站Switchboardhq.com，貼了一份文長三段的請求信，結語是：「如果你曾在耐吉的任何職能部門工作過，或是曉得面試主考官喜歡什麼，請與我連繫。我需要一切能夠到手的指點。」

幾個小時之後，各方提供的祕訣開始湧入。[3]二〇〇九年畢業的一位瑞德學院校友回覆：「我的前任上司和耐吉某要員是好友，我會請他和妳連繫。」第二天，一九九一年畢業的校友留言給傅蕾妲：「和我連繫。我認得某人，可能有些見解。」統計下來，一共有一百九十五人看見傅蕾妲的請求，其中至少十二位透過Skype、電子郵件、留言板與她聯絡。

每一次的交流，都讓傅蕾妲更深入了解這家公司的規範；一旦曉得這些資訊，會覺得理所當然，但若不曉得，又會覺得很神祕。有一位回覆的校友解釋如何讓主考官覺得她很喜愛耐吉，同時又不顯得諂媚。另一位校友幫助她補充技術方面的知識，像是Adobe Illustrator和Photoshop這兩個繪畫軟體的功能有何不同，萬一主考官追問傅蕾妲的設計技能時，她才不會張口結舌。第三位分享的資訊，是認識公司官僚制度和內部政治的最佳方式。

傅蕾妲能從島嶼度假村傳遞得體的專業氣度嗎？她環視寄居的木屋，看到地板上和牆壁上醜陋的白蟻蹤跡，這一定要藏起來！她向寄宿家庭借來一條白床單，將背景轉變成明朗的布幕，看起來和會議室牆壁相去不遠。然後傅蕾妲重新調整燈光照明，直到網路攝影機所拍攝下來的影像，看起來彷彿她置身某個主流辦公室似的。

耐吉公司和她對談的人始終沒有察覺不對。傅蕾妲告訴我：「我們的面試很棒。」就在這個焦慮的瑞德學院畢業生在網路上張貼求救訊息六天之後，她向眾人發出勝利的更新消息，這次她在一個網路論壇中寫道：「瑞德人永遠令我眼界大開。我收到很了不起的建議，以及強大的社群支持。現在我很興奮地和大家分享，我將要去耐吉總部的一支很厲害的團隊工作，其中一位成員是瑞德人，也是在耐吉工作很久的專家。」幾個星期之後，傅蕾妲搭上小笠原群島往東京的渡輪，這是她勝利返回美國的第一階段。

儘管傅蕾妲在耐吉的專案工作期限只占了二〇一六年的一部分，可是未來的雇主如今開始用嶄新的眼光看待她了。傅蕾妲已經轉入搶手的人才庫，既有大公司的工作經驗，還有知名大學的學士學位。耐吉的工作結束之後不久，她加入奧勒岡州一家專營辦公室生產力工具的新創公司——這份工作非常適合她的探索者品味。在這家名為Accompany的新創公司裡，傅蕾妲是顧客權益倡議小組的成員，研究美國人如何做好工作，以及如何改善他們的工作。

所有人身上都有一絲傳蕾妲的影子。根據勞工統計局的資料，大學畢業生在二十二歲到二十八歲之間最常換工作（平均換五點八個工作）。[4]至於專科或高中畢業生，平均換五點二個和四點七個工作。從學校畢業時，你不知道自己最擅長做什麼種類的工作、什麼樣的工作最能滿足你，也不知道最佳職涯機會在哪裡。你需要實驗，唯有闖蕩幾年之後，一切才會步上軌道。這也是你最終選定致勝職業的方法，不論父母怎麼說，大學教育最大的優勢並非提供長期穩定性，而是它的彈性。

前面章節裡的見證俯拾即是，說明曲折蜿蜒的路徑確實效果奇佳；當事人創造自己的運氣，在跌跌撞撞的起步之後，開創一個有生產力、令人滿足的職業生涯，這種苦盡甘來的成功機會遠大於一般人的理解。不論你是想加入ＩＢＭ的區塊鏈團隊，或是成為維京爐具社群媒體方案的酷炫代言人，這個說法都成立。話雖如此，在大學畢業後開始謀職的時刻，一切卻顯得那麼神祕，你不曉得每一件事會如何演變。在通往成功的曲折蜿蜒路途中，很容易就會脫離路線，再也沒能迴轉過來。萬一那份倒咖啡、辦公室打雜的權宜差事始終沒有帶領出更好的工作，又該怎麼辦？

大學畢業後的謀職人潮洶湧，讓置身其中的你彷彿激流泛舟一般，感到害怕又刺激。

順利的時候，你很幸運擁有直覺，知道水流接下來將帶你前往何方。如果前方有巨石擋道，你要改變航道或借力彈開，利用暫時的障礙四兩撥千金，達成必要的路線修正。你不擔心被水噴濺到，每一次冰冷的水霧迸發都會很快過去，整趟行舟經驗使你感到活力十足；現在船動得很快——未來還會更快。

泛舟的比喻也可用在負面經驗上。萬一事事都不順利，你的小舟砸向岩石，堅硬的水牆兜頭襲來，差點害你沒辦法呼吸。最糟的情況是你整個人被拋出小舟，很快就必須面對生死掙扎，此時你與其他小舟上快樂的探險者已經毫無共通點。他們正在志得意滿地號叫，而你卻攀著傾斜的小舟無助地穿過急流，無力控制自己的路徑，唯一能做的是吐掉嘴裡的水，在岩石或暗流使你筋疲力竭之前拚命爬上岸。

這時候如果有人指引，幫助就大了。以下提供三個有力的辦法，使你能夠藉由校友連結，提高自己的職涯勝算。

確立你的搜尋

每一所大學至少都有幾個像波莉·華絮本（Polly Washburn）這樣的校友。她於一九九

○年自歐柏林學院（Oberlin College）的法律與社會系畢業，可是從來沒有真正離開過這個校園。儘管已經畢業二十五年以上，華絜本對大學生活的回憶，依然占據她個人認同的很大一部分；她組織同學會，還擔任俄亥俄州這所學院的校友會理事。現在華絜本住在丹佛市，但與母校的關係依然很親密，週末她會穿著歐柏林運動衫，駕駛旅行車在高速公路上奔馳，車身上黏著歐柏林的貼紙。

華絜本對我解釋：「我在巴爾的摩市（Baltimore）一所大型高中就讀時，還是個書呆子，可是進了大學之後，每一件事都改變了，我的社交生活比以前多很多，我還當上了我們宿舍的總幹事，開始對自己有信心了。」在實際生活上跑得越前面，華絜本就覺得越虧欠化這一切為可能的母校。就像她說的：「我非常感激自己的文科教育，它使我能在任何地方如魚得水。」[5]

傳統上，大學把這類超級死忠的校友視為每一次新募款活動的財源。一旦大學畢業，你很快就會遭到許多贊助機會轟炸：成為母校之友（兩百五十美元）、母校支持者（一千美元），甚至是母校捐助人（一萬美元）。你捐獻得越多，就越受到學校發展辦公室的吹捧，會受邀和院長們吃飯，會收到郵件告訴你優秀學生的傑出成就。除非你破出校園的這個繭，否則將會忘記一件事：許多大四學生在思考畢業後的生活時，曾經感到那麼迷惘。

現在的你成為校園菁英的一分子，不像有些學生因為惶恐和自我懷疑，嚇得不知道該從哪裡著手。所幸，畢業生不知何去何從的現象開始改變了。

歐柏林、瑞德、曼荷蓮（Mount Holyoke）、安默斯特等私立學院現在都已經體會到，他們最珍貴的校友不見得是捐款最多的那些，隨著文科畢業生從大學到職場的路徑持續劇變，即使最進步的就業輔導室也不能解決每一個學生的需求，善用校友獨特的專業知識變得不可或缺。去公立大學走一圈，也會發現某些學校有類似的覺醒，像是密西根大學、明尼蘇達大學，還有紐約的賓漢頓大學（Binghamton University）。

以歐柏林學院為例，他們已經吸引了一千八百多位在校生和畢業校友，[6]形成了一個網路社群，邀請正在大學部就讀的學生若是需要協助時上網求援，而校友們則提供任何他們願意分享的資源給學弟妹。這種求助和施以援手的配對，每個月都會發生好幾十次，有一項值得一提的服務叫做「咖啡與對話」，鼓勵在校生和全國各地的校友面對面聊天。假如你是歐柏林的學生，可以去紐奧良、波士頓、聖路易或其他城市的校友處待幾個星期，要麼去實習，要麼去對方家裡拜訪。你不必單打獨鬥，邀請長期有效，你隨時可以接觸人脈通達的校友網絡。

華絜本從二〇一五年展開咖啡與對話計畫，一開始她預料對這個龐大的職涯人脈網最感興趣的，應該是在學的學生。華絮本自己從離開歐柏林學院之後，欣然從事過七種截然不同的職業，而每一種都使她認識數以百計（也許是數以千計）有用的人脈。打從畢業之後，她嘗試過形形色色的工作，包括法務研究、報紙編採、非營利募款、電視節目製作、公共關係、獨立電影製片、網路開發。目前華絮本在《丹佛郵報》（*Denver Post*）擔任數位製作人，她說：「告訴我，你對哪一行感興趣，我大概都有認識的人。」

華絮本的網絡雖然多采多姿，可是她最大的價值卻與更基本的東西有關。她曉得漫無目標的路徑可能奏效，而這項洞見卻是學生們從來沒想到過（有時候也覺得震驚）的。當今社會時時敦促大學畢業生竭盡全力尋找最安全、最可預料的工作，但是華絮本卻是活生生的反制力量。

打開視野，生活會充滿更廣泛的可能性。

由於有華絮本這樣的校友不斷完善這套辦法，因此提供了一種務實感，讓學弟妹曉得什麼東西有挑戰性，又該如何去因應。和華絮本聊上一個鐘頭，你就會再次得到保證：想要享受刺激的人生，不一定要找完美無缺的第一份工作。她知道何時該堅守一份驚滔駭浪似的工作，何時又該另起爐灶；她還知道當你的財力只達到理想數字的十分之一時，追求成功是何等艱辛。二〇〇九年，華絮本動手拍攝一部低成本電影，主題是一八五〇年代的加拿大農場生活。為了省錢，她到處尋找老木材，以便搭建一棟歷盡風霜的穀倉。對於在不得不放棄之前，如何設法把一塊錢掰成兩塊來用，她有滿肚子建議。

如果不是那麼容易在網路上建立人脈，校友能夠提供這類拓展思想的建議，指點學弟妹各種職業可能性嗎？答案是可以達到某種程度，不過每一方面都會比較困難、比較不平均。少了Skype、電子郵件或聊天，人們只能依賴傳統的社交模式，諸如同學會、公司聯誼、私人俱樂部、聯袂度假等等，回到層級森嚴的世界，最成功、人脈最廣的人只會照顧圈內人，而其他人則滯留在比較不利的位置。

將近二十年前，生在油漆匠移民家庭的瑪拉．柴碧妲（Mara Zepeda）[7]離開了新墨西哥州的家，前往奧勒岡州讀大學。二〇〇二年她從瑞德學院俄文系畢業，前途茫茫不知所從。接下來的十年，她陸續在高等教育、廣播新聞、專業書法等領域工作，盡其所能地快速建立了自己的職涯顧問網絡。後來她在自己的網站（MaraZepeda.com）上公布一張清單，把她從新墨西哥州、瑞德學院以來所有職涯方面的盟友列出來，總數超過兩百個名字。

二〇一二年柴碧妲去義大利度假時終於明白一件事：自己做過的許許多多工作和不斷成長的朋友圈，其實有一個統一的主題，那就是她特別擅長與人連結，並且使對方樂於加入她的圈子。也許她能夠創造一個專門的社交網絡，讓數以千計的校友可以彼此協助事業發展。柴碧妲自己不會建構這種網站，不過這問題好解決，她寫了幾封電子郵件給朋友，聯絡上瑞德學院的校友西恩・勒納（Sean Lerner）。此君住在八個時區之外，他聽完柴碧妲連珠砲式地講述她生動的理念，接著就提供完美的技術回覆：「好吧，聽起來很有趣。反正今天晚上我也沒有什麼大事，不妨做一做吧。」

幾個月後，這兩個人推出交換機（Switchboard）軟體服務，目的是讓學生和校友得以輕鬆連結對方。從此之後，柴碧妲向全國各地的大學推銷這項服務。我最初是在芝加哥的商展上認識她的，當時她正在和職涯服務專家攀談，希望說動對方裝設交換機軟體。我和柴碧妲談起她早期在瑞德學院和歐柏林學院的合作經驗，以及成功引介這套軟體給其他十幾所學校的經驗，這些學校包括威廉士學院、丹尼森大學（Denison University）、肯尼恩學院。我詢問柴碧妲為什麼與勒納打造這項服務，她的答案簡潔可人：「我們自己當學生時，多麼盼望有這樣的東西。」

敲開大門

凱文・葛瑞爾（Kevin Greer）[8]就讀賓漢頓大學時主修政治系，他夢想去華府工作，成為有影響力的全球分析家。不論你上哪一所大學，這都是一條艱難的路徑。以葛瑞爾的情況來說，成功的希望甚至越來越渺茫。他念的是紐約北邊的公立大學，從首都搭火車要花十個鐘頭，沒有人冀望他能成為這一代的季辛吉（Henry Kissinger，譯按：美國前國務卿，世界知名外交官）。即使畢業時拿到最高榮譽，你還是圈外人，政府人士不會視你為參政者，誰也不急著幫助你實現夢想。

葛瑞爾沒有退卻，二〇一二年大學畢業後立刻前往華盛頓，沒想到第一個月就差點被自己發現的事實淹沒。他沮喪地向我解釋：「我想要的工作都需要五到七年經驗，求職履歷表上所需要的實習種類，我都沒做過。」他的新同儕團體，很多是人脈較廣的名校畢業生，打從大一開始就在華盛頓的暑期實習場所進進出出。他們在國會山莊工作，在頂尖智庫學習，在知名政府機構自由出入。反觀葛瑞爾的自傳上只有一小段和國會有關的實習，其餘大學暑假則枯坐在長島南端的瓊斯海灘（Jones Beach）收費亭裡數銅板。

套句葛瑞爾的話：「我需要快速拓展經驗。」

四年之後，葛瑞爾（透過Skype）回到賓漢頓校園，分享一個引以自豪的故事。他在國務院有了很大的進展，過去兩年在執行祕書處擔任全職工作人員，多次陪同國務卿約翰・凱瑞（John Kerry）出國執行任務。葛瑞爾得以近距離觀察世界領袖，協助整理所需要的規畫細節，以便使每一趟旅程儘可能順利成功。他有些工作是動腦的，有些是出體力的，可是站在如此接近權力的位置，而且年紀還不到三十歲，說起來葛瑞爾已經進入國務院的快速升遷軌道。

假如葛瑞爾願意的話，大可把他與賓漢頓學生長達一小時的Skype通訊，變成他個人長篇大論的作秀機會。可是那並非這群聽眾渴望得到的，現場守在Skype連線這一頭的三十多個學生，正在設法搞定自己的職業選項，他們對國務院的印象遙遠又模糊，只知道那是個很棒的工作地點，也曉得高階工作刺激有趣、令人豔羨。不過令這群聽眾好奇的是，什麼樣的機制能把賓漢頓大學的學歷轉變成可以大書特書的事業？怎樣獲得頭幾次實習機會呢？一路走來，誰給了你幫助？哪些謀職儀式只是浪費時間？沒有人僱用你時，要怎樣獲得經驗？葛瑞爾越能夠帶領這些學生，一步步解說站穩第一步的關鍵、零碎、世俗的細節，效果越好。

畢竟，就業輔導和雇主網站可能解釋應徵者該如何遵循求職程序，卻不會告訴你，如果最初的幾次嘗試都沒有結果，應該如何隨機應變以求達成目標。通常在某個地方有一條隱藏的路徑，或是替代道路。文科訓練使你在氣質上很適合這類途徑，剩下的只是需要一點兒做法上的提示，尋覓圈內人成功祕訣的好來源，也就是經過類似周折、並能以生動細節解釋如法炮製之道的校友。

賓漢頓大學的就業服務中心主任凱莉・石蜜絲（Kelli Smith）[9]從二〇一四年開始，就設法以最快的速度搭建這樣的橋梁。她走馬上任幾個星期之後，對校園記者說：「顯然我們有很多傑出校友對母校無比忠誠，願意幫助目前在學的學生。」石蜜絲誓言要善加利用這項資源，她解釋給我聽：學校有一萬九千名學生，而就業服務中心只有十二個人員，當然不可能有求必應，於是她不斷想辦法，要把支援學生就業變成所有人的頭號大事，包括校友和教職員在內。

每年二月，賓漢頓大學有五百多個學生前往紐約市，參加學校細心安排的二十二項參訪活動，目的地是有校友在裡面工作、而且都正在招募新人的知名組織。想要進彭博社、摩根士丹利、齊夫戴維斯（Ziff Davis）等公司的學生，可以利用這些機會，學習如何申請入職最妥當。至於那些只是對銀行業或市政府狀況感到好奇的學生，則藉機獲取第一手資訊。

在此同時，賓漢頓大學邀請成就斐然的校友返校，面對面或透過Skype和學生座談，每年超過二十次。這些座談都隸屬於一項稱為「酷連結、夯校友」（Cool Connections, Hot Alumni）的計畫。葛瑞爾現身之後，三個星期內賓漢頓學生接二連三得到校友的關注，一位是升任山岳協會（Sierra Club）理事長的社會系校友，一位是在社區服務方面的事業成就非凡的歷史系校友，還有一位英文系校友是美國廣播公司（ＡＢＣ）晨間電視節目的共同主持人。這些校友現身說法的開場白都很簡短，核心部分是學生提問，由來賓提供自己實務上的見解。

以葛瑞爾的情況來說，他的故事最精采的部分是那兩年充滿鬥志的奮鬥，努力在華府權力結構中勉強擠出一小塊立足之地。表面上葛瑞爾是在華府學波斯語，並且去喬治城大學（Georgetown University）攻讀衝突對策碩士學位，可是開學以前他早就馬不停蹄地尋找有用的工作經驗，種類不拘，有沒有酬勞也無所謂。

對葛瑞爾來說，最主要的目標是在國務院找到工作，期限再短暫、薪水再微薄也無怨無悔。他告訴我：「我申請了很多不同職位，某些職缺光從廣告上看很難判斷究竟是做什麼的，可是我不在乎。你就是要申請越多職位越好，動作越快越好。」他不擔心遭到拒絕，申請書石沉大海也打擊不到他。

葛瑞爾不斷告訴自己：「每次面試都有可能變成工作，你永遠也不知道誰在尋找什麼。」最終他投寄的履歷表數量多到變成了外交圈的地球同步軌道，自行在國務院各辦公室之間流傳起來。

有一天下午，葛瑞爾終於接到等待已久的電話。國務院古巴事務辦公室需要有人協助文件歸檔，時限是六個星期。他們問葛瑞爾可不可以馬上開始工作？他笑嘻嘻地告訴我：「我很確定自己從來沒有去面試過那份工作。」儘管不會西班牙語，工資也不高，但葛瑞爾還是回答：「可以！」幾個月之後，又有不同單位的工作找上門來。葛瑞爾和自己搭得上線的所有國務院員工交朋友，包括一位人力資源專員，對方答應幫他留意好差事。不久之後，他鎖定了一個夢寐以求的機會：進入執行祕書處工作。

在此同時，葛瑞爾繼續培養自己的波斯語技能，在喬治城大學讀碩士班的第一年，他申請一份前往塔吉克學習波斯語兩個月的獎學金，結果竟然雀屏中選，令他興奮不已。從塔吉克返回美國之後，葛瑞爾說服喬治城的教授們選他當助教，教授初級和中級波斯語課程。下一步，他利用公餘時間協助一個從事語言學習的新創事業，替他們建立波斯語部分的內容，這是一份無給職。

既然已經走了那麼遠，何必停下腳步？亞利桑那大學擁有美國太空總署拍攝到的一些美麗的火星圖像，已經配好了英文標題，為了展現國際友誼，他們開始將這些標題翻譯成數十種語文。葛瑞爾聽說亞利桑那大學需要志願者翻譯波斯文這一部分，儘管把岩層這種字詞精準翻譯成波斯語並不容易，葛瑞爾還是答應了。他的波斯語技能用途越廣，未來找工作時的資格就越扎實。念完兩年研究所之後，他或許很快就會轉換跑道，屆時恐怕完全用不到波斯語。話又說回來，葛瑞爾的事業也有可能發生轉折，十分需要他的語言技能，萬一是那種情況，他就有恃無恐了。

葛瑞爾給所有文科畢業生的終極建議，是嘗試打進競爭激烈的領域：「當你自己的代言人。在惹人厭煩和鍥而不捨之間，有一條細細的界線。」他的成功有很大一部分就是來自於挨著那條線的旁邊幾吋空間，誠如葛瑞爾所指出的：「沒有人比你更在乎你的下一份工作。」

去其他學校走一遭，例如柯蓋德大學、克拉克大學（Clark University）、瓦薩學院，你會發現他們都做了類似的努力，加重校友連結在就業服務方面的分量，尤其是在創作藝術、政治政策、非營利議題推廣等領域，因為這些領域中最有意思的組織，通常僱用的人員少於兩百五十人，而且沒有時間也沒有財力派遣招聘人員去參加大規模的校園徵才博覽會。不過利基公司也會招募大學畢業生，如果求職者出現的時機正巧，而且當時正好吻合這類企業的需求，那就無往不利了，只需要校友開個口牽牽線，一切就搞定了。

舉例來說，克拉克大學的劇場藝術系頗有名聲，該系畢業生好幾十年來都必須非常努力克服挑戰，打進大都市的就業市場。〔克拉克大學所在的麻薩諸塞州沃斯特郡

（Worcester），劇場工作很稀少。」如今透過網路，克拉克大學的劇場藝術系畢業生就比較容易連結校友，在大城市找到第一份兼差工作，跟著就能迅速獲得更理想的工作。

克拉克大學主管就業方案的副院長蜜雪兒・芭塔（Michelle Bata）指出：「假如大都會歌劇院（Metropolitan Opera）推出新作，需要一個製作假髮的助理，那正是最適合我們畢業生的狀況。」[10]這類專案的期限可能只有幾個月，酬勞也很微薄，不太可能大打廣告，不過它們是第一級階梯的典型代表，有利於創造知名度和人脈，很快就會引來更重要的任務。職涯諮商師麗姿・萊恩（Liz Ryan）說過，很多領域的好工作往往是從「短暫的諮詢合同」開始的。一旦雇主發現你能幫他們解決眼前最迫切的問題，而且效果很好，要不了多久，他們就會端出更多時限更長的工作來請你操刀。如果交涉順利，你就踏上了薪資更多、地位更高的道路。

使旅途更平順

曼荷蓮學院的依芙琳・裴芮茲藍卓恩（Evelyn Perez-Landron）[11]大三結束時，感覺她的海外探險彷彿也畫下了句點。那一年她在地中海岸的蒙彼利埃市（Montpellier）一所大學上了六個月的密集法文課，現金所剩不多，該是回波士頓老家的時候了。選擇法文和國際關係雙主修的裴芮茲藍卓恩必須開始尋找暑假打工的去處，雖然家境富裕的同學都利用暑假旅行玩樂，也有同學去偏遠社區當志工，可是她不能假裝金錢不重要。

不過裴芮茲藍卓恩還不打算回家，那年春天她透過蒙彼利埃的校友牽線，認識了在摩洛哥長大、全球活躍的創業家雅思敏・愛爾・芭格莉（Yasmine El Baggari）。裴芮茲藍卓恩想要善用這次新機會，於是打聽暑假時可不可能去那個講法文的北非國家工作。她得到很振奮的答案，卡薩布蘭加（摩洛哥首都）有一家創業加速公司和科技女力組織（Girls in Tech）的一項計畫，都願意招收一位暑期實習生。裴芮茲藍卓恩可望在摩洛哥接很多工作，但是沒有薪水，她願意當志工嗎？

如果是幾年以前，裴芮茲藍卓恩會覺得進退兩難。曼荷蓮學院和大部分學校一樣，會協助學生找到有酬勞和無酬勞的實習機會，可是不會給予補貼。不過曼荷蓮的校友和家長從二〇一二年開始，每年贊助高達四百份實習津貼，這項新措施為裴芮茲藍卓恩這類學生開啟一扇門，讓他們可以好好把握這些有利職業生涯的機會，而不必像以前一樣忍痛放棄。

在摩洛哥實習的那個暑假，一切正如裴芮茲藍卓恩所希望的那樣發展。她協助女力組織準備正式的揭幕活動，也在新工作實驗室（New Work Lab）擔任基層分析師，協助批准提案，以及建立這家創業加速公司的參與者與聯絡人員的資料庫。在摩洛哥的多語環境下，裴芮茲藍卓恩的法文足以應付商業需求，她會的西班牙文在某些市場也很有用，另外她還學會一點阿拉伯語，能召來計程車並指明目的地。

曼荷蓮學院提供的四千五百美元津貼足夠裴芮茲藍卓恩過一個安全、刺激的暑假。她透過Airbnb網站發現一個價格合理的寄宿家庭，由於美元的兌換優勢，她在外面用餐的費用很少超過八美元。碰到事事不順心的時候，只要一通Skype，就有美國和歐洲的曼荷蓮校友當參謀，他們鼓勵裴芮茲藍卓恩把計程車司機當作潛在盟友，也提供在露天市場討價還價的規矩。後來她解釋說：「不論在世界的哪一個角落，曼荷蓮總是與我同在。」

裴芮茲藍卓恩回到學校念大四時，發現自己在摩洛哥的暑假還帶來更多好處。她和一位熟識的女校友聊天時，發現全球性顧問公司埃森哲有一位女性員工，恰好揉合了裴芮茲藍卓恩的專業目標與協助開發中經濟體的個人興趣。這麼說來，她對於效法這位女性的機會感興趣嗎？是的，很感興趣。不久之後，這位校友替她介紹埃森哲顧問公司裡合適的人選，安排了面試，最後提供她畢業之後的一份全職工作。

裴芮茲藍卓恩的故事給我們一項意義更廣泛的教誨：校友不僅是人形徵才布告欄，

他們能夠以各種間接方式改善你從大學進入職場的遷徙過程，對你剛出校門的頭幾年特別重要。當你嘗試不同城市和不同工作時，每一件事情都很新鮮，擔心犯錯的風險意識也最高。你還沒有找到自己在職場的恰當角色，事實上，某些時候你可能覺得非常脆弱，假如有校友幫你迅速重整旗鼓，伴隨曲折起點而來的大多數風險就會被你擱置到一旁了。

我們再看看幾個普遍的情境。

如果你想探索新方向，但不想犯傻，那麼像艾絜麗．英崇恩（Ashley Introne）這樣人脈寬廣的校友，正好可以為你指點迷津。英崇恩是德魯大學二〇一一年的畢業生（經濟與法文雙主修），目前是相當成功的人力資源專員，對銀行業和廣告業了解得很透澈，而且她的商業人脈還延伸到許多其他的產業。每一年大約有五十位德魯大學在學或畢業不久的學生向她請教——個別和群體都有——而英崇恩也努力滿足他們每一個人的要求。如果你的處境像在茫茫大海中缺少方向，她會利用一張簡短的問題清單，協助你決定自己比較適合新創公司或大企業的生活。假如你不滿意目前的工作，想要悄悄打聽下一步該怎麼做，她也幫得上忙。

英崇恩對我解釋：「我有竅門，能了解人們真正想要什麼，就算他們開不了口，我也曉得。」她的事業還在起步階段，成不了德魯大學的捐款大戶，可是她對目前在學學生的職涯影響力卻十分宏大。

校友還能幫助你在工作面試時表現最好的一面，尤其是你旁敲側擊之後，獲知提供夢想工作的雇主向來有些異於尋常的慣例。本章開篇所舉例的傅蕾姮，就很機伶地利用瑞德學院校友透露的耐吉公司招聘習慣。同樣地，波特蘭大學（University of Portland）畢業生也經常請教艾玻・丹妮絲（April Dennis）[12]關於會計公司面試的事，原因是她在安侯建業會計師事務所工作近十年，總共替公司主持過一千多次面試。我們把這些指點迷津的交談想像成一位音樂大師授課，你不僅學會如何演奏標準樂音，而且獲得大師的提點，領悟到怎樣加入自己獨特的詮釋，如此一來，你不但符合全部定規需求，而且展現出你個人的特色。

丹妮絲的專長是揣摩非傳統背景的人該如何訴說個人的故事（不論是下田耕種，還是替和平工作團做事），同時想辦法塑造這些經驗，令會計公司忍不住說：「我們應該聘用你！」即使像種甜椒那麼平凡的事情，一旦丹妮絲引導你回憶：種籽、灌溉、肥料的成本有多少，你又從收穫中賺了多少錢，這件事就變成了一則打動人心的軼事。就像她解釋給我聽的：「這裡面藏了一個成本效益分析的故事，我只是幫助學生發現他們都不知道自己已經擁有的力量。」

如果你有生活上的小事需要協助，校友也會以五花八門的方式來幫忙。你希望去不熟悉的城市找短期工作機會嗎？匹茲學院（Pitzer College）有住在各地的校友為學弟妹提供免費住宿，地點從德國漢堡市到德州奧斯汀市都有。生活遭遇挫折，讓你感到情緒低落嗎？很可能有某位校友願意請你吃一頓豐盛的晚餐，幫你打打氣，協助你重回正軌。你為自己簡陋的大學生衣著感到難堪嗎？務實派校友會帶你去買衣服，慷慨一點的還會出借他們自己的高尚行頭。相信我，這是我的親身體驗。〔傑柯布．楊恩（Jacob Young），假如你讀到這裡，請容我誠摯地道歉，因為當年弄皺了你那條薄綢領帶。〕

萬一你遇到生活中最大的挑戰，需要別人的協助，校友可以引導你趨吉避凶。安默斯特學院的就業輔導專員已經明白，拉丁裔和非洲裔學生想要透過比較簡單的方法，和有色人種校友建立連結。安默思特學院就業輔導中心主任艾咪麗．葛瑞芬（Emily Griffen）指出，每個人的謀職過程都不相同，她推出新版的安默斯特校友入口網站，[13]讓在學學生和畢業生都能找到相同社會與種族認同的對象，這樣學生就比較容易開口提直率的問題，同時也容易得到真實的答案，譬如就業機會、謀職時特別困難的點，還有一旦工作談成了，特定雇主會對新人熱烈歡迎或是冷漠疏離。

幾年之前，安默斯特學院嘗試創造完整的線上導師網站，讓校友和學生一對一進行長期的系列對話。葛瑞芬告訴我：「其實我們發現這種方法過猶不及。」如果你剛開始謀職，不見得需要回來找同一個人請教，於是安默斯特現在提供的是三十分鐘的一次性「快速對話」，學生和校友可以只交換幾個想法，不必被綁在一起好幾個月。這項改進措施推出之後，兩端的參與者都大幅增加。有時候少一點反而好一點。

即使上面這些方案統統派上用場，校友人脈的利用程度依然太低。二〇一六年春天，全美大學與雇主協會（ＮＡＣＥ）[14]請美國各地五〇一三位即將畢業的大四學生，就十四種求職資源分享親身經驗。

結果只有百分之四十六的大四學生說他們與校友直接接觸過（反觀高達百分之九十四曾造訪雇主網站，至少百分之六十和朋友聊過、尋求過父母建議，或是參加過就業博覽會）。在ＮＡＣＥ的資源使用頻率清單上，與校友互動只排了第十位。

然而若是以實用價值而論，校友資源立刻衝上第四位，超越傳統的就業博覽會、就業輔導中心、會見雇主派駐校園代表。至於最有用的前三項資源分別是：雇主網站、朋友、學校教職員。

第十章——你的學校能做什麼

根據某個促狹的說法，如果請大學校長排列他們學校的當務之急，大學部學生的就業服務品質排序將「在停車位之下」。假如你為了校園裡的就業輔導質量不如人意而感到沮喪，或是為了沒有好好利用現成的服務而感到罪咎，其實你並非特例。二〇一六年十二月，蓋洛普（Gallup）民調公司和普度大學（Purdue University）合作進行一項針對一萬一千名大學畢業生的調查，結果發現只有百分之五十二的學生在校期間曾經去過學校的就業服務中心，其中約有半數覺得就業服務中心給他們的建議不是「完全沒有幫助」，就是只有「一點點幫助」。[1]

這樣的缺憾沒有理由持續下去，這麼多年來，我見到大學設立令人振奮的新科系，從認知科學系到天體生物學系，林林總總，都是基於少數幾位學者的一腔熱血才成立的。我也目睹學校餐廳供應的餐點從乏善可陳到美味得讓人詫異。我還看到女子運動課程克服了學校當局數十載的漠視，一躍而成校園裡榮耀的主角，比賽吸引非常多觀眾，進而贏得電視轉播合約。經營大學的人在本質上就喜歡創建、喜歡思考大格局，而下一波值得克服的挑戰已經近在眼前。

假如學校領導人將他們富有創意的能量灌輸到人文學系的職涯整備上，使其匹配學術探索的無限開放精神，將會產生什麼結果？想像有這麼一個校園，學生可以享受偉大的文學作品，或沉浸在社會科學的田野工作中，同時也針對吸引他們的行業，培養可靠的從業能力。姑且稱之為批判思考者的極樂世界，我們來夢想一下吧。

抵達這座學校時，你會發現經典的大一研討會已經重新安排過了，一來拓展學生的心智，二來也有益於學生最終的職業生涯。如果你選修「認知、幻覺與科技」這門課程，一開始可能會先涉獵古典學的領域，探索「想像中的存在」背後的哲學基礎。過不了多久，你就會跳進工程師的世界，發現當今最先進的虛擬實境系統如何運作。聯合教學將成為常態，來自不同學科的教授同心協力幫助學生，從不同的優勢立足點探討複雜的議題。

當你選定自己的主修科系時，不僅是在網頁上點幾個按鍵，而是受邀出席一場慶功晚宴，與會者都是與你選擇相同學術重心的同學。這是親近教授的完美時機，剛好可以蒐集他們的忠告，認識如何學好這項新的專門學問。更棒的是，你將與好幾位校友同桌，對方會很樂意提供職涯建議和人脈支援。

如果你已經在大學念了幾年，但還沒有連貫的就業市場策略，這個學校也了解你的窘境。幾十年來，很多像你一樣的學生被貼上落後者的標籤，因為他們「太晚去就業輔導中心探聽」，去了之後「也沒有再回來追蹤」。現在已經有了更好的選項。大二或大三的人文科系學生將受邀（甚至**被要求**）鑽研職涯策略，同樣在教室裡授課，與一般結構完備的課程相當。

如果你選修的是「主動出擊」或「探索工作的世界」之類的課程，接下來可能是一整個學期的輔導、探索練習、小組計畫、個人任務，期末時拿的是等第式成績。不論一開始每樣事物看起來有多麼混亂，隨著這些一學分的學術課程展開，你都會開始掌握自己的命運，因為在畢業之前一、兩年修習這些課程，你就會在正式踏入更遼闊的世界之前，擁有足夠時間施展你所學到的新知識。

若是你真的去職業發展中心走一走，大概會有另一番驚喜。到了那裡，你不見得會先填履歷表，可能也不會和哪一家即將來校園徵才的大公司安排三十分鐘的面談，這種方式適合那些主修科系與職業高度相關的人，可是不見得適合你。在這個新環境中，你會和一位專門協助人文科系學生的諮商師對話，讓他安撫你的不安、鼓舞你的士氣。

想一想我們在第四章（「我這份工作去年還不存在」）談到的機會，每個星期都有數千個職缺產生，為的就是招募熱忱堅毅的文科畢業生，在尚未開發的領域中一展長才。你可以開始為那些時機做準備，方法是與諮商師討論你自己的愛好、長處、價值觀，這些對話有助於你決定應該選擇在什麼樣的工作環境中努力。同樣重要的是，你必須駕馭說故事的藝術，技巧高明到潛在雇主即使一時沒有職缺，也會忍不住說：「我們應該僱用你。」你與諮商師看似漫無邊際的聊天，事實上是一種靈活的方式，在辨別你適合某類工作與否的同時，也保持彈性，不鎖定具體的產業或職銜。

那樣的基礎一旦奠定，校方就會鼓勵你花六成的時間打點人脈，只花一成的時間寄發申請書。我再重申一次，這種方式並非商學系或化學系畢業生的做法，但是卻適合你。你和新的盟友在彼此了解的過程中，可能會發明出合適的工作來。結識新人可能慢慢談到工作，過程順利的話，往往不需要提出正式申請，就把工作搞定了。

需要在校園裡打工嗎？傳統上每個科系都會照顧自己系上的學生，這對人文科系學生特別不利，可能淪落到在餐廳刷盤子，而生物系的學生則去實驗室當助教，替履歷表增色不少（而且還有薪水拿）。在新世界裡，那樣的階級制度消失了，商學院需要大學部的學生幫忙做數位行銷時，也會歡迎英文系的學生，事實上，許多墊腳石工作都特地留給人文科系的學生，因為學校也想要他們做好就業的準備。

暑假想去實習，好替你的履歷表加分嗎？你很幸運，學校決心要幫助每個學生找一個比普通工作更有意義的暑假打工機會。校友和職涯諮商師已經找好大大小小的組織，他們願意接納你這樣的暑期實習生。假如你自己有獨特的打算，諮商師也會協助你創造一個本來不存在的工作。

最後，如果你家境不富裕，或是沒有可以幫忙的人脈，在這個新世界中，你的學校也願意為你敲開機會的大門。文科生的軌跡太過強大，我們的社會也太需要他們，不能把這些學門視之為高不可攀的奢侈品。假如家庭財務拮据，那麼可預期學校會資助你津貼，讓你不必計較實習的薪資高低，只管接受最有價值的實習機會。假如你畢業之後遭遇波折，可以寄望學校不斷提供就業訊息和建立人脈的機會，即使畢業多年之後也不例外。不論你是海地移民的女兒，或是愛荷華州農夫的兒子，就算父母沒有上過大學，你也可以期待學校專門為你獨特的情況打造一個多元網絡。

這樣的學校存在嗎？

答案令人心癢難搔。要在大學校裡建立這一整套標準做法，距離還很遙遠。然而每一項單獨的元素都已經在某個地方實現而且成功了。在某些規模龐大的公立大學裡，藝術學院和理學院都有上述的一些創新措施，像是阿拉巴馬大學（University of Alabama）、亞利桑那州立大學、印第安納大學、俄亥俄州立大學（Ohio State University）、羅格斯大學（Rutgers University）、聖荷西州立大學、威斯康辛大學（University of Wisconsin）等等。另一些小型私立大學如克拉克大學、柯蓋德大學、史丹佛大學、威克森林大學（Wake Forest University）則開始試行其他突破性計畫。另外還有一些方案已經在全美各地富有創新精神的人文學院推行了。

連結文科教育和職業成就所需的關鍵要素就擺在我們面前，既然效果已經獲得證明，現在該做的只剩下更廣泛採納的最佳實務，如此一來，今天奇貨可居的絕招，將成為明天普遍推行的良方。

學術圈每十年或二十年就會召集專家，調查文科教育的現況，這種做法雖然掙來名氣，卻解決不了問題。目前我們擁有的善意很充足，缺少的是果決的行動。為何有些學校能夠迅速動員，替文科畢業生爭取更好的職業前途，另一些學校卻依然停留在紙上作業的階段？我花了很多時間思考背後的原因，以下就是四項典型的因素。

校長介入時

威克森林大學校長奈森．亥奇（Nathan Hatch）在二〇一一年的州立大學演講中，很快地帶過常規數字的近況報告（教職員薪水、新宿舍等等），接著就解釋他把全部心力都放在「一項重大的危機上，過去五年來大學畢業生面臨該項危機，特別是人文科系的學生」。[2] 在二〇〇七年到二〇〇九年的經濟衰退期間，整體就業市場分崩離析，如今對於北卡羅萊納州這座校園裡的許多學生來說，情況並沒有好轉。用亥奇的話來說：「拿到威克森林大學的學歷，不再保證能夠獲得滿意的職位。今天我們的畢業生所面臨的經濟體質，連最優秀、最聰明的人才也可能輕易遭到摧殘。」

為了反擊，這幾年來亥奇努力強化威克森林大學的職涯發展辦公室。就像大學足球校隊一蹶不振時，人人都被輸球搞得心煩氣躁，這時候校長的反應大概就是亥奇的心聲。（你知道這時候該怎麼做：**不計代價聘用常常贏球的教練、蓋一座新的體育館、預算提高三倍**……）二〇一三年《紐約時報》刊登一篇專題報導，詳細描述這項逆轉勝運動的最初那幾年，亥奇成功挖角史丹佛商學院的職涯發展主任陳安道（Andy Chan），到自家學校來擔任類似職務。而快速擴張的職涯發展辦公室也搬到美觀的新大樓裡，看起來很有贏家的樣子，至於它的實力能否匹配這樣的外表，還有待時間證明。[3]

大家都相信威克森林的校長希望推動有利於學生職涯的方案，六年過去了，我們再來看看這些措施，果真令人大開眼界。[4]大多數學校的職涯發展團隊恨不能引起更多人注意，一般來說，他們直接向學生事務副校長報告，但這位副校長也很難引起校長的注意，其結果是需要大學其他單位支持的好點子，就這樣慢慢胎死腹中。反觀亥奇走的不是這樣的路線，陳安道從來沒有遭遇這樣的挫折。他們倆人建立了直接報告的機制，便於迅速透過數十種途徑往前邁進，其中有些方案非常值得注目：

- 職涯課程給學分。這是威克森林大學從二〇一一到二〇一二學年度才開始有的安排，現在一共有五門課，包括個人職涯探索架構，以及專業與生活技能。
- 參觀大城市。十年前，想去紐約、華府和其他就業重鎮的威克森林大學學生，需要自己去洽談探索性質的訪問。相較之下，大學贊助團體出遊現在已經很普遍，位於北卡羅萊納州的威克森林大學每年舉辦四次組織得宜的旅行，提供數百個學生參觀知名雇主的機會，包括服裝公司卡文克萊（Calvin Klein）、布魯金斯研究院、谷歌公司等等。為此學校行事曆也做了調整，以便配合旅行和放假的時間，並錯開旅行和考試的時間。

- 跨學科課程。學術圈盛行保護自家地盤的本位主義，因此那些本意是融合文科思維和務實管理應用的課程，可能會因此而受阻。不過威克森林大學的情況還不錯，橫跨不同學院的合作障礙已經降低，商學院講師和文學院教授對於課程名稱、課綱設計、跨院系課程的建構，都已經達成共識。如此一來，不同科系學生的主修科目都能進步，使得一些雙軌課程變得生氣勃勃，例如高效能團隊與設計思維，還有得力於溝通的創新領導力。

針對大學生畢業後的首次標的是成是敗，每一年都會進行廣泛的調查。我們能不能透過此項調查，看看威克森林大學採行的措施是否有實質回報？答案是可以。很多學校會在最近畢業的學生開始工作六個月之後進行調查，詢問對方：「你現在做什麼工作？」只要受訪者有工作或準備考研究所，這類調查就將其視為首次標的成功，至於還沒有找到工作，也不打算深造的校友，調查也會記錄他們的現況——假設他們選擇填答問卷的話。

在回覆問卷的人文學科（涵蓋多個科系）畢業生當中，首次標的成功率九成五以上的情況很常見，研究人員不清楚的部分，是那些沒有填答的畢業生現況。大部分學校多少都會費力連繫沒有馬上回覆問卷的學生，可是總是有五分之一以上剛剛畢業的學生保持沉默。假如我們持比較悲觀（或實際）的假設，推估應有八成五近期畢業生的首次標的稱得上成功。

二〇一二年威克森林大學開始印發廣泛的首次標的調查，[5]結果還算不錯，但說不上令人驚豔。大約有五分之一畢業生沒有回覆，而回覆問卷的畢業生當中，有九成五不是在工作，就是進了研究所。然而這些數字接下來就節節上升，到了二〇一五年，畢業生出了校門六個月之後，有九成八的首次標的是成功的。在此同時，沒有回覆的比率則降低到接近十分之一。威克森林大學校長亥奇在二〇一六年的州立大學演講中指出，他再也不怕這個可能粉碎學生希望的危機了。反之，亥奇說他想要威克森林「成為對大學後生活準備最充裕」的學校。

其他多所學校的校長、院長、倡議分子也都採用類似的方法向前推進，准許給予每一位學生更個人化的支持。為了在校園中建設宏偉宜人的新就業服務大樓，各校也展開募款運動，成效相當可觀，畢竟學校花了五十年的時間，為鼓勵學習而設立現代圖書館，為促進科學而興建一流實驗室，為打造具有競爭力的體育校隊而配備世界級訓練設施。既然如此，難道準備求職的學生不值得更優良的環境嗎？

楊百翰大學每年有三萬個大學部的學生為了選擇心儀的實習機會而競爭。[6] 十年前，該校文學院院長約翰・羅森伯格（John Rosenberg）開始擔心人文科系學生在這方面比不上其他院系，他告訴我：「我們需要更努力幫助學生，建立從學術到第一份工作之間的橋梁，而不要使他們的主修科目職業化。」於是他和同事推出了「人文學科加分」（Humanities Plus）方案，內容廣泛，主要是讓語言學系、英文系、藝術系和其他人文科系的學生明瞭，如何爭取種類繁多的實習機會。

羅森伯格回憶說：「我們決定儘量向商學院取經，他們極為友善，允許我們的學生參加他們的實習計畫。」有些公司的專案需要文筆很好的作者，英文系學生深受吸引；語言學系的學生幫助企業將網站內容翻譯成不同語文。楊百翰大學的人文科系學生更早展開與職涯有關的對話，好處包括獲得許多組織的體面實習機會，例如歐洲議會和莎士比亞出生地信託基金會（Shakespeare Birthplace Trust）。整體來說，楊百翰大學人文科系畢業的學生當中，有百分之二十五擁有與職涯相關的實習經驗，反觀在「人文學科加分」計畫開始之前，只有區區百分之五。當最高行政當局介入時，確實如風行草偃般促成了這樣的改變。

此外，學校花費更多心力，聘用活力十足的職涯專家來主持這些又新又好的就業服務中心，也令人感到激動。中西部有一位大學校長向高階招聘人員透露：「找對就業中心主任，可能是我在任期間最重要的人事聘僱案。」校長喜歡聘人、喜愛向其他學校挖角的歷史淵遠流長，厚著臉皮把頂尖教授請到自家大學，以建立在某個領域的全國領導聲譽。現在也到了重新調整的時候，應該將這股打造團隊的精力改放到協助學生的就業市場前景上。

藝術家不是會計師

二〇一三年，艾莉絲．瓦瑟嫚（Ellis Wasserman）[7]在戴頓大學（University of Dayton）攻讀碩士學位時，從事一項頗富爭議性的研究，主旨是調查大學部學生對職涯諮商的態度。整體來說，她發現大部分學生覺得獲得了有效的建議，然而人文科系的學生卻完全感受不到良好的服務，他們認為校園裡的就業輔導中心的設計，最主要是為職業導向科系的學生提供技術性建議。對於被視為非務實科系的學生，這套制度欠缺幫助他們所需的耐心、獨創性與資源。

瓦瑟嫚的研究暴露一項公開的祕密：如果你是生物系的學生，想要進嬌生公司（Johnson and Johnson），或是主修金融，有進威士公司（Visa）的企圖心，那麼傳統的就業輔導中心模式正適合你的需求。想要延攬你的大企業會定期到校園來參加徵才博覽會或特別設計的招聘大會。你的聯絡點將是這些組織的全職校園招聘人員，他們受的訓練是將求職者的履歷表視為恰當的起點，而你的職涯諮商師也熟悉這一套作業，他們會樂意替你把履歷表妝點得光鮮奪目，證明你修過合適的課程，也掌握了恰當的技能。

然而這套公式在很多人文科系的學生身上並不管用。你最強的優勢可能需要透過對話才能展現，而不是履歷表上的條列式資格。你企求的職業也可能和徵才博覽會模式不合拍，你希望接洽的非營利組織或小企業恐怕出不起三千美元，在校園活動中租用一個攤位。還有，你的突破性時機很可能是非傳統的，或許你和某家大公司風格不羈的主管因為機緣湊巧而認識、聊上了，對方根本就沒有來過校園徵才博覽會，也不以評閱履歷表維生。

你的底線是了解自己必須有一則很棒的故事，必要時可以派上用場。雖然你知道藝術家不是會計師，可是傳統就業博覽會上大概沒有人想聽這個。

印第安納大學了解你的情況。這所大學和許多大型州立大學一樣，主校區裡設了好幾個就業輔導中心，如此安排使工程系的學生得到最適合他們的建議，而文理學院的人文科系學生，則能採取與其他科系不同的路徑。人文學科與社會科學的學生在決定選什麼職業之前喜歡考慮很多種可能性，印第安納大學沒有勉為其難地接受，而是熱烈歡迎這種追尋答案的精神。

印第安納大學華特職涯成就中心（Walter Center for Career Achievement）在網站首頁上宣稱：「我們替探索者和好奇心無邊無際的人做準備，他們的夢想塞不進統一格式的學歷。」如果你剛開始求職，但心裡沒有完整的計畫，華特中心舉辦多種探索活動，邀請你和校友、雇主聊一聊，不論現階段哪一個領域吸引你都行。假如你開始縮小選項，印第安納大學提供十種職業群，譬如媒體、政府、教育等等，讓你親自或透過網路與心儀行業的從業者混熟。萬一你改變心意，想要嘗試不同的職業群，也悉聽尊便。

印第安納大學建議人文學科的大學部學生，只將求職精力的百分之十花在實際的工作申請上，對於職業導向科系的學生來說，這個數字低得嚇人。這其實是有道理的，因為很多領域僱用新人時，靠的是口碑或人際關係。印第安納大學的職涯諮商師曉得這一點，於是建議文科大學部學生將求職精力的百分之六十用來結交可能有幫助的人（另外百分之三十則用來研究特定機會）。

你在德州大學也會聽到類似的忠告。該校人文學院的副主任泰騰．歐德翰（Tatem Oldham）指出：「儘可能多和你感興趣的領域的從業者談談，對象越多越好。」或者聽從另一位職涯教練雅蜜拉．紹妮史莉坦（Amira Sounny-Slitine）的建議：「寫你自己的故事，不要讓別人對你的學歷能做什麼、不能做什麼指手畫腳。訂定目標、完成目標，然後再接再厲就對了。」

把自己的故事講得出色，是一項靠學習養成的藝術，重要性絕不亞於準備履歷表。一九九〇年代末期，*Fast Company*雜誌強推「以你個人為品牌」的概念，造成很大的轟動。當時沒有人知道，可不可能在吹捧自己的同時，不被看作討人厭的自戀狂或自大狂？如今講述自己的故事時，依然有可能弄巧成拙，不過現在大家已經更清楚要怎麼把這件事做好。當雇主公開徵求「從容自在、魅力四射」（還記得第二章提到過嗎？）的求職者時，你的大學無論如何都應該幫助你駕馭這項越來越重要的求職技能。

愛荷華州立大學（Iowa State University）就做到了。這所大學的文理學院提供「建立個人品牌的訣竅」和「求職有道」等工作坊，而威斯康辛大學麥迪遜分校（University of Wisconsin, Madison）也有類似措施，提供的學分課程五花八門，都歸屬於「主動出擊（Taking Initiative）」計畫。這項計畫的宗旨之一就是協助學生精通兩分鐘的「電梯演講術」，簡潔有力地交代自己的背景、長處、企圖心。伊利諾大學的做法也差不多，他們的職涯整備計畫第一步就是幫助學生找出個人故事中的四大核心要素：你喜歡做什麼？有什麼優點？價值觀是什麼？志向又是什麼？就像伊利諾大學職涯諮詢師所觀察到的，有能力在最基礎的層次解釋自己是什麼樣的人，「會使你變得獨特，變得恰恰適合某個機會。」

批判性思考的最新面貌

這一天下午，李伊・法朗柯林（Lee Franklin）在嘗試不一樣的東西。這位耶魯大學（Yale University）出身的哲學教授已經教了十幾年柏拉圖和亞里斯多德，他不厭其煩的努力，贏得了校園教學獎。法朗柯林目前在賓州富蘭克林與馬歇爾學院（Franklin and Marshall College）任教，我去一樓的小辦公室找他聊天時，法朗柯林告訴我：「我曉得什麼東西有效。」然而近年來他擔心學生不像他所希望的那樣深入探索教材，而是用行人仰頭觀看噴射機飛越天空的那種消極讚嘆心態，來吸收他所講的課程。他們向上看……眼光跟隨這個高速績效締造物體掠過天際……然後一切結束了，他們又回去埋頭做原來的事，沒有做什麼改變。

法朗柯林不願滯留於現狀，決定大幅翻修他的招牌課程，改而讓學生挑起責任。一節課長達一小時，上課十分鐘之後，法朗柯林就提出當天的大哉問：「你能從一個花瓶的陰影學到什麼？」然後他停止講課，接下來的二十分鐘就交給學生，讓他們儘可能大膽地抨擊這則柏拉圖奧義。

教室後方有一股嘈雜但自信的探索氣氛升起，某個大一學生說：「你會曉得陰影是有人製造出來的。」另一個說：「你無法得知花瓶的尺寸。」學生明白法朗柯林要他們先從字面的觀察著手，然後逐漸深入了解，間接得到的知識本身會出現扭曲和限制。發言的學生時時打斷別人，他們重新組合想法，然後把不同的見解編織在一起。他們感到很興奮，也玩得很高興。反觀教室前方另一張桌子卻悄然無聲，一個學生說：「你曉得它不是一輛車。」其他人點點頭，接下來是尷尬的沉默，沒有人想得出該說什麼。

下課後法朗柯林告訴我：「這還是實驗初期階段，我們得花兩倍甚至五倍時間，才講得完平常一節課就能上完的內容。可是我去年開始用這種方法上課，到了學期末，學生進步神速，是我任教的其他班級都沒有出現過的。他們和亞里斯多德最困難的作品搏鬥，平常我們用這種方法教導研究生，沒有理由不該這樣教大學生。」

新課程和新教學方式確立下來後，通常需要基於純粹的學術基礎做簡單的調整。有些簡單的調整就能夠強化學生的職涯整備，而不至於削弱學校的學術嚴謹程度，在這類情況下，知識純粹主義者沒有理由抗拒。以下是職涯整備和學術創新兩大主張特別水乳交融的四個領域，支持批判性思考能透過不斷實驗自我更新的觀點。

多討論、少講課。法朗柯林大膽的教學實驗在其他許多學校也引起迴響，這對於不想走學術路線的人文科系學生來說是好消息。雇主都想要懂得如何團隊合作的大學畢業生，所以連歷史悠久的學校（譬如威廉士學院）也都迅速採取因應行動。威廉士學院校長亞當．佛克（Adam Falk）說：「我想要栽培能在那種環境下有效工作的畢業生。」[8] 佛克體認到，如果大部分工作是由團隊來完成，會比較難判定個別績效，誰得A？誰得B？誰得C？可是他覺得無所謂：「如果團隊合作的成本是給每個人的成績打A，那也沒有關係。」另一個凸出的例子是米諾瓦計畫（Minerva Project），該組織在世界各地經營七所學院，澈底捨棄傳統的講課形式，他們的行銷資料號稱「每一堂課都是小型研討會，目的就是讓你積極參與」。

新主修科系與計畫。十五年前，心理學、神經科學、哲學、電腦科學、語言學之間的界線分明，無庸置疑，可是如今這些學科卻往相同方向聚合，進而引導了認知科學的崛起。我們如何思考？什麼因素影響我們的思維？如今從加州理工學院（Caltech）到瓦薩學院，美國計有四十幾所學校的大學部學生，經由認知科學這一門打破界線的學科，得以深入探討這些問題。這種跨學科的方式，在勞動市場中結合工程學、物理學、人文學科的觀點，其價值不言而喻。IBM、亞馬遜、洛杉磯郡等雇主，都在求才廣告上明確徵求受過認知科學訓練的人才。

把規模縮小，你會發現克拉克大學、奧勒岡大學等學校都已經在翻新大一的研討會，讓學生能夠把剛剛萌芽的批判性思考技能，運用到眼前真實世界的問題上。

二〇一六年十月一個下午，我陶醉地旁聽了克拉克大學校長大衛・安捷爾（David Angel）在一場演討會上的教學，主題是這所現代大學的內部運作。安捷爾的學校近年來十分賣力，企圖將一九六〇年代興建的主要圖書館改造得比較友善，安捷爾將這項計畫轉變為令人印象深刻的一系列教學機會。有些學生變成田野研究員，記錄不同時期的同校學生如何利用這座圖書館。其他學生變成歷史學者，探究克拉克大學興建這棟圖書館時，為什麼採取粗獷派設計，並且追查大學後來為何決定改良圖書館太多水泥的外觀。這樣的結果是學生得以鍛鍊每一方面的能力，從研究技能到吵雜教室裡的辯論實務，莫不有所精進。

數位工具角色更加吃重。柯爾比學院（Colby）的文學教授艾莉西亞・埃麗絲（Alicia Ellis）指派學生閱讀具有挑戰性的小說，例如米雪兒・珂里芙（Michelle Cliff）所著的《天堂無線可通》（*No Telephone to Heaven*），她要求學生使用Pinterest圖片分享平臺陳列相關照片和文章，凸顯這本書的牙買加背景與個人認同之旅的諸多層面。[9]不確定這整本書要表達什麼的學生，可以開始蒐集與特定段落或章節有關的片段資訊。如此一來，課堂討論變得活潑多了，學生對教材的掌握也增加了，此外他們還開始養成做筆記這個實用的習慣。沒有人授權給埃麗絲將Pinterest變成現代改良版的索引卡，沒有關係，誰也不必這麼做，她未經規定而使用這種辦法，剛好巧妙地提醒我們，即使簡單的校園例行公事也能成為改善的基礎，打造更優質的學習習慣，進而幫助學生未來在職場的表現。

對社會發揮影響力的人

狄倫・布朗博藍波（Dyllan Brown-Bramble）[10]在羅格斯大學紐華克分校（Rutgers

University-Newark）念大一時，誰也沒有注意過他。雖然布朗博藍波在心理系的成績很不錯，但卻把自己待在紐澤西校園的時間壓縮到最低限度。他每天通勤上下學，從父母的住家往返八英里外的學校，往往在十點鐘上課前幾分鐘才勉強趕到教室。等到下午的授課或研討會一結束，他立刻跑到B號停車場，駕駛他那輛二〇〇三年份的Sentra轎車絕塵而去，此時才下午三點五十分。

布朗博藍波也對自己的家庭淵源諱莫如深。他的父母都在多明尼加長大，父親開了一家小營造公司，母親是紐約市一家旅行社的主管，私底下他很以雙親為榮，可是要他對陌生人解釋自己的加勒比海血統似乎沒什麼意義。別人對此事的反應總是很不得體，有些人想像他是一貧如洗的難民後代，努力掙扎擺脫不堪的過去。另一些人把他當作超級英雄移民：「一個會飛行的天體物理學家。」布朗博藍波沒有任何表現個人色彩的空間，其實他是個能言善道、很有主意的人，討厭與他人的刻板印象對抗。

二〇一五年秋天，大二已經開始一段時間，校園裡有一張傳單吸引了他的注意。傳單上呼籲羅格斯紐華克分校的學生報名參加晚間舉辦的小型工作坊，名為「布萊文職涯加速器」（Braven Career Accelerator）。布朗博藍波後來告訴我：「我曉得自己應該在大學多結交一些人脈，所以心想，好吧，這總算是個機會。」

突然間，羅格斯大學的吸引力大增。接下來的九個星期，布朗博藍波和另外四個有色人種同學結成夜間聯盟。星期二晚上六點鐘，他們固定在空教室裡碰頭，建構領英網站的個人背景資料，練習模擬面試。他們得到一位志願教練的協助，對方的生活與背景和他們很相似，提供許多在本地實習的訣竅。他們像一個團隊那樣結合緊密，討論本星期各自生活中的高點與低點，彼此鼓勵找尋實習機會、爭取更好的成績。布朗博藍波回憶說：「我們有句格言：一人成功，全體成功。」

羅格斯大學紐華克分校的大學部有百分之六十三學生為拉丁裔、亞裔和黑人。在這項職涯加速器計畫中，少數族裔的參與率甚至比這個數字更高。布朗博藍波於二〇一六年參加該計畫時，志願教練也全部來自少數族裔背景，其中之一是裘斯馬・戴耶達（Josmar Tejeda），五年前畢業於紐澤西理工學院（New Jersey Institute of Technology）建築系。戴耶達畢業之後做過很多工作，包括社群媒體和石綿稽查員，他擔任布朗博藍波的小組教練時，雖然抱持無比的樂觀心態，卻也明白力爭上游並不容易。

學生們討論個案研究和自己的目標時，戴耶達不斷告訴他們：「要顧及現實。」[11] 他們都聽進去了。放眼望去，自己是唯一黑人或拉丁裔的感覺如何？別人總是詢問：「你是哪裡來的？」讓你感到彆扭？永遠努力想成為「模範少數族裔」的壓力很大？學生們對這一部分都很熟悉。

布朗博藍波告訴我：「它給了我自由。」身邊環繞志同道合的夥伴讓他發現新方法，可以在工作面試中分享自己的族裔傳承。沒錯，布朗博藍波有些加勒比海親戚來到美國，卻連填寫最基本的政府文件也不會；是的，他還是個小男孩，卻需要出面幫助這些親戚，那也沒有關係。事實上，這反而是隱形實力，他說：「我可以創造一個有利於我的文化故事。我很了解另一個文化，我能和不同背景的人搭上關係。我沒有什麼讓人瞧不起的地方。」

仔細看看少數族裔背景學生的大學主修科系，你會發現令人驚訝的一面。根據二〇一六年的全國調查，第一代大學生（家族中第一個上大學的子弟）大概有百分之三十三選擇主修人文科系，反觀全國平均數是百分之三十。在家庭所得低於平均數的大學部學生當中，心理系是他們特別青睞的科系。每一個科系都有自己的故事，英文系學生較常來自富裕的家庭，可是一般來說，如果有人告訴你，文科教育是奢侈品，唯有家境優渥的學生才念得起，那就錯了。[12]

對學院和大學領導人來說，文科教育對所有社經地位的人都富有吸引力，這項事實令人興奮也令人畏懼。賓州富蘭克林與馬歇爾學院校長丹恩．波特菲爾德（Dan Porterfield）

指出，第一代大學生「來上大學時可能心裡想著：『我想當醫生，我想要幫助別人。』然後他們發現人類學、地球科學和其他許多新領域，開始愛上當作家或當創業家的想法。他們明白了：『以前我的見識不夠廣，不曉得該如何對社會發揮影響力。』」[13]

如果你是選擇人文科系的力爭上游者，可能欠缺大學和職涯的一個關鍵成功要素：人脈通達的親戚，他們可以指點你該修那些課程，或是如何爭取優質暑期實習機會。這樣的結果是，假如你是第一代大學生，光是準時畢業的機率都比較小，（在沒有額外奧援的情況下）找到理想第一份工作的能力也不如別人。

大學能夠彌補這些缺憾嗎？他們正在努力。諸如華盛頓大學的「哈士奇一百」（Husky 100，譯按：哈士奇犬是華盛頓大學的吉祥物）計畫，以及密西根州立大學的「公民學者」（Citizen Scholars）計畫，都設計巧妙的辦法，從家庭環境較差的學生當中選拔一些優秀人才，提供額外協助。不過大學基本上碰到兩項問題中的一個：大型公立大學一般都缺錢或缺人，無法為少數族裔學生提供密集的、一對一的諮商，可惜那才是開啟機會之門最快速的方法。反觀菁英型私立學校雖然不缺資源，可是他們的校園文化與第一代大學生的生活現實相去太遠，因此即使立意良善的方案，執行起來也可能左支右絀。

為了縮小落差，有些大學和非營利組織合作，為最需要額外支援的學生提供打造職涯整備的計畫。其中一個組織是「美國需要你」（America Needs You），嘉惠紐約市立大學（City University of New York）、帝博大學（DePaul University）、伊利諾大學芝加哥分校（University of Illinois-Chicago）的數百個學子。該組織瞄準「高成就、低收入、第一代大學生」，提供他們兩年的充實計畫，包含二十八個全天候工作坊，以及兩百二十個小時一對一的教導。

我問羅格斯大學紐華克分校的執行副校長雪莉·蔻拉多（Shirley Collado），最好的職涯整備計畫有哪些特點？她回答：「團隊力量大。」[14]當學生和可靠的同伴組成小組，真誠坦率的精神就扎根了。枯燥死板的大班授課和個人家庭作業不見了，代之而起的是更多合作，與組員的親密無間。同桌的夥伴和教練提供相互支援，成就動機隨之激增。蔻拉多說：「你建立了先前不存在的社會資本。」

羅格斯大學紐華克分校囿於經費與人才限制，無法獨力運轉自己的職涯加速器計畫，可是有一個成長迅速的非營利組織辦得到，那就是布萊文職涯加速器。這個組織的創辦人艾咪·尤班克絲·戴薇絲（Aimée Eubanks Davis）曾經擔任為美國而教組織的高階主管，她創辦布萊文的緣由，是為美國而教組織在學校教得很出色的許多孩子們，雖然學業優秀也進了大學，可是大學畢業後卻很難找到像樣的工作，戴薇絲越來越覺得挫折，才動手創辦了布萊文組織，她的目標是教導學生技能，並且創造支援網絡，讓這類學生能夠儘可能發揮潛力。[15]

布萊文組織於二〇一四年開始運作，目前已經在羅格斯大學紐華克分校和聖荷西州立大學協助過大約四百名學生。他們所組織的每支團隊穿插人文科系學生和職業導向科系學生，所持理論是大家可以藉此互相學習。布萊文組織的下一步是擴大這項職涯加速器計畫，希望能幫助全國各地數以千計的學生。戴薇絲說，假如布萊文能與提供教練的雇主發展更堅強的夥伴關係，那麼志願教練的人才庫將會迅速得到擴充。紐華克地區和矽谷的雇主相信，布萊文職涯加速器組織能協助改善他們自己的求職人才庫，因此都願意幫忙贊助經費，布萊文的資金來源也因而充裕起來。

在此同時，布萊文計畫的早期畢業生開始展現影響力，正符合該計畫的創辦宗旨。到了二〇一七年初，羅格斯大學紐華克分校的布朗博藍波已經在不同的社群媒體公司當過三次實習生，他的平均學業成績升上三點九三，已經開始籌畫攻讀法律學位，然後去企業法務部門工作幾年，償還學生貸款，之後打算創辦自己的法律事務所，專攻新創公司的設立。布朗博藍波說：「我想要幫助其他創業家在紐華克地區做些事情。」

此外，他在校園裡也不再沒沒無聞，職涯加速器計畫的二〇一六年春季班結業典禮上，布朗博藍波被選中引介紐華克分校的校長。一開始他嚇呆了，好在去校園的星巴克咖啡交誼廳排練兩個晚上之後，他順利在典禮上致詞，按照教練戴耶達指點的那樣，從頭到尾保持強有力的音調。致詞結束時，聽眾爆出熱烈掌聲，後來他透露：「感覺很棒。我可以想像再來一遍。」

第十一章——常備不懈

大衛．睿緒爾（David Risher）從普林斯頓大學畢業（一九八七年比較文學系學士）時，挑了一段文學引文作為他留在紀念冊上的警世嘉言。[1]這段話取自作家約瑟夫．康拉德（Joseph Conrad）的小說《黑暗之心》（*Heart of Darkness*），是善於自省的主角馬洛（Marlow）所說的話：「我不喜歡工作——沒有人喜歡工作——可是我喜歡工作裡面的東西——發現自己的機會。」

沒有多少人會拿康拉德這本悲慘的中篇小說，當作提升自我的洞見來源，不過靈感可能來自最奇怪的地方。

我們來細究睿緒爾不尋常的起點，看看能得出什麼結果。這段引文的衝擊力在於最後那一句話，也就是將工作視為「發現自己的機會」。這句話隱含的意思凌駕經濟學者的觀點，他們認為工作是以勞力換取金錢的慣常交易行為。沒有錯，工作確實提供報酬，而報酬又可轉換成食物、居所、衣服、現代奢侈品等等。不過工作還有更大的意義存在，它的完整重要性涉及完全不同的因素——輕若鴻毛，同時又重如泰山。

工作是你建立個人認同的方法。日子過得順遂時，工作使你提升自我意識；感覺焦躁不安時，工作幫你重新界定自我；命運待你冷酷時，工作讓你挽回自我認同。在康拉德的「嚴格管教」自尊工作坊裡，當自我意識分崩離析時，我們唯一能做的一件事，就是回去工作，然後就能發現自己煥然一新。

不要在乎康拉德那段引言的第一句，以及他信口堅持工作本來就不討人喜歡的論調。從康拉德用鋼筆寫作的年頭算起，工作已經在數十年內改頭換面——至少對大學畢業生而言——變成比較安全、舒適，而且更能支撐人類的精神。

截至目前，本書的焦點大多放在大學最後階段和畢業後的頭幾年，探討人們所選擇的職業生涯。康拉德的引言把我們帶進具爭議性的新疆域，它隱約堅持工作永遠會是嚴酷的考驗，人們經由工作創造認同，然後認同遭到熔毀，之後又再度創造出來。也許這個過程到了三十歲也不會停下來。

康拉德反其道而行，邀請我們將每一份新工作視為永不停歇追求自我的新章節。我們永遠都像朱赫那樣，在地板上串接網路線，不曉得接下來會碰到什麼。我們永遠都有康娜莉的影子，三更半夜戴耳機聽震耳欲聾的饒舌樂，企圖趕上生命中最困難的截稿期限。我們永遠與米克爾相仿，從越南回來後冀望過去的旅程能幫助他開發足夠的巧思，以駕馭那種稱作區塊鏈的新語言。探索精神帶我們走出大學，進入最早的幾份工作，含蓄來看，這股精神在我們四十歲、五十歲甚至以後，也必定是不可缺少的一部分。

接下來這一章要探索我們在大學所選擇的道路，究竟有什麼完整的意涵。我將先談談文科教育的執教者希望成真的東西，然後再看一份廣泛研究的結果，了解美國人是怎樣看待工作的。之後要提供一連串生活故事，說明人文科系背景可以創造什麼樣的長期發展路徑。最後我會分享睿緖爾完整的（和令人讚嘆的）故事，講講那個最初將康拉德的警世嘉言帶進對話的普林斯頓大學畢業生。

如果你是九〇後出生的世代，不妨把這一章想成一種保證：人文科系或社會科學的扎實基礎並無效期限制。這個基礎使你不僅能夠培養實力，在你十九歲時爭取到良好的實習機會，大學畢業後很快找到全職工作，而且你還擁有批判性思考的力量，幫助你在未來的數十年事業蒸蒸日上，不論社會和經濟情況如何改變，都無損你的前程。

假如你已經大學畢業很久了，那就把這一章想成細緻的探勘，觀察你如何在事業上的任何一點重新出發。樂觀的人對於自己永遠都在演變的選擇，感到新鮮且愉快；即使最謹慎的人也會獲得平靜，有助於應付他們生活中的高低起伏。歲月增長為你的同齡人帶來白髮和關節疼痛，別放在心上，你還是可能保持本書的核心題旨，也就是探索者的精神。

當大學的院長、教務長、校長談到文科教育對生活的影響力時，很自然會把對話帶回古羅馬。文科教育（liberal arts，又稱博雅教育）這個詞是怎麼來的？它的出處應該是公元前一世紀西塞羅（Cicero，古羅馬政治家）之言，他認為「值得自由人擁有的技藝」與「低下階級生意人的卑微技術」截然不同。[2]西塞羅的區分本質上隱含菁英至上的思想，讓現代人感到坐立難安，不過我們依然珍惜他話裡的暗示：文科教育訓練我們盡情利用自己所擁有的自由，幫助我們竭盡全力成為最有思想、最積極的公民。

至於人文學科（humanities）這個詞，也有類似的詞源主張。這個詞來自拉丁文的「humanitas」，根據作家麥可・林德（Michael Lind）的說法，這個詞的本意是喚起「人類心智更高級的獨特才能」。[3]務實學科可以讓人們準備好從事下個月的工作，而人文學科的宗旨卻是使我們為永恆做好準備。

這樣的前提幫助教育界領導人將文科教程定位成資產，學生不論是畢業很久以後，或是剛剛進入職場，都能從中得到回報。密蘇里州威斯敏斯特學院（Westminster College）校長喬治．佛賽斯（George Forsythe）將文科教育定義為「通往此生真正成功與滿足的路徑」，[4]聽到他這麼說，真令人感到安慰。而聽到歐柏林學院校長馬文．克里斯洛夫（Marvin Krislov）將文科價值描繪為「更充實的生活」的基礎，真是鼓舞人心。[5]另外，如果你造訪楊斯鎮州立大學（Youngstown State University）、聖十字學院（Holy Cross College）、德州大學這些風格各異的學校網站，看看他們的文科教育學程，會獲得極大的滿足感。這樣歡快激昂的訊息有一百種大同小異的表達方式——接受文科教育，你就可以期待得到所有的好處：「終身學習」、「奇妙的感受」、「積極參與世界」。

然而我心中還是有一個懷疑的聲音，吹捧文科教育最力的人是不是推銷過頭了？身為報社記者的我碰到過職業前途最黯淡的人，從保險統計師到飼養場作業員都有，他們都不斷從工作中吸取新知識。所以如果有人說，攻讀人文學科和社會科學是了解這個世界、弄清楚如何融入這個世界的唯一方法，這種論調太扭曲事實了。既然其他路徑很可能也十分有價值，我們能夠把文科訓練描繪得比其他選項更好嗎？

可以的。

二〇一四年蓋洛普組織與普度大學聯合進行一項調查，詢問二九五六〇位各年齡層的大學畢業生，詢問他們對自己的工作感受如何[6]。大約有百分之四十說他們對自己賴以謀生的工作滿懷熱情，在情緒上和工作的連繫也很強（針對所有教育程度的美國人所做的相同調查，這個數字是百分之三十二，顯然低於大學畢業生）。研究人員很好奇，想再深入追查，於是比較大型大學和小型學院的畢業生之間，以及入學標準極高的學校和幾乎什麼學生都肯收的學校的校友之間，在這一方面有無顯著的統計差異。結果這些排序方法都沒有找出受訪者的滿足感有何區別，不過他們倒是在一個不一樣的區隔方式找到差異。

在蓋洛普與普度的意見調查中，百分之四十一的人文、藝術、社會科學等科系的畢業生表示，他們覺得完全投入自己的工作，相對而言，主修科學的畢業生有百分之三十八、商學科系有百分之三十七自覺全心全意投入工作。這個落差雖然不大，但也並非捨入誤差，研究人員的數據顯示出，文科學歷至少提供稍微高一點的機率，讓你能獲得長期工作滿足感。「我喜歡工作裡面的東西——發現自己的機會。」

暢銷作家丹尼爾·品克（Daniel Pink）在著作《動機》（*Drive: The Surprising Truth about What Motivates Us*）中寫道，問人們：是什麼讓一份好工作如此令人滿足？你會發現最有力的答覆繫於三種內在報酬——自主、專精、目的。[7]他舉的許多例子竟然都是文科畢業生一枝獨秀的領域，讓人好不驚愕！不論你是作家、音樂家、企業領袖，或社會運動者，都曉得如何在自己的工作中尋找報酬。你的動機來源是掌握自己人生的欲望、學習周遭的世界、擁有持久的成就。你不會執迷於追尋別人所定義的成功，你有自信，想要建立自己的規範並且堅持到底。

自主、專精、目的。這些字眼可以引導我們更深入探索康拉德關於工作的基本定律。品克的分類方法也貼切地呼應本書關於批判性思考的五個部分，每一句主張都朝向相同的關鍵真理靠攏。

- 步入四十歲以後的事業，開疆闢土的生活變得比較不是去無人到過的地方占地盤，更多時候是去創造自由，以自己的方式定義工作。只要我們享受因自主而落實的彈性與信任，就會更樂意在已經驗證過的疆域上戮力經營。
- 分析複雜情境與找到恰當的解決辦法，這兩者已經不再是獨立的技能，而是融合在一起，變成新的能力，稱之為專精。

- 判讀現場氣氛與人員情緒，以及鼓舞別人，也不再是我們覺得拿不出手的才華。組織目標和個人價值觀不符合時，我們變得比較不願容忍，改而尋求清清楚楚的目的。

我們再進一步探討，這些原則如何在五個人的生活中發揮作用。

自主

十月一個綿綿細雨的週末，艾比・丹恩（Abe Dane）引領我遊歷他那《憨第德》（*Candide*，譯按：法國作家伏爾泰的諷刺小說）風格的工作歷史。我想丹恩目前做的是他的第六份工作，不然就是第七份。遙想他當年剛從賓州哈弗福德學院（Haverford College）畢業時（一九八四年英語系），興趣相當廣泛，包括英國浪漫派詩歌、科學哲學、勃朗特（Brontë）姊妹在內。丹恩沒有任何明確的職涯計畫，在紐約和波士頓待過短暫時間後，最終在羅德島（Rhode Island）的普洛威登斯市（Providence）落戶，和妻子在那裡買了一棟波西米亞式的大房子。那天傍晚丹恩在廚房裡準備晚餐，我在一旁和他聊天。

這間廚房裡的東西，沒有一樣合乎普通中產階級人家的生活風格。這裡放眼盡是優雅華麗的物件，包括一把紅銅底的超大型單柄平底鍋，丹恩此刻正用它炒綿軟的馬鈴薯片加菠菜。屋裡也處處凌亂，這家人決定要吃燭光晚餐，哪怕家裡根本沒有燭臺可用。我也想幫幫忙，便拿了兩支細長的綠色蠟燭塞進酒瓶口，之後才發現蠟燭的燭芯不見了。屋裡沒有人感到奇怪，我們隨機應變，把燒了一半的火柴塞進蠟燭頂端，做成了克難燭芯。有何不可？這正是丹恩一家過日子的方式。

大約過了一個小時，我們開始討論正經的話題，包括丹恩目前在提茲拉公司（Tizra）擔任總裁的這份工作，這家軟體公司專門從事教育與專業方面的線上出版。[8] 丹恩和共同創辦人大衛．杜蘭德（David Durand）從二〇〇六年創業以來，一直兢兢業業打造這家公司，成就相當可觀，譬如將愛因斯坦的所有論文數位化。最後丹恩還告訴我，他是如何發明這份高調的工作，爭取到他敢要的全部自主（與目的）。

可是在講到那麼遠以前，丹恩先將我帶回他大學畢業後那段彆扭的起步時期。他回憶說：「我的自尊無邊無際。由於極度崇拜我的那些文學英雄，當時我能想到的唯一目標，就是有朝一日自己的作品能在圖書館的藏書架上占據兩英尺空間。另一方面，我那時靠打零工養活自己，和一群朋友合租房子。多半時候我會在酒吧的減價時段上門吃飯，感謝酒吧辦的『啤酒與恐怖之夜』，時機湊巧的話，只花一美元就能買門票入場，他們會播放一堆恐怖電影，我則在自助餐桌旁徘徊，搶免費熱狗吃。」

過了十八個月漫無目標的日子，丹恩跑去一家電子報公司當編輯助理，幫同事倒咖啡，撰寫關於公司治理的新聞摘要。他還嘗試投稿到更有意思的出版社，也有幾篇文章刊登出來。後來《大眾機械》（*Popular Mechanics*）雜誌請丹恩去當編輯助理，他果斷跳槽，沒想到幾個月後，新上司辭職了，丹恩忽然變成暫代的科學技術編輯。為了儘量發揚這本雜誌屢屢令讀者驚嘆的文化，丹恩擬了一長串清單，羅列他想要報導的酷炫題材。他能搭乘噴射戰鬥機嗎？他能搭潛水艇橫渡海洋嗎？編輯們每次都說可以，於是丹恩開始累積自己的寫作成績。

一九九三年，丹恩贏得為期一年的休假，去麻省理工學院進修科學新聞寫作。他出發前往麻省劍橋市（Cambridge），心裡打算要研讀系統工程學。然後丹恩發現網際網路即將實現，他回憶道：「那時候學生只談論這樣東西。當時我三十歲了，他們才十九歲，可是我從他們那裡學到好多東西。」等丹恩回到《大眾機械》雜誌，自己在家裡架設了一個很小的網站，藉此將線上出版的點子推銷給上司。丹恩說：「雜誌社的電腦沒辦法跑網路瀏覽器。」所以他回家去，扛著自己那臺老式四八六電腦，招了一輛計程車，硬是把電腦搬進辦公室。

幾個月後，丹恩接下母公司赫斯特（Hearst Corporation）的任命，負責推動雜誌網站的方案，薪水整整漲了一倍，變成年薪十萬美元。接下來的一、兩年，丹恩成了紐約媒體界的重量級人物，他不再侷限於《大眾機械》這個胚胎期網站，開始協助建立擁有龐大讀者群的流行雜誌網路版，譬如《好主婦》（*Good Housekeeping*）和《紅書》（*Redbook*）。然而隨著這些計畫一炮而紅，赫斯特的主管決定換主題知識更豐富的編輯來負責，丹恩被束之高閣，他需要找尋別的出路。

丹恩在赫斯特公司找到了專業目標，發現自己擅長集結編輯團隊、行銷團隊、資訊科技團隊，促使大家共同合作。此外，他也準備好脫離老媒體的大辦公室、崇高地位、逐漸縮水的財富。反之，涉足凌亂的新計畫，重新思考每一件事物，都令丹恩感到開心，哪怕他的新工作團隊人數和預算比過去遜色很多也不打緊。他解釋說：「從事不往下坡走的工作，感覺真棒。」他還說那種感覺就像乘坐F-15戰鬥機一樣刺激。

他所需要的只是一個合適的計畫。

誰想到這一樣卻困難得出人意料。一九九七年，丹恩和弟弟麥可（Mike）創辦數位電子商務公司E-Prints，主要客戶是專業攝影師。他們爭取到三百九十個客戶，還為自己的一些技術申請專利，然而後來網路公司的榮景結束時，他們公司的規模太小了，沒有撐過來。二〇〇一年，兄弟倆把公司的智慧財產權賣給柯達公司（Kodak）。丹恩想要找新的出路，接下來的幾年時間，協助麻省理工學院打造他們的線上教育方案（開放課程軟體）。此外他還加入羅德島一些創新發明者的行列，將百科全書拆開來，然後在網路上重新組合。這些人的才華和方法很吸引他，如果有人能幫忙他擬定策略，那就更理想了。

二〇〇六年，一切終於塵埃落定。丹恩和電腦科學博士杜蘭德搭檔，再加上另外兩個同事，共同創辦了一家公司，協助出版社從紙本印刷轉型到數位型態。公司名字「提茲拉」取自阿拉伯文Tizra，原意是一種灌木的葉子，裝幀書本時用來讓皮革更柔軟可塑。他們得到一些風險資金挹注，打造了一個適合利基市場的軟體平臺，譬如教科書和專業社群出版品。提茲拉公司沒有瞄準龐大的市場，可是適應能力極強，應付得來每一位顧客的特殊癖好，因而趕走了其他的競爭者。

今天提茲拉擁有數十個客戶，許多都簽了長期合約，丹恩談起他們時就像老朋友似的，依我看來，這種交情是雙向的。後來我和提茲拉的一些顧客聊過，他們對丹恩與杜蘭德亟於修正軟體裡的每一個瑕疵，顯得有點驚奇，因為合約內容根本沒有要求他們這樣做。那樣的公司，正是提茲拉的創辦者想要經營的公司。

年紀五十出頭的丹恩終於可以按照自己的喜好，召喚美國的數位工匠齊聚一堂。他不怎麼在乎賺取最高利潤，有一次透露提茲拉的客戶從來沒有抗議過這家軟體公司收費太高。丹恩對我說：「也許這意謂我們應該漲價了。」話又說回來，客戶感到滿意，就會推薦提茲拉給他們的朋友，口耳相傳的結果使得公司業務蒸蒸日上。丹恩一家有兩份收入（他的妻子經營一家烹飪用品店），風險與報酬總算年年都達到平衡，還有餘力購買原創藝術作品，供得起子女上好學校和音樂課。至於燭臺那類無聊的奢侈品，以後再說吧。

對於丹恩這種人來說，將動盪起伏但還算滿意的職業，轉變成樣樣出色的傑出事業，靠的就是自主這個額外的元素。當這種步調恰當的改變發生時，是非常美妙的事。對別的人來說，自主更像是困在水裡太久之後，迫切需要吸進肺裡的那一口氣；從職涯的角度來說，相當於救命法寶。

二十五歲那年，葛瑞格．牛彼（Gregg Newby）[9]拿到阿拉伯語對英語的翻譯人員執照，一九九三年派駐沙烏地阿拉伯的美國空軍基地。牛彼於一九九一年畢業於密西西比州密爾賽普斯學院（Millsaps College）歷史與宗教系，這份工作對該校近期畢業的學生來說，算是不太尋常的目標，話又說回來，牛彼也不是典型大學生。有一天下午我們在密西西比州傑克遜市（Jackson）近郊一處辦公園區聊天，他告訴我：「政府讓我搬了五次家，第一次我才七歲。我總是獨自一人，讀很多書，多半是維多利亞時代的驚悚小說，一開始我讀了《孤雛淚》（*Oliver Twist*），它引起我的共鳴。」

極為不幸的童年打擊牛彼的心靈，他始終和大學生活輕鬆的節奏格格不入，雖然喜歡自己上的課程，但是因為不想在公共澡堂淋浴，大一結束之後選擇搬到校外去住。他說：「我感覺宿舍像其他男孩子們的家，我受不了。」為了支付生活開銷，他答應幫別的學生寫學期論文，有時是以校方認可的家教身分幫忙，有時並不是。一九九一年大學畢業之後，牛彼不確定該做什麼，就抓住一個自己確定的願望：他想要遠離密西西比，越遠越好。

接下來的十五年，牛彼從事過一連串高度緊張、壓迫性大的工作。不管他是不是正在幫軍方翻譯文句，也不管他是不是正在圖書館詢問檯值班，總是被派去處理別人造成的問題。他從來沒有當過上司，甚至沒有獨立作業過，一次又一次成為無人感激的和事佬，在面對各方的憤怒或冷漠時設法打圓場。

牛彼服了六年軍役，擔任軍中語言專家（他所面對的翻譯矛盾沒辦法在這本為一般大眾所寫的書裡分享）。最後他終於返回美國，拿到歷史學碩士學位後，曾在好幾所大學教過書，可是並不喜歡，他認命地對我說：「我無法替學生學習，他們必須自己來。」又過了幾年，牛彼成為田納西州孟斐斯市（Memphis）公共圖書館的館內史學家和檔案學家，至少他以為自己是幹這樣的工作。牛彼開始碰到上圖書館的民眾，有一名婦人堅持要牛彼教她用圖書館的電腦玩線上籃球遊戲。牛彼有禮貌地解釋說，他是歷史學家，對她所說的遊戲一無所知。婦人打斷他的話，反擊說：「你有責任，這東西就在網路上。」

即使退守圖書館頂樓的歷史學家辦公桌，那些古怪的人還是不放過牛彼。有個爛醉的男子宣稱他是格蘭特將軍（Ulysses S. Grant）的直系子孫，要牛彼幫他證明此事。還有一人堅稱自己擁有一面鏡子，是俄國末代沙皇尼古拉二世（Nicholas II）拜訪孟斐斯時遺留下來的（事實上尼古拉二世從未來過孟斐斯）。牛彼告訴我：「他們總是要我認證他們的東西是真的，根本無法想像自己錯了。」

牛彼遭受命運打擊，卻從未被擊垮，最後終於找到一條新的工作路線，獲得了先前的工作拒絕給予他的彈性與尊嚴。如今他替顧客操刀，撰寫企畫案，前提是對方的價值觀符合他的期望。收入最豐的那一年，他替一家大保險公司撰寫關於疾病與療法的文章，收入達到六位數。牛彼的現任雇主是社群媒體公司優勢理論（EdgeTheory），他負責一支創意團隊，撰寫各種臉書貼文，從餐廳到度假屋租賃都有。上司欣賞牛彼如行雲流水的文字，而他則歡迎接案的自由度，可以選擇自己喜歡的案子，避開過程如同噩夢的工作。

我們聊到這個時候，時間已經接近黃昏，牛彼的公司幾乎人人都已下班，會議室裡只有我們兩人。我一邊收拾筆記本，一邊提最後一個問題：他的大學教育有沒有幫上忙？牛彼沉默了一會兒，才回答：「我們被教導要對重大議題懷抱熱情。」那樣的教育最終轉變成基本實力，幫他熬過了許多艱難的年頭，始終沒有喪失好奇心，也沒有失去學習更多新題材的欲望。

專精

潔西卡．班婕敏（Jessica Benjamin）準備去教一門大師級的銷售課程。先前我們已經在電話上聊了半個小時，內容有很多是關於一九九〇年代初期她的大學生活。班婕敏本來在賓州州立大學念哲學系，後來轉學去瑞德學院，改念英語系。我們分享了關於赫曼．梅爾維爾（Herman Melville）與維吉尼亞．伍爾芙（Virginia Woolf）的寫作絮語，她還帶領我走過她的崎嶇歷程，包括大三那年一連串成績很糟的考試。班婕敏透露：「我在瑞德好像置身一塊浮冰之上，努力想要搞清楚狀況。」[10]

我知道班婕敏目前在麻州擔任巨獸公司（Monster.com）的業務經理，這家公司專門銷售人事廣告軟體及服務。這些產品的價格不斐，班婕敏與團隊賣給企業的人事廣告套裝產品，總價可能高達六萬美元以上。她和我都知道我最想了解的根本問題是什麼，甚至不必說出口：**妳這個英文系畢業生，怎麼會做這種工作？**

班婕敏告訴我：「在無心插柳柳成蔭的情況下，我竟然為這個做足了準備。我可以和人們攀談幾乎任何話題，如果他們想談藝術，我們就談藝術；如果他們要講怎樣修汽車，就算我懂得不多，也能試試看。反正就是天馬行空地聊天，如果你做得到，幹業務這一行就非常容易了。」

不只如此，班婕敏說：「我的工作往往牽涉到為不熟悉的東西找到意義。文科背景在探查新產品時頗有幫助。如果我們巨獸公司要推出新產品，我是那個會問『誰會想要用這個？他們會怎麼用它？』的人。那樣的全盤觀點建構在我念瑞德學院時所發展出來的技能上。」

最後，當班婕敏參與對客戶的簡報時，會花一點時間思考：想要和這位新顧客的決策過程產生連結，最好的辦法是什麼？她告訴我：「巨獸的基本產品可以用三種不同方式解釋。如果對方想要聽技術版本，我就告訴他們，我們利用小型文字檔案（cookies）追蹤用戶的方式，將他們已經看過的類似求才廣告呈現出來。假如對方覺得比喻的方式比較自在，那我就告訴他們，我們的做法類似在網路上瀏覽鞋子，等到用戶點進下一個網站，這雙鞋子的廣告就會跟隨過去。萬一對方只想要看數據，我會告訴他們，我們的系統會使你的求才廣告點閱次數提高百分之二十。」這三種方法她處理起來都一樣從容；她是專家，清楚在什麼情況下、用哪一種方法最有效。

文科生的背景讓班婕敏在離開大學時，根本沒料到自己會從《自己的房間》（*A Room of One's Own*，譯按：吳爾芙的散文），轉到「自己的銷售配額」。大學畢業之後，她最初想當記者，等到發現記者的薪水有多微薄——尤其是她感興趣的社區報紙記者——便重新考慮這個行業。後來班婕敏進法學院深造三年，以為學習生意架構和合約談判這項新專業知識，或許能讓她有資格擔任出版社高階主管。然而這個願望也很快落空了，班婕敏想在一個日益萎縮的行業出頭，可惜出版界高階主管的人數早已過剩。每次一找好有趣的工作，接下來總是發生合併或組織重組的事兒，三番兩次搞砸她的機會。

不過，班婕敏卻一而再、再而三地發現自己很擅長銷售……同時她也挺喜歡的。念大學時，班婕敏賣披薩賺零用錢；在《威廉米特週報》（*Willamette Week*）工作時，她幫報紙賣廣告；任職於李德．艾思維爾公司（Reed Elsevier）時，她替《新科學人》（*New Scientist*）雜誌銷售人事廣告。班婕敏告訴我：「（來到巨獸）感覺像我的事業進入第二春。」即使客戶對某些問題感到憤怒，她也能很快解決，而不會意志消沉。

班婕敏說：「在商業世界裡，人們再怎麼生氣，也不會比買外送披薩卻碰到餡料出錯的客人更暴跳如雷。如果你能搞定披薩訂單出錯的問題——二十歲的時候——那你就能在顧客的十萬美元人事廣告出錯時迎刃而解。」

班婕敏數十年前主修英文，畢業論文還以吳爾芙當主題，那對這一切有影響嗎？丹恩大學時迷戀華茲沃斯（Wordsworth）和柯立芝（Coleridge）的詩作，那有什麼重要性嗎？還是說他們兩人就算當年讀的是商學院，到頭來還是會走上多階段式的職業生涯？我們永遠不會曉得生命中所有不同的選擇與現實如何演繹，然而在這個情況（和許多類似的情況）下，我們倒是可以猜得八九不離十。

以丹恩的例子來說，拿職業導向型學歷的人，不會在事業初期做那麼多大膽的、碰運氣的轉行。好不容易爭取到麻省理工學院的特別補助專案，並且胸中已有籌畫完善的學習計畫的他們，絕對不會為了一時受到截然不同的替代項目所吸引，就放棄原來的一切。在許多文科畢業生的終身職涯當中，機緣扮演相當吃重的角色。接受比較嚴謹的學科訓練的人，不太可能任由追求新經驗的渴望，驅使自己的職業生涯。

再看班婕敏的例子，商學院的學歷大可輕易將她的職業生涯導向類似今天這種以銷售為主的工作，然而她的專精版本很可能就不是今天這個樣子了。每次和班婕敏說話，我都會感到她的內在能量遠超過傳統成功業務員的標準，她遵循康拉德的考驗，在工作日誌上留下許多空間，因為情緒上的自在與滿足也是她的工作目標。

班婕敏說：「我嘗試在工作中注入很多樂趣。我會親手寫字條給別人，然後向對方說，與他們共事很有趣，不管是真是假。」這樣做有報酬嗎？她說：「通常這樣做，會真的把與他們共事變得比較有樂趣。」

幾年前，我曾在一所中學的董事會服務過，和我共事的大衛・賽塔爾懷特（David Satterwhite）是加州大學柏克萊分校歷史系畢業的（一九八九年），已經在矽谷帶領軟體銷售團隊將近二十年。他和本書中的大多數人一樣，職涯初期換過各式各樣的行業，本來想當音樂家，後來短暫做過辛苦的會計工作，又在第一線當業務員一段時間。

直到一九九七年，賽塔爾懷特才嘗試督導銷售團隊，就像他後來告訴我的：「第一個星期結束時，我弄明白兩件事：我完全跟不上——可是愛死了這份工作。」11

從此之後，賽塔爾懷特成為不尋常的專才。當新創公司的年營業額達到一千五百萬美元時，就會找上他這個銷售管理專家。一般來說，賽塔爾懷特會在一家公司待上三、四年，幫助公司快速提高利潤，等到這家公司變成收購誘餌，被大公司老闆買走，並交給自家銷售管理團隊，他就會功成身退。新創公司分給賽塔爾懷特的股票選擇權，分量夠他去度很長的假期，但那不是他的風格，他在工作中找到自己。再度投入一家新公司，不但讓他有機會重新建立致勝團隊，而且滿足他永遠追求更完善的心理。

他的優勢是什麼？賽塔爾懷特帶我回溯大學歲月，說他曾研讀二次世界大戰之後德國的命運：「我在大學裡學到，事情的發生永遠不只有一個原因。大部分人無法接受這一點，他們只想要單一理由。可是以德國的例子來說，你必須關注杜魯門、史達林、冷戰、法國人……同理，你在銷售這一行也需要看整體：你的產品、市場競爭、產業週期，還有談判中每一個人的角色。這是很複雜的，可是我喜歡。」

目的

睿緒爾從普林斯頓大學畢業之後，十幾年的時間都像個「潛伏間諜」似地，試圖滲透進一個陌生的文化。睿緒爾做過一連串企業工作，達成季度目標，讓老闆保持滿意。回頭看看他在那些年頭的履歷，會發現幾乎看不出這個文學系畢業生曾經那麼不安、那麼躁動，曾經從康拉德最黑暗的作品中找靈感。反之，睿緒爾那些年的表現很像是那種為了求安心，把亞佛列德．史隆（Alfred Sloan）寫的《我在通用汽車的歲月》（*My Years with General Motors*）拿來當床頭書的人。

為了償還學生貸款，睿緒爾先在管理顧問這個高薪行業工作兩年，[12]上司們鼓勵他接著念哈佛商學院，他從善如流，也因此有機會進入微軟公司。睿緒爾在微軟待了六年，主要是負責這家軟體公司的第一個資料庫產品。他在企業任職的這個階段，最後一個雇主是一九九〇年代末期的亞馬遜公司，當時這家網路零售商才剛剛發展成熟。睿緒爾在每一個工作崗位上都很出色，任職亞馬遜時，一路晉升到公司五大高階主管之一，監督書籍和其他物品的網路銷售工作。

然後睿緒爾身上的研究員那一部分甦醒了。二〇〇二年，他沒有給什麼理由就辭去亞馬遜的工作，換到華盛頓大學商學院當了幾年講師，接著那股不安定感又出現了。睿緒爾和妻子遷居巴塞隆納，認為在不同環境下養育年幼的女兒們會很有意思，他們在西班牙安頓下來，有時候睿緒爾會去當地商學院講課，但已完全不接全職工作。

過了幾年，睿緒爾採取更大膽的行動，斷開自己的過去。這一家人把家當全部裝箱，然後直奔巴塞隆納機場，出發去看世界了。他們變成慈善朝聖者，這個月在越南蓋了一棟房子，下個月去中國教英語。夫妻倆自己在家裡（或路上）教育孩子，隨身攜帶亞馬遜的

Kindle電子書，裡面裝載許多有價值的書籍。睿緒爾這個四十三歲的往昔企業英才，現在想要找尋自我。

到了厄瓜多時，這一趟旅程終於值回票價。他在一所孤兒院當志工，對一棟裡面放著書本但大門深鎖的建築感到興趣。孤兒院的院長告訴他：「這是我們的圖書館。」睿緒爾問，那為什麼要鎖起來呢？對方解釋，圖書館裡面絕大部分書籍都是來自遠方的錯置捐贈，對學生沒有用處，還不如把門鎖上比較安全，這樣就不會有動物跑進去了。儘管如此，睿緒爾還是要求借一本書，院長說不可能，她解釋：「我想鑰匙已經丟掉了。」

這件事情已經過了好多年，但是睿緒爾依然將這場孤兒院的際遇形容得栩栩如生，彷彿一個小時以前才剛剛發生。他說：「我生命中的一切忽然以一種不同的方式明朗起來。我花很多的時間，把數以百萬計的書本寄給買得起的人。我的孩子在環遊世界時，沿路捧著電子書閱讀。我心想：為什麼不想個辦法，把書送給買不起的人，讓他們能夠改變生活？」

幾個月後睿緒爾回到西班牙，成立了一個非營利組織，名為「世界讀者」（Worldreader）。他從亞馬遜唬弄來三十部免費Kindle電子書，想看看一項捐贈計畫能否在單一學校奏效。這項實驗計畫成功之後，睿緒爾拜會美國國際開發署（U.S. Agency for

International Development），爭取到足夠的支援，為迦納的六所學校捐贈Kindle電子書，過了幾個月，肯亞的學校也有了。

到了二〇一六年底，非洲、印度、拉丁美洲有五百多萬人開始能夠透過自己的智慧型手機應用程式，閱讀至少一本「世界讀者」的書籍。該組織在非洲十四個國家的學校放置兩萬兩千多部電子書，「世界讀者」的圖書館擁有五萬多本數位藏書，是經過精心選擇，用來滿足各式各樣的學生讀者。早期選書多半是美國重點讀物，像是瑪麗·波·奧斯本（Mary Pope Osborne）寫的《神奇樹屋》（*Magic Tree House*）系列，最近則收錄越來越多本土作家的作品，像是威廉·坎寬巴（William Kamkwamba）寫的《馭風逐夢的男孩》（*The Boy Who Harnessed the Wind*），那是關於馬拉威農村的故事。

回顧幾十年前，睿緒爾自己就是家裡的書蟲，他喜愛的書籍包括C·S·路易斯（C. S. Lewis）的《獅子、女巫、魔衣櫥》（*The Lion, the Witch, and the Wardrobe*），以及愛德華·伊格（Edward Eager）的《魔法湖畔》（*Half Magic*）。睿緒爾回憶說：「我以前走路上學時，一邊走一邊埋頭讀書，什麼也不管。人家打電話對我父母說：『大衛可能會被車撞到！』」如今睿緒爾參觀非洲學校與讀最多書的學生會面，心裡有種感同身受的快樂。

如果有學生想要和他聊一聊，那就更好了。迦納女學生歐康妲·嘉娣（Okanta Kate）

說她想成為全世界最有名的作家，也已經寫了一本詩集，其中一首詩題名「女子的苦惱」，她問睿緒爾能不能幫她，讓自己的詩作得以出版？睿緒爾只可能給她肯定的答案。現在嘉娣的詩已經納入「世界讀者」數位圖書館，上次我查看的時候，「女子的苦惱」是最常下載書籍的第二十名（她真的有天分，讀者不妨看一看）。

當然，以財務角度來看，睿緒爾的例子很不尋常。由於他在微軟和亞馬遜的事業成功，名下的投資組合以千萬美元計，付給自己非營利規模的七萬九千美元年薪（遠少於他在企業所賺的高薪）之後，依然能在舊金山過得很優渥。睿緒爾可以追求一條充滿社會目標的工作路線，不必犧牲經濟條件，反觀有類似志向但起點相對貧乏的人，可能就得過比較辛苦的日子。睿緒爾不須和拋錨的車子纏鬥，不怕付不起暖氣帳單，也用不著忍受其他條件較差的社會鬥士所需面對的所有艱難處境。

不過睿緒爾的旅程還有另一個層面，和每個人的職業生涯都有關聯。為了提倡全球人口識字，他並不需要自己創辦「世界讀者」，大可開支票給可靠的組織，讓他們執行所有的工作，效果大概也差不多。但是睿緒爾並沒有這樣做，他的理由其實非常私人。

睿緒爾在華盛頓特區市郊長大，時時跨足兩個世界。他的母親是白人，父親是黑人，結果連參加夏令營這麼簡單的事情，在一九七〇年代也一點兒都不簡單。有一天下午我和睿緒爾喝咖啡時，他告訴我當年一起露營的同伴在父母探視的前一天晚上向他嗆聲：「你一定很難堪，父母一個是白人，一個是黑人。」那件事已經發生四十幾年了，睿緒爾回憶起來時口氣平淡，可是最後還是承認：「到今天我都還記著他的名字。」

被當成圈外人，可能會造就一股尖銳、殘忍的驅力，促使人們攀爬到不可思議的高度，睿緒爾說：「我大概就是其中之一。」在企業上班的歲月裡，他花了十五年的時間不眠不休搞定後勤、財務、談判，以及其他十幾種商業技能。在每一種環境下，他都需要運用那些技能，滿足其他人秉持已久的期望。即使是他最富創意的工作，到頭來也僅是落實別人的欲望。

但是「世界讀者」就不一樣了。睿緒爾說：「這就是我。這是我的工作。」每次他施展企業技能，都是在努力使自己的夢想更接近實現。有了「世界讀者」，睿緒爾每天都能連結地球上差別最大的兩個部分。

「我喜歡工作裡面的東西——發現自己的機會。」

Your Tool Kit

第四部

你的工具組

第十二章——說你的故事

活動票務網站Eventbrite公司的規模還很小時，除非共同創辦人茱莉亞・哈爾姿（Julia Hartz）[1]評估過應徵者，同意聘任對方，否則誰也進不來。如今位於舊金山的Eventbrite公司僱用五百多個員工，每年賣出的各種門票超過四千萬張。如果你曾經買過啤酒嘉年華、藝穗劇場、網路研討會的門票，很可能就和Eventbrite打過交道了。這家公司各方面成長迅速，但是有一項習慣卻不動如山，那就是任何人正式加入公司以前，都必須見見哈爾姿。這場對話雖然簡短，卻不可或缺，對話核心是一項簡單的要求：

「告訴我你的故事。」

哈爾姿提出這項挑戰後，不論對方說什麼她都願意傾聽，而應徵者當下的答案也沒有對錯之分。有一天我們一起吃午餐時，哈爾姿對我解釋，她要找的是每一個人的動機、失誤、企圖心、崇拜對象等蛛絲馬跡。應徵者的回答什麼都有，從家鄉聊到阿帕拉契小徑（Appalachian Trail）健走的經驗。哈爾姿越清楚激勵某人的因素，就越容易確認一件事：如果對方得到這份工作，將會被安排到最適合的工作類型，並接受可靠、有效的管理。哈爾姿常常告訴應徵者：「你的履歷表用黑白兩色細述你的背景，現在我想聽聽看彩色的版本。」

對於擁有駁雜文科背景的人來說，受邀講述自己的故事，正是讓你趁勢大放異彩的絕佳良機。碰到這種時刻，招聘程序不再是表情肅穆地尋找履歷最安全的應徵者，反而是心存樂觀地尋找富有潛力的新人。如果你幸運的話，主考官的問題將是面談中相當明顯、凸出的部分，很像哈爾姿提問的那樣。其實更多時候，訴說自己故事的機會不是刻意安排的，無論是哪一種，若是能抓緊這樣不可多得的時機，將會幫助你避免遭到「我們覺得你經驗不足」的拒絕，創造圓滿的結局，聽招聘人員或主考官宣布：「我們認為你在這方面可能會很傑出。」

接下來我們來討論一下，你要如何促使這樣的轉變發生。其實前面的章節已經零星出現一些線索，想想看沃拉是怎樣細述自己在哲學課上和同學鬥智，因而獲得晨星公司的青睞。再看看莫瞿，雖然出身古典學系，卻因為曾經受過的訓練，從不放過任何小字註解，因此得以在華爾街出人頭地。另外，想一想賈西雅是怎樣援用社會學的訓練，將自己定義成官僚體系中的忍者，值得獲取一個嘗試的機會，進而在奧克蘭市的數位媒體計畫中擔任聯合主管。

這些力爭上游者的成功存在一個模式，大可供旁人仿效。如果你正設法在新創公司、大企業、非政府組織、政府單位找工作，那麼知道如何大膽訴說自己的旅程，可能會有不錯的回報。不論你是不是畢業自公認毫無用處的科系，譬如歷史系、英文系、社會系，或是其他人文學門或社會科學的科系，這一點都成立。

此處的核心見解是：招聘程序走到某一點時，你要抓住機會解釋激勵自己的因素。你將自己生命中的重大時刻拿出來與主考官分享，便超越了照本宣科履歷表細節的枯燥與瑣碎。你開始透露生命中的「為什麼」和「怎樣做」，描述鼓舞自己的夢想，細數你克服過的困境，解釋使你與眾不同的性格特點。在行禮如儀的面試過程中，你和主考官第一次感覺何妨擱置標準程序，就這幾分鐘感受一下人性也很不錯。你開始在對談中注入誠懇與信任，如果一切進行順利，等到你結束分享自己的故事時，坐在辦公桌另一端的主考官心裡會想：**我們需要僱用你**。

這種連結的機會，從你最早開始探索職業的階段算起，任何時候都可能發生，譬如在派對上、婚禮上或機場貴賓室的偶遇（英語系畢業的兼職詩人郭爾妲就是這樣吸引廚具公司執行長，對方剛好需要一個精通社群媒體的人才）。甚至求職信也可以為你帶來展現自我的大好機會，最常見的情況是，在標準的應徵者淘汰過程進行到一半時，你的機會便降臨了。那些針對過去如何應付特定情境的行為面試（behavioral interview），對你特別有利。如果你臨機應變的回答很精采，主考官將會記得你很久。

不論是什麼樣的情境，你都需要善於談論自己。以下列出五種問題，你可以一一發展有力的答覆，藉此作為練習。至少模擬兩、三次工作面試，你可以找職涯服務專業人士或朋友幫你排練。怎樣把你最喜歡的故事說得精采，是需要熟練的技巧，你要準備好長的故事版本（和簡短的版本）。記住這些機會可能是拐彎抹角出現的，主考官並不完美，他們往往沒有做充分的準備，所以如果對方提出一個語意模糊的問題，你可以用最有利於自己的角度，重新塑造這個問題，畢竟這也是你的工作面試。

有關意志力的問題

你如何應付失敗？如何克服挫折？告訴我，你做過期限最久的專案是什麼狀況？

近年來，招聘人員和面試主管手上都準備了小抄，裡面有很多這樣的問題，這一招是從賓州心理學教授達克沃斯那裡學來的。達克沃斯在著作《恆毅力》中說明，[2]在日常生活表現堅強意志力十分重要，書中提到一項令人矚目的研究，證明意志力這項特質的優點很多，從幼稚園到西點軍校，當事人在各種情境都能因之獲益。關於意志力的問題主線，一開始聽起來很嚇人，因為它將注意力引到你身為求職者最脆弱的部分。然而你應該把這類問題當作凸顯個人優勢的機會。

面試主考官真正想要的，是得來不易的逆境求勝的故事。如果你面對財務困境、他人偏見或家庭危機，最後戰勝難關、苦盡甘來，應該（簡短的）讓主考官知道過程中最艱辛的時刻，然後把重點放在你如何反擊。特別表揚那些幫助過你的人，結束時暗示你的意志力曾在大學時幫上大忙，相信未來也會在職場助你一臂之力。當你娓娓道來，答覆主考官這方面的問題時，就創造了三重積極印象，不但證明你的恆毅力、肯定你打造團隊的技能，並且確立你與自己正在尋找的特定工作之間的關聯性。我在第三章用了兩千三百字敘述賈西雅的故事，捨不得刪任何一字，可見其珍貴。

想要使這股動能發揮效果，你不需要是電影《薩利機長：哈德遜奇蹟》（*Sully*）裡英勇的機長，也不必是《貧民百萬富翁》（*Slumdog Millionaire*）裡在街頭討生活的大膽少年，或是其他驚險電影中的英雄人物。如果你想複習一下最陰暗的細節如何強化自己的故事，那就留意每個週末新上檔的好萊塢電影，看看它們怎樣定義千辛萬苦才獲得的勝利。即使完成大學學業的過程中曾經遭遇的波折，也能贏得主考官的欣賞。維思大學英文系畢業的黛絲·阿莫迪歐—薇可麗（Tess Amodeo-Vickery）[3]在學校裡沒有修過數學和財務課程，卻能打敗主修這些科系的對手，受雇成為華爾街分析師，她是怎麼辦到的？薇可麗解釋說：「我的上司後來告訴我，令他印象最深刻的，是我告訴他我曾奮力頑抗，才保住我的大學論文題目。」原來教授認為她的主題太大了，薇可麗並不苟同，於是通宵達旦趕出一份非常精細的論文大綱。第二天早上教授讀過她的大綱，終於讓步了。

你能導引人們贊同嗎？

薇多麗雅·郤樂（Victoria Taylor）想要這份工作。在她達成心願之前，我代表了她所需攻克的最後關卡。我們坐在舊金山Reddit網站總部一個狹小又沒有窗戶的會議室裡，郃樂渴望擔任Reddit的新社群經理，這個職位所掌管的業務，包括協調該網站極受歡迎的「隨便問我什麼事」（Ask Me Anything）功能。至於我的角色，則是在二〇一三年的那個下午，假扮造訪該網站的五種情緒激動的網友，然後觀察郃樂是否能化解這些情況。

結果她樣樣表現得可圈可點。我們從無神論吵到波士頓馬拉松爆炸事件，我泰然捏造「事實」，指控Reddit持有各種偏見。郃樂冷靜提出反駁，如果氣氛太過火爆，就有禮貌地為對話降溫。一星期後她獲得錄用，接下來的兩年，她把「隨便問我什麼事」拉抬上新高點，允許網友和任何人聊兩句，從太空人伯茲．艾德林（Buzz Aldrin）、傳奇嘻哈歌手納斯（Nas），到電影女替身蘿拉．戴許（Laura Dash）都入列。現在她是分享空間新創公司WeWork的數位社群總監，該公司市值已接近一百七十億美元。

郃樂在馬凱特大學（Marquette University，傳播系，二〇〇七年）當學生時究竟學到了什麼，才讓她在Reddit這家自詡為網路首頁的公司裡如魚得水，和他們那種打打鬧鬧的節奏十分合拍。郃樂的背景中有許多元素卓然出眾，不過最重要的一項，可能是曾經擔任密爾瓦基市這所大學的藝術社主席。大三那年，郃樂為密爾瓦基當地一座十分高雅的美術館協調舉辦好幾場藝展，意思是她必須遵守細緻的規約、符合高度期望，而且事先無法得知參與者的反應是什麼。早在Reddit進入部樂的生活以前，她就已經證明自己可以引導人們贊同了。

你在行為面試中可能會被問到的問題，將有許多是關於你如何激勵別人、應付衝突、建立聯盟，或是在別人對你有敵意的情境下勝出。應徵者很少會碰到像Reddit的面試那麼火爆的情境，可是主考官仍然可能考你擔任領導人和溝通者的能力。你必須牢記一件簡單的事實：每一個關於領導力的問題，其實也都和溝通有關，而每一個關於溝通的問題，實際上也都是變相的領導力問題。將你的答案和這些問題的深層目的連繫在一起，你就能夠一箭雙鵰了。

想想達特茅斯學院古典學系的麥瑟妲，她在面試中細述希臘遊學之旅時令人振奮（和會心一笑）的亮點，也就是她在德爾菲神廟遺址上漫步，對同學們解釋這座古蹟的奧祕之時。麥瑟妲將古希臘講解得栩栩如生，令澳洲觀光客誤以為她是合格導遊，開始跟在她後頭參觀起來。麥瑟妲擁有這麼強悍的展演技巧，難怪大學畢業之後，能立刻獲得菁英級的貝恩顧問公司聘用。由於這股架勢，哪怕她並沒有像進這一行的許多畢業生一樣，擁有經濟學、金融方面的專業訓練，依然受到公司的青睞。

企業永遠都需要能夠判讀現場氣氛和人員情緒，以及能夠鼓舞別人的人才。把這些力量展現出來，你就替下一位雇主解決很大的問題了。

你的技術有多行？

蕾秋・愛倫（Rachel Allen）[4]從印第安納大學心理系畢業後不久，和父母去威斯康辛州遊玩時，開始接到招聘人員發來的訊息。對方在領英網站看到愛倫的個人簡介，很中意她的背景，鼓勵她去猶他州發展快速的市場研究公司Qualtrics面試。

愛倫對電腦不太熟，而絕大多數人想到上大學能學到的科技技能時，總是第一個想到電腦。然而愛倫慢慢領悟，當今文科教育的課程也提供一系列很有價值的科技技能，只是不像電腦那麼有名。拿她自己來說，就可以將一些分析工具用得很順手、很靈活，譬如MediaLab、SPSS、Excel和Qualtrics的意見調查軟體。愛倫自己製作試算表，也分析過五花八門的數據，像是運動迷的態度、法庭情境等等。對於Qualtrics和他們的顧客來說，這些都是致勝技能。

你在求職時，要將自己在任何領域精通的研究方法宣諸於口，而且牢記，對你來說簡單明瞭、理所當然的東西，在未來雇主的眼裡，可能是珍稀寶藏。二〇一三年派崔克・泰勒・哈斯（Patrick Tyler Haas）[5]開始求職時，以為主流雇主會覺得他大學主修的古典學和碩士班主修的古典時期考古學枯燥乏味。其實不然，有兩個機構願意僱用他，一個是顧問公司，另一個是倡導提高全球識字率的非營利組織。原來哈斯參與某次希臘考古挖掘時，組織田野紀錄的經驗能夠很容易轉移到這兩份工作。

你也應該注意力爭上游者為自己增添籌碼的方法，像是賈西雅就去進修短期數位科技方面的課程，如Code Academy、General Assembly、Startup Institute、GrowthX等等組織開設的短期班。這些機構多半提供很廣泛的混合式專長班，譬如數位行銷、設計或使用者經驗，而課程往往橫跨純技術技能與美學、人際關係等人文素養的界線。在你的履歷表上添加這麼一項職場資格，遠比轉個科系再讀一次大學快得多（也便宜得多）。

你適合我們嗎？

如果將整個聘僱儀式簡化到只剩下不可或缺的要素，那麼其實面試主考官的目的，只是評估應徵者三個簡單的層面：**你能做這份工作嗎？你願意做這份工作嗎？你適合這份工作嗎？**第三項問的是相容性，也是三者之中最難確立的，更是組織要在幾個旗鼓相當的應徵者當中挑選一人時，最可能使用的篩選標準。

以往雇主為了找相容性高的員工，會動用奇怪的招數。聯邦調查局（FBI）會詢問應徵幹員的求職者平常都看哪些書，後來有個地下網絡裡熟知內情的人終於推敲出理想的答案：「湯姆・克蘭西（Tom Clancy）的間諜小說。」消息一出，每個應徵者都宣稱自己是克蘭西的書迷，於是這個題目就失去作用了。另一些情況，主考官問的是關於教會信徒、政治觀點和其他非關工作的題目，被認為並不明智，甚至是赤裸裸的歧視。現在的雇主傾向用平凡無奇的問題，來探究應徵者與組織的相容性高低，他們邀請應徵者主動分享信手拈來的生活片段和價值觀，最常提的問題是：你對我們有何了解？你為什麼想來這裡工作？你預計自己五年之後會在哪裡？

主動出擊！動用你的批判性思考研究技能。面試的時候，你不只應該研究過這個組織的網站，而且也應該查詢過最近的相關新聞、研究報導，以及Glassdoor、SlideShare、YouTube這些網路資源，以及美國專利局的檢索資料庫。你要講這個組織的好話，但不能讓對方聽起來像是在諂媚。將對話導向組織的成長抱負，闡述擁有你這種背景與技能的人，能夠如何促使組織更快達到成長目標。你可以談談自己希望早日從基層人員晉升到更高層級，以便協助組織克服新的挑戰——用這種方式，就可以迴避那個「五年後」的問題（從現代工作無從預料的本質來看，這個問題實在不好回答）。

最重要的是，你要自己提出深思熟慮的問題，藉此建立相容性。譬如請對方告訴你組織最富創意（或最具爭議性）的新措施，或是邀請主考官分享他們的故事，包括他們怎樣獲得聘用、工作頭一個月的經歷、目前的職責、這份工作最好的部分、對新員工的建議等等。人們大多喜歡談論自己，如果應徵者對組織抱有真正的興趣，將顯得意義非凡。

你有何過人之處？

如果社會系畢業的米克爾沒有在越南待過四年，是否仍然會獲得ＩＢＭ的青睞？本書裡其他的高成就者呢？他們在面對主考官時，分享的故事從送披薩到去峇里島拍紀錄片不一而足，其間他們的熱忱、機智和創意滾滾流瀉出來，再清楚不過。

我們永遠無法確定上述這個問題的答案，不過在人聲鼎沸的基層人員招聘過程中，你絕對不要當個平凡無奇的應徵者，否則面試過後兩小時，甚至都沒有人記得你了。如果能在群眾中一枝獨秀，就有很多勝出的機會，即使最後得不到這份工作，事後主考官也比較可能再打電話給你，提供新的機會，和你商量你職業生涯的下一步該怎麼走。

在直言無諱的世界裡，主考官真的會開口問：「你有何過人之處？」可是在真實世界中，沒有人敢問得那麼直接，所以你在面試對談中表現一點兒個性的機緣，大概會發生在標準程序中聽起來十分無趣的提問上：**談談你自己。你是怎樣應付壓力情境的？你最傑出的成就是什麼？以及最陳腔濫調的經典問題：你最大的優點和缺點是什麼？**

你要從容不迫地回答每一個問題，回答時一開始最好單刀直入，塑造自己認真對待此次面試的印象；找到契合這個組織和工作機會的切入點，是非常重要的部分。不過一旦講完基本的東西，你就要設法分享個人優勢的一面，別忘了用語言橋梁包裝與你有關的一些小事，然後把你的故事連結到眼前這個工作機會上。[6]

我在寫這本書的研究過程中，有一天中午曾在瑞德學院和幾位人文科系的學生一起吃披薩、聊天。最先的十五分鐘，諾亞·薩梅爾（Noah Samel）[7]似乎是這群學生當中最沉默的一個。念英文系的薩梅爾成績很出色，曾經在中國工作過一段時間，他謙虛過了頭，形容自己只會一招半式，不確定該怎樣向雇主展現自己。我接著問他在中國是怎樣安排食宿的。

砰！一個花十美元非法住一夜旅館的故事慢慢成形，即使像洗衣服那麼平凡的例行公事，從薩梅爾口裡說出來也充滿了探險與驚駭。蝙蝠在夜裡突然從空中俯衝而下，晾在屋頂上的衣服差點被牠們的便溺弄髒。皮條客向他搭訕，篤定他晚上必然想要人陪，薩梅爾拒絕時，對方高聲辱罵他，還想闖進他的房間。薩梅爾整晚堵住房門不敢出去，第二天早上淋了浴去上班，努力裝作什麼事也沒有發生。

等薩梅爾說完他的故事，我都想僱用他了。從此之後，每次有人問他怎樣應付壓力情境，他就講一個會吸引主考官的故事。薩梅爾所需要的，就是准許他表現自己。**他得到核准了！**

第十三章——爭取合理待遇

在法國小鎮教英語，週薪兩百美元；在曼哈頓當編輯助理，幫人端咖啡；在華盛頓當國會助理，幫人端咖啡；向人借衣服去參加商務會議，因為負擔不起像樣的服裝；生活預算低到見骨，拿潛水艇三明治當作正經的晚餐。

對於剛剛從人文科系畢業的大學生來說，第一份工作很可能相當卑微。你賺的錢遠不如自己的理想，可能卡在一份配不上自己教育或潛力的工作上，至少一開頭如此。聽見圈外人堅持這只是短暫的過渡期，你心裡隱隱感到安慰，不過大規模研究（例如第七章談到的薪級表公司研究與漢彌爾頓計畫）不斷證明，大學文科生在畢業後十年，薪水會迅速增加。假如未來真的有一波波機會朝你湧來，見證你的大學訓練和「什麼都肯嘗試」的心態極其重要，那麼如今卑微的現況看起來就沒那麼糟了。

話雖如此，如果未來果真有好日子，那麼避免落入新畢業生貧窮困境的祕密，難道不該在今天拿出來攤在你面前嗎？

現在你應該拿出一套戰術來了。本書先前的章節充滿力爭上游者的故事，他們的起點都很接近底部，後來卻都能夠一一克服難關。那個在法國教英文的低薪教師是琴可，幾年後她在晨星公司找到當分析師的好工作。向人借獵裝外套的是哈佛大學古典學系畢業生歐萊利，後來自己創辦媒體公司。以三明治裹腹的國會助理是後來的緬因州參議員科琳絲，那是她當年大學畢業後找的第一份工作。諸如此類，不勝枚舉。如今我們該來分析一下他們怎樣爭取合理待遇，同時說明這些技巧可以如何應用在幾乎所有的職業上。

以下是一套七步驟模型，擷取了致勝技巧的精華。

步驟一：邁出第一步——任何地方都行

畢業後的第一年，你應該接受市場提供的任何條件，藉此開始累積你的閱歷。你要多多接受工作邀約，如果想當設計師，不妨去接案網站（例如99designs.com）競標工作；如果想成為外交政策分析師，可以多方打聽各個智庫，看看誰需要替緊急出爐的報告撰寫搭配文字（永遠都有人需要）；若是想要當專精某個稀有語言的外交官，那就去非營利組織和學術機構尋找短期翻譯機會。

你在這個階段儘可能不要記掛工作待遇好壞，萬一經濟拮据，就和別人合租公寓、搭乘大眾運輸工具、多忍一年不要買新款手機。如果你和父母可以和睦相處，何妨住在家裡。控制花費額度，這樣你就可以重金投資自己的未來。一份接案工作酬勞雖然只有五百美元，但若是能幫助你在雇主眼裡的價值增加兩千美元，還是應該欣然接下。你可能接好幾件永遠不想再做的專案，可是廉價勞力、在速食店進餐的時期不會延續很久。隨著經驗越來越豐富、資歷越來越完整，這些都會累積出成績來，變成令人讚賞的專業技能組合。

六到十二個月之後，你將會擁有高成就者的履歷，在眾人之間鶴立雞群，更棒的是，你將享有自己所關心領域的豐富人脈。工作夥伴和聘僱主管了解你的工作表現，一旦有全職職務出缺，他們就會想到你，還會把你介紹給朋友和同僚，屆時短期顧問合約便可能轉變成全職工作，這種情況非常普遍。雇主發現你的工作績效良好，事後明白他們的短期問題依然存在；如果事業要做下去，就需要長期解決辦法，你的機會就來了。

冒險心態不可少。歷史系畢業生克里斯・柯瑞索斯頓（Chris Chrysostom）多年來做過許多工作，慢慢建立起電腦軟體工程師的好口碑，哪怕他的教育背景和電腦完全不相干。柯瑞索斯頓曾在八家公司做過全職員工，雇主包括3M和西維斯保健公司（CVS/Caremark）。儘管如此，他最吸引眾人目光、並且在人才濟濟的領域中脫穎而出的資歷，是替犯罪現場建立3D立體模型的兼差接案工作。柯瑞索斯頓花兩個月的時間，結合警方照片、谷歌地球（Google Earth）虛擬地球儀軟體、血跡噴濺計算，呈現歹徒作案時的情況。[1]把這些東西加入你的履歷表，雇主將會忍不住想要見見你，他們打電話來時，即使你不確定對方究竟是想僱用你，還是純粹想多了解你的精采人生，都不要拒絕。

步驟二：瞄準最佳前景

這是最重要的必殺技。一旦找到那些欣賞你能力的人，就不要再答應所有人的工作邀請，開始動用你的鑑別力，把重心鎖定最能夠帶給你光明前途的生意夥伴。他們也許出最多薪水，也許對你的工作評價最高。如果他們是你所選擇的這個行業的佼佼者，那就再好不過；萬一只是撥出固定的工作量請你代勞，那也沒關係。

不管你怎麼畫定標靶上靠裡面的這一圈，動手畫出來就對了。接下來，開始向你最渴望的合作夥伴提出更有企圖心的計畫，你要主動了解他們如何賺錢，如何履行最大的義務。特別留心他們的痛處：哪些部分目前業務上運作不順利，需要注入新血，幫組織重新拉回軌道。你應該把自己塑造成有創見、思想新穎的人才，只要給你足夠的時間、資源和金錢，就能夠解決重大問題。

確認你自薦服務的對象掌握足夠預算，可以用來實踐你的構想。數位內容專家安德芮葛對我解釋，如果你打交道的對象多半是媒體網站的分類責任編輯（section editor），他們的權限恐怕只夠每次向自由投稿作家買一篇文章，而且費用低廉。所以你應該連繫執行編輯，這個階層擁有更多預算，可以構思配套故事和全新管道。此外，你也不要零碎出售自己的專門知識，而應該開始提時效六個月的專案，內容也比較趨近全職工作，這一來你和對方談酬勞時，搞不好可以比原來多十倍。

還有，和對方討論待遇時，要將話題引到以價值為基礎的定價。你已經受夠了時薪或按件計酬的最低收入，現在該找機會用比較健康的標準來談酬勞的事，重心就放在你所創造的價值上，而非你花了多少時間。如果你準備好在一項計畫中扮演重要角色，而該計畫可能為組織帶來五十萬美元的收益，那麼主張你的貢獻應該分到這筆收益的百分之二十，應當是能被接受的數字。你要挑個有野心（但非瘋狂）的數字，然後準備好和對方討價還價。萬一對方壓低你所提的價格，絕不是壞的結果，即使只願意讓你分到百分十五，你也會賺進七萬五千美元。有了這樣的進帳，高雅衣裝和流行餐廳將是你新生活的一部分。

步驟三：使你自己更有價值

如果猶他州普若佛市的Qualtrics市場行銷公司僱用剛剛大學畢業的你，那麼你進公司之後，可能會先接受幾個月的QUni實習計畫，[2]大多時間會在現場接聽和答覆顧客服務電話，除了表面的服務工作之外，接聽電話還有比較深層的議題在內。被動等待顧客來電，幫助你學習到Qualtrics公司業務完整的微妙本質，同時也讓你有機會提出實用的方案，促使其他部門也想要將你招攬到旗下。每個月Qualtrics地位崇高的專精領域都會查看QUni現有的人才庫，所以一旦在這些上級的心裡留下深刻的印象，你就會被「抽調」出去——很像大學挑選優秀運動員參加職業球隊那樣。

傅爾曼大學二〇一四年的社會系畢業生璞爾就是以這種方式，從QUni計畫迅速被拔擢出來，原因是她想出一種反向認證的工具，[3]確保同一個人不會被要求填答同一份匿名調查兩次。此外璞爾也推出一項用戶競賽，邀請Qualtrics的顧客分享他們把市場研究工具用在哪些不尋常的地方。璞爾所展現的主動精神，為她在Qualtrics的夥伴服務顧問小組裡贏得一席之地，新近畢業的大學生加入這個小組之後，一般年薪是從七萬美元起跳。

即使你進的公司不提供典型的職涯發展軌道，你也可以在自己的工作上注入QUni的精神。看看英語系畢業的安德芮葛的例子，她替酷朋公司的新進人員開發訓練模組，新員工到職後一、兩個月內就開始受訓，另外安德芮葛也設法變成公司招聘業務的領導者。安德芮葛推出這兩項方案之後，短短一年之內，薪水增加了百分之四十二，[4] 她所挑選的兩個領域（訓練和招聘）非常適合崛起中的新人。你不需要擁有十年的經驗，就可以在這兩個領域升到領導者的位置，事實上，有了求職和在職學習方面的發現與心得，你已經是速成專家了。

步驟四：大膽利用槓桿爭取加薪

對大部人來說，開口要求加薪很彆扭。我們想要相信頂頭上司有眼光，看得出手下的表現好壞；不需要糾纏，他們自然會做應當做的事，畢竟大學教授（通常）就是這樣打成績的。然後你很震驚地明白，職場上大多不是這樣運作的，每一年有將近四成受雇者傾向主動要求加薪，而根據薪級表公司的數據，[5]他們往往能如願以償，至於其他人嘛……非常多案例顯示，默默等候調薪的結果是一無所獲。

你能怎麼做？

假如你是擁有強烈企圖心的文科畢業生，就業之初起薪低得人神共憤，但是現在工作責任、產出、能力各方面都在迅速提升，這時候要求加薪的挑戰特別困難。現階段你的薪水依然過低，應該大幅調薪，才及得上產業常態。遺憾的是，對於解決這種不平等現象，大部分公司如果不是完全袖手，就是意興闌珊。這背後的醜陋真相是，管理者自己援用的標準是成本降低、生產力提高，而這一套標準確實給予他們回報。從遠處看，你所遭受的不公正待遇，竟然和良好管理成效不謀而合。

當然，解決辦法是不管三七二十一要求加薪。不妨學一學臉書營運長桑德柏格在她的著作《挺身而進》（*Lean In*）中所提供的祕訣，依循她的五步驟方法，[6]一來可以達到加薪目的，二來不會顯得只是為自己謀私利。桑德柏格主要是為女性讀者而寫這本書，不過她的忠告同時適用於男性和女性。引述別人對你所表現的效能的評語；提醒上司你目前的薪水和業界常態的落差；不要用尖酸刻薄的態度表達不滿自己的待遇（至少目前這個階段）；想辦法將你自己、你的主管、你的組織描繪成和諧的三重組合，注定要為彼此的最佳利益而奮鬥。

我還要額外添加兩點。首先，在你認為應該提出加薪的時間還未到來之前，就要展開關於薪水的對話。研究顯示，兩性薪資之所以不平等，[7]有一部分原因是男性更常開口要求加薪，而且態度也很直率，即使主管回答：「我們很同情你，可是現階段不能馬上行動。」那也是很有用的第一步。提早幾個月開始籌謀加薪，如此一來，若是公司不肯立刻採取行動幫你加薪，你就不會氣憤難當。

最後一點是，儘可能表現得自信滿滿。如果被謹慎上司品頭論足的壓力使你覺得難以承受，不妨想像今天你的本尊待在家裡沒來上班，正坐在舒服的椅子上讀書，至於眼前在辦公室裡和上司談判的人，其實是你的分身，他正胸有成竹地解釋為何你值得加薪。就讓這個科幻複製人去解決棘手的問題，他是動畫模擬的倡議者，任務只有一個：稱頌你的巧技、勤勉和影響力。

步驟五：接掌一項專案

如果你從事的行業成長快速，那麼不需要太多資歷，就會被視為有潛力的管理人才。

只要你平日準時上班、把工作做好、和同事和睦相處，就距離當主管的目標不遠了。在對話中帶進一些合乎常識的改善公司營運的點子，然後別人就會把你當作不可忽略的晉升人選。

就算你實在看不出自己有飛揚跋扈、占據角落辦公室的氣勢，不妨欣然接受這個念頭：如果你協助設定專案基調，就可能發揮更大影響力，同時工作成就感也會更大。看看安德芮葛、郭爾妲、康娜莉的例子，她們全都是從專案負責人的職務崛起，只因為她們在需要僱用額外（和資淺）人手的領域中，表現得非常凸出。經驗和良好判斷力能讓你成為高效能領導人，同時又不會強迫你變成截然不同的性格。

儘管有些組織空口說白話，認為才華洋溢的第一線工人可以和某些主管賺一樣多的錢，可是那種齊頭式平等的途徑一直在減少。人力資源顧問公司合益集團（Hay Group）於二〇一四年所做的調查，[8]發現美國相對資深的主管和低階員工之間的薪水落差，如今已經高達四倍，比二〇〇八年又多了百分之十以上的差距。

別忘了主管往往享有股票選擇權、保證紅利、限制性股票等津貼。技術勞工和低階主管的薪資差異，從一九五〇年代到一九七〇年代之間曾經縮小過，可是自一九七〇年代以來，兩者差距越來越大。相對地，低階主管可能因為參加各種以股票為基礎、專為主管保留的薪資補助方案，整體薪酬悄悄增加百分之二十之多。相較之下，即使最受重視的第一線勞工，也鮮少受邀進入這個裡層圈子。

這樣的結果是，領導階層的經濟報酬比過去更吸引人，而停滯太久得不到晉升所產生的財務懲罰，則比以往更嚴峻。

步驟六：持續在人的身上投資

創辦歐萊利媒體公司的古典文學系畢業生歐萊利提供一項絕妙建議給那些影響力正在崛起的人：「努力創造出高於你所獲得的價值。」隨著加薪晉級的累積，很多人對積聚權力的誘惑心旌搖曳，要麼死守既有的奏效方法不肯改變，要麼在每個新情境中使出渾身解數奪權。把那些策略留給謹慎小心的人吧，你只要堅持敞開胸襟的方法，也就是從過去到現在支持你走這麼遠的方法，就能表現得比他們更好。

結識年輕的人才，設法為你的團隊引進崛起中的明星。你在組織中攀升得越高，別人就越認定你成功，因為你同時也善加開發其他領導者。你要在會議上發表看法；熱心教導別人；經營部落格；分享工作心得。如此一來，你的名聲將會越來越響亮，也會博得更廣泛的讚賞。在那個過程中，你會獲得日益寬闊的盟友圈，生活中也會出現更多的機緣。

哲學系畢業的巴特菲德陸續創辦多個新事業，每一次創業的成就都優於前一次，原因之一是先前與他共事過的最佳人才，都渴望再有機會和他合作。以英崇恩那樣厲害的人脈專家來說，當她想要換工作時，過去曾受到她幫助的很多人，也會反過來報答她。他人給的良好口碑，會讓你比較輕易從容不迫地換工作，即使在動盪的時局中也能發展順利。

人脈通達還有另一個好處。當你的知名度增加，就會有潛在新雇主自己找上門來，渴切拉攏你進入他們的組織，期待你添補其動能。這時候你要對其中條件最好的一家點頭，至於其他的，則作為與現任雇主談判時的溫和（或不太溫和）籌碼。儘管長期來看你不可能每六個月就揚言要辭職，藉此獲得加薪晉級，可是在事業生涯中挑幾個時機，主動爭取更好的待遇，絕對說得過去。告訴你的上司（或董事會），雖然你很想待下去，但卻擔心自己陷入窘境，因為居領導地位的競爭同行願意用加薪百分之二十的條件向你挖角。這時候上司通常會回答：「你要怎樣才願意留下來？」一旦這個問題丟出來，很可能幾個鐘頭之後，你就能獲得大幅加薪，同時取悅一整個會議室的人。

步驟七：持續投資新觀念

佛羅里達州立大學（Florida State University）心理學教授K．安德斯．艾瑞克森（K. Anders Ericsson）[9]近幾年來吸引很多人的注意，因為他發現最傑出的古典音樂家竟然都花非常大量時間練習困難的技巧，通常是在十八歲以前。〔作家麥爾坎．葛拉威爾（Malcolm Gladwell）筆下描繪的一萬小時法則，[10]正是艾瑞克森研究的通俗變形。〕如果你想在某個領域出人頭地，而那個領域的卓越標準早在一百五十幾年前就已經確立，那麼艾瑞克森和葛拉威爾的說法確實沒有錯，你別無捷徑可走。

所幸大部分學科不是那樣的！新觀念永遠源源不絕而來，搶得先機的創新者並沒有吃苦耐勞練習一萬個小時，就奪得驚人的報酬，憑藉的就是一馬當先的好運道，機會龐大卻無人搶奪。想一想二〇〇五年進入臉書的索雷尤，當時他只有杜克大學作曲系的文憑，以及自學的設計概念，不過天時、地利都占了。索雷尤創作「按讚」的圖標之後，在平面設計領域名利雙收就跑不掉了。

持續尋找這樣的機會。記住大多數人殷切渴望可預測性，只要能夠日復一日做他們熟悉的事，寧可忍受機會和所得的成長微乎其微。你則不然，驅策你進入較高薪酬情境的有效習慣，也意謂你卡好位置，可以及早發現下一波大趨勢，進而以有利於自身優勢的方式去駕馭它。

我所認識的那些最成功的新聞記者、銀行家、歷史學家、企業家，常常會詢問自己：「假設我今天才剛剛起步，我要在哪一方面努力？」通常這類機會出現在兩種學科交會的地方，長期浸淫本科的專家缺乏彈性，看不出新的做法。歡迎你，新鮮人！把握住機會，十年之後，當報酬清晰可見時，人們會問：「你是怎麼知道的？」

謝辭

每一本書都是團隊努力的成果，本書的每一個階段尤其得力於許多睿智的忠告與協助。早在我有膽量想像動手寫這本書之前，亨利・瑞格斯（Henry Riggs）、唐恩・費倫巴赫（Don Fehrenbacher）、路易斯・艾姆斯特頓（Lois Amsterdam）和威廉・米爾斯・陶德三世（William Mills Todd III）就在大學生涯中拓展了我的眼界。從大學過渡到就業的那段期間，約翰・凱里爾（John Kelliher）與諾姆・帕爾斯坦（Norm Pearlstine）協助我穩穩走在正軌上，否則有很多次我早就搞砸了。

本書的中心論述是在《富比士》雜誌的多篇文章中逐漸成形的，該刊編輯朗達爾・

藍恩（Randall Lane）、卡洛琳·霍華德（Caroline Howard）、布魯斯·愛普賓（Bruce Upbin）不但耐心支持我，也提供若干精采的文字。在二〇一二年到二〇一五年那個成形階段，Quora問答網站的馬克·鮑尼克（Marc Bodnick）、《華爾街日報》的賴瑞·勞特（Larry Rout）、《科技評論》雜誌的納聶特·伯恩斯（Nanette Byrnes）、領英網站的丹尼爾·羅斯（Daniel Roth）提供了絕佳的平臺，嘉惠想要書寫有意義文章的作者。

二〇一五年秋天，克莉絲汀·嘉華莉爾（Christine Cavalier）、喬許·史帝芬斯（Josh Stephens）、南西·席曼（Nanci Schiman）、薇琪·萊德（Vicki Reid）、馬爾坎·萊德（Malcolm Reid）、布萊恩·尤爾（Brian Eule）協助我將此書初稿去蕪存菁，確保沒有疊床架屋之處（原本有很多！），使文章讀來更簡潔有力。我的經紀人吉姆·魏勒斯潘（Kim Witherspoon）與威廉·卡拉漢（William Callahan）來自印克維爾管理公司（Inkwell Management），他們幫這本書尋找合適的出版社時，思慮特別周延。利特爾布朗出版社（Little, Brown and Company）總編輯約翰·帕斯里（John Parsley）使出剛柔並濟的完美催稿模式，對我時而鼓勵、時而恫嚇。他堅信這本書所要表達的訊息，如此堅強的信念鼓舞我，促使我比過去二十年從事任何計畫時更加努力、更花腦筋。成為他旗下的作者，著實是一項殊榮。

將一本書的內容纂輯在一起，最困難的部分大概就是連續好多個月孤軍奮鬥做研究。不過這一次我很幸運，在過程中的每一站，都連結上新舊盟友。艾莉絲・哈爾拉（Alice Harra）、凱文・邁爾斯（Kevin Myers）、貝絲・佘蓉恩（Beth Throne）、譚蜜・哈爾斯苔妲（Tammy Halstead）、宋妮雅・艾略特（Sonia Elliot）、瑪艾恩・普羅特（Ma'Ayan Plaut）、克里斯・提爾（Chris Teare）、珍恩・薩勒諾（Jane Salerno）、夏蓉・瓊絲（Sharon Jones）、保羅・克里斯特森（Paul Christesen）、隆尼・波爾多羅宜（Loni Bordoloi）、黛絲瑞・華絲奎茲（Desiree Vasquez）、法蘭克・柯里斯提昂森（Frank Christianson）等人，全都在我拜訪各大學和出席會議時熱情招待，替我介紹更多幫得上忙的採訪對象，人數多到我數不清。馬克・湯洋諾維奇（Mark Tomljanovich）、龐丘・薩佛瑞（Pancho Savery）、布萊恩・史汀齊費德（Brian Stinchfield）、卡蘿・奧斯特（Carol Auster）邀請我進入他們的課堂旁聽，我很感激他們有這樣的勇氣。和他們一樣勇敢的，是打破雇主與校友社群藩籬的卡琳・史培爾霍格（Carling Spelhaug）、尤班克絲・戴薇絲（Aimée Eubanks Davis）、瑪拉・柴碧妲（Mara Zepeda）、蘿芮・傅蕊蔓（Laurie Friedman）、喬依・史達林格（Joe Stadlinger）、威爾・班克（Will Bunker）。

佩姬・雷本（Peggy Raybon）好脾氣地謄寫採訪內容，記錄詳實。傑伊・潘恩（Jay

Penn）為我安排了一間很理想的辦公室。我外出採訪時，多年好友盡心招待，不讓我餓肚子，包括伊利諾州的洛克・羅斯（Lock Rose）和安迪・戴維斯（Andy Davis）；密西西比州的杜安・鐸提（Dwain Doty）、紐約的布瑞特・弗洛姆森（Brett Fromson）。我們聚在一起時那些喧譁、凌亂的餐敘是最棒的。傑夫・貝里（Jeff Bailey）、索菲・伊庚（Sophie Egan）、艾倫・卓朗莫（Alan Drummer）、夏琳・卓朗莫（Charlene Drummer）、約翰・羅森伯格（John Rosenberg）、海瑟・佩瑞（Heather Parry）、莎拉・席曼（Sara Shiman）全都對我寫的各章草稿提出寶貴回饋意見。

利特爾布朗出版社的出版團隊發揮高竿技巧與專業精神，使此書順利付梓。葛瑞格・庫里克（Gregg Kulick）設計了精采的封面，賈布麗耶拉・孟潔莉（Gabriella Mongelli）時時提出絕佳問題與建議，協助每一章變得更完善。只要崔西・羅依（Tracey Roe）還在擔任審稿工作，人工智慧就永遠無法主宰世界，她淵博的知識從愛爾蘭歷史到犯罪現場研究無所不包，有助於提高本書的正確性。羅倫・薇拉斯奎茲（Lauren Velasquez）為我們的行銷會議注入巧思與興奮感；齊雅・莫絲康（Zea Moscone）對本書所下的宣傳工夫，成績一樣出色。在潘梅拉・馬歇爾（Pamela Marshall）與艾莉莎・芮芙琳（Elisa Rivlin）的指導下，本書手稿順利度過製作與法務審議過程，實在功不可沒。

這不是一本回憶錄，但是它的結構與訊息都受到我個人的家庭生活事件影響極大。我父母都從事教育工作，我非常感謝他們對於子女教養灌注了自身的好奇心。過去幾年間，我的妻子貝琪・柯闊仁（Betsy Corcoran）以令人驚異的方式重建自己的事業；每次聽到有人說「你想做什麼都行」時，我頭一個想到的就是貝琪。兒子馬修（Matthew）和彼得（Peter）搶先閱讀本書許多章節的初稿，他們無懼無畏，也很搞笑，而他們的意見往往是正確的。假如沒有如此親密的家人支持，這本書肯定無緣問世。

旅途中的零食

旅途中的零食

我酷愛吃零食，身邊若有鹹餅乾，一會兒工夫就吃個精光；杏仁果、紅蘿蔔、葡萄也都逃不出我的掌心。讀者諸君或許也有類似的弱點，果真如此，你在投入任何大型學習計畫時，恐怕都少不了結合零食這個環節。想當然耳，心靈盛宴的構造應該以整本書作為核心，儘管如此，做研究時偶爾打打牙祭，也該擁有一席之地。看幾段Ted演講？沒問題。在你的推特貼文中加幾個知名思想家？有何不可？將一些有意思的網頁設為書籤？理所當然。

理論上來說，這種吃零食的行徑是好事，我會在下文提供多種小零嘴式的建議，幫助讀者做進一步的探索。假如你喜歡這本書，想要再多來一點兒，我義不容辭。讀者可以前往www.georgeandersbooks.com網站找到簡短的更新與文章，不過在此我要將重心移往其他人的作品，從部落格貼文到網路社群，任何資料都可能很有價值，尤其是本書所強調的那些重要主題：如何重新振作精神、如何找到工作、如何儘量利用大學的經驗、如何臨機應變打造成功的事業。

以下的清單是容易執行的方法，動手之後就能立竿見影。前半部是很多小建議，只要花五分鐘就能消化，假如你比較喜歡更具分量的作為，那就繼續往下讀。文末的建議閱讀清單羅列十二本價值歷久彌新的書籍，我很謹慎地纂輯這張清單，努力思考哪些傑出作品值得聚精會神讀上幾個鐘頭。找到適當的書，其洞見對讀者的助益將會延續很多年。

適合任何主張的實用論據

選擇人文學科這條路頗具爭議性。告訴人家你在做什麼，對方的反應可能是一臉茫然或不留情地批評——甚至出言奚落。你不須避這些心存疑慮的人唯恐不及，如果你的熟人、父母或是搭飛機時自詡無所不知的鄰座，開始質問你的大學主修科系有何用處，此時你提出多年累計的廣泛數據，將可按捺他們的疑心。你可以利用以下這些資源，備妥支持自己論點的回答。

假如你就讀的是規模龐大的大學，選擇人文科系絕不寂寞。楊百翰大學提供的這一篇文章，說明英文系、歷史系等人文科系畢業生如何在很多領域出人頭地，你可從中擷取多項數據，來鞏固自己的辯護／反駁主張：http://humanitiespathways.byu.edu/。

若是你選擇小型文理大學，那麼希瑞爾斯數據公司（Cereus Data）已經累積可觀的數據（回溯到一九三五年），說明威廉士學院各科系畢業的學生如何找到自己的事業。他們用圓形圖表和繽紛的色彩創造美麗的渦漩圖案，看起來有點兒像五朔節的七彩花柱：web.williams.edu/mathematics/devadoss/careerpath.html。

人文科系畢業生雖然剛畢業頭幾年的收入不怎麼理想，然而事業發展到中期，就能獲得相當優渥的待遇。如果你要看證據，有三項全國性資料來源十分凸出。美國學院與大學協會的數據在此：www.aacu.org/nchems-report。布魯金斯研究院的漢彌爾頓計畫相關資訊：www.hamiltonproject.org/charts/career_earnings_by_college_major/。西雅圖專門研究勞工數據的薪級表公司所編纂的大學薪資雙年報也很有用，讀者可以在這個網站找到：www.payscale.com/college-salary-report/degrees-and-majors-lifetime-earnings。

最佳推特

把合適的人物和組織拉進你的推特貼文裡，就能創造量身打造的即時更新資訊流，不漏接你所重視的主題文章。我已經打好一份清單，讀者可以在@GeorgeAnders/list/YCDA參考相關資源，追蹤清單上的人物和組織。如果你寧可組織自己的支援大隊，不妨從@SmartColleges開始，他們提供鼓舞人心的訊息，闡述文科學歷的價值。若是想要得到關於職業方面的建議，包括如何談判加薪和工作面試當天該穿什麼衣服，不妨考慮@CareerBuilder、@The Muse，以及漢娜・摩根的專頁（@careersherpa）。假如你比較喜歡就業祕訣中帶點兒詼諧（或冷嘲熱諷！），跟著莉茲・萊恩（Liz Ryan）準沒錯（@HumanWorkplace）。

假設你想要掌握最新大學過渡到就業途徑的總體訊息，又不想耗費時間一一閱讀每一批新圖表與經濟布告欄，那麼推特就能幫上忙。以下這六位專家過濾所有訊息，然後透過長僅一百四十字的生動更新內容，分享具有新聞價值的訊息。讀者只要點選自己感興趣的推特，其餘不感興趣的略過即可。這六位專家分別是教育主題作者傑夫．塞林哥（Jeff Selingo，@JSelingo）；喬治城大學教育與勞動力中心（Center on Education and the Workforce，@GeorgetownCEW）；全美大學與雇主協會（@NACEOrg）；職業相關網站@PayScale、@Vault.com、@BLS_gov。

照亮生活的Ted演講

Ted演講結合了資訊與娛樂，並且令聽者感到放鬆，這方面的成就很難找到可與之匹敵者。Ted的講者非常優秀，演講節奏快，產值凸出……這些錄製下來的影片呈現暢銷書作家的重大發現與主張，演講長度多半是十八分鐘，難怪吸引到的觀眾往往比他們的書籍銷售量多了三十倍。

本書提到的好幾位作家碰巧都已透過Ted演講打過招呼，讀者可以免費觀賞。品克談動機（www.ted.com/talks/dan_pink_on_motivation）、達克沃斯談恆毅力（www.ted.com/talks/angela_lee_duckworth_grit_the_power_of_passion_and_perseverance）都是例子。

許多演講帶進目標明確的鼓勵訊息，像是蘇珊・坎恩（Susan Cain）談內向者的力量（www.ted.com/talks/susan_cain_the_power_of_introverts）、布芮妮・布朗（Brené Brown）談脆弱為何有益（www.ted.com/talks/brene_brown_on_vulnerability），以及伊莉莎白・吉爾伯特（Elizabeth Gilbert）談難以捉摸的創意天分（www.ted.com/talks/elizabeth_gilbert_on_genius）。

如果用數字講故事的念頭令你振奮，請勿錯過已故的漢斯・羅斯林（Hans Rosling）的那場Ted演講：「歷來最棒的統計數字」（www.ted.com/talks/hans_rosling_shows_the_best_states_you_ve_ever_seen）。若是你想成為更有力的說故事人或公開演說家，不妨向這兩席演講取經：齊瑪嫚達・亞迪奇（Chimamanda Adichie）談故事的危險（www.ted.com/talks/chimamanda_adichie_the_danger_of_a_single_story），以及朱利安・崔瑞爵（Julian Treasure）談如何演講才能吸引人（www.ted.com/talks/julian_treasure_how_to_speak_so_that_that_people_want_to_listen）。最後，假如你想聽一聽關於直升機父母的見解，以及袖手旁觀的重要性，千萬別錯過茱莉・黎斯克特海姆絲（Julie Lythocott-Haims）那場讓人耳目一

新（和捧腹大笑）的演講（www.ted.com/talks/julie_lythcott_haims_how_to_raise_successful_kids_without_over_parenting）。

珍貴卻免費的職涯建議

大多數職涯建議都要收錢，可是有些最珍貴的建議卻分毫不取。有了網際網路瀏覽器，你可以獲取頂尖大學和人文學院提供給自己學生的資訊，這些網路資源不但新穎務實，而且不會對使用者疲勞轟炸。假如你還是學生，或是剛畢業不久，都能完整利用自己學校的職涯服務中心，取得你所需要的一切資源。然而如果你不屬於那個小圈子，或是只想要參考其他學校提供的最佳實務資訊，不妨看看以下這些吸引我注意的傑出網站，它們全都對外開放，而且不收取任何費用（非該校已註冊的學生也一視同仁），至少在本書付印之時如此。

讀者可以先試探某個可行的行業，假如你想知道如何採訪業內人士，以便打聽初步資訊，安默斯特學院的這張建議表單就提供很周詳的基本資料：www.amherst.edu/system/files/

media/Informational%2520Interviewing%2520Redesign%25202015-16.pdf。

倘若你是第一次寫履歷表，威克森林大學有一組很棒的模板與重點，不但吻合許多常見的情境，並解釋你該如何凸顯多種校園活動，例如海外遊學課程、運動、表演藝術經驗、暑假打工等等。請點閱http://career.opcd.wfu.edu/write-a-resume-or-cover-letter/resumes/。

如果你正在應徵某份特定工作，即將接受面試，不妨試試看西方學院（Occidental College）提供的這些重點：http://cache.oxy.edu/sites/default/files/assets/Interviewing%20Guide.pdf。把重心放在上面寫的八個常見面試題目上，然後預先想好你的答案，屆時才能發揮最好的水準。

萬一你已經大學畢業好幾年，想要一些指點，將傳統的履歷表寫得更得體，那麼馬克・奇尼德拉（Marc Cenedella）幫得上忙，他主持的求職網站「階梯」（TheLadders.com）專門針對高薪職位。奇尼德拉在這篇部落格貼文中解釋主流公司正在尋找什麼樣的人才，求職者又該如何滿足他們：http://medium.com/the-mission/the-best-resume-template-based-on-my-15-years-experience-sharing-resume-advice-9f2a0bb0547。

最喜歡的幾本書

- 《你主修什麼系？從混亂到事業的路徑規畫》（*You Majored in What?: Mapping Your Path from Chaos to Career*），作者凱薩琳．布魯克斯（Katharine Brooks），2009。
- 《不讀名校，人生更好》（*Where You Go Is Not Who You'll Be: An Antidote to the College Admissions Mania*），作者法蘭克．布魯尼（Frank Bruni），2015。
- 《做自己的生命設計師》（*Designing Your Life: How to Build a Well-Lived, Joyful Life*），作者比爾．柏內特（Bill Burnett）、戴夫．埃文斯（Dave Evans），2016。
- 《安靜，就是力量：內向者如何發揮積極的力量！》（*Quiet: The Power of Introverts in a World That Can't Stop Talking*），作者蘇珊．坎恩（Susan Cain），2012。
- 《優秀的綿羊》（*Excellent Sheep: The Miseducation of the American Elite and the Way to a Meaningful Life*），作者威廉．德雷西維茲（William Deresiewicz），2014。
- 《恆毅力：人生成功的究極能力》（*Grit: The Power of Passion and Perseverance*），作者安琪拉．達克沃斯（Angela Duckworth），2016。
- 《心態致勝：全新成功心理學》（*Mindset: The New Psychology of Success*），作者卡

蘿·杜維克（Carol S. Dweck），2006。

- 《反叛，改變世界的力量》（*Originals: How Non-Conformists Move the World*），作者亞當·葛蘭特（Adam Grant），2016。
- 《失落的尋找出路的藝術》（*The Lost Art of Finding Our Way*），作者約翰·愛德華·赫斯（John Edward Huth），2015。
- 《工作的新地理學》（*The New Geography of Jobs*），作者恩瑞可·莫瑞提（Enrico Moretti），2012。
- 《動機：單純的力量》（*Drive: The Surprising Truth about What Motivates Us*），作者丹尼爾·品克（Daniel Pink），2009。
- 《挺身而進》（*Lean In*），作者雪柔·桑德柏格（Sheryl Sandberg），2013。
- 《大學畢業後的人生》（*There is Life After College*），作者傑夫·塞林哥（Jeff Selingo），2016。

還有幾首歌

我不敢說這張清單對每個人都管用，但至少是個起點。如果你有自己最喜歡的其他曲目，請透過www.georgeandersbooks.com網站所張貼的連結，寫封電子郵件告訴我，我會想辦法在這本書再版時加入諸位讀者的建議。

蓋伊・克拉克的專輯《待造之船》（*Boats to Build*，1992）。專輯中的主打單曲〈待造之船〉的寓意精準傳達了新計畫帶來的希望與志向感。另一首歌〈萬事通〉（Jack of All Trades）令常常換工作的人喜愛。而〈畢卡索的曼陀林〉（Picasso's Mandolin）意思雖然很難解，但仍然十分迷人。

德佛札克（Antonín Dvo ák）的E小調第九號交響曲《來自新世界》（*From the New World*，亦稱《新世界交響曲》）。一九六九年太空人尼爾・阿姆斯壯（Neil Armstrong）帶著灌錄這首曲子的唱片登陸月球，返回地球時受到英雄式的歡呼。即使旅程不像登月那麼漫長，照樣發揮作用。

Ratatat樂團的專輯《玩美主義》（*Magnifique*, 2015）。電子音樂可以迅速帶給你活力；康娜莉（第四章的主人翁）便推薦這個樂團。這張專輯中最知名的單曲是〈Cream on

Chrome〉和〈Abrasive〉，不過整張專輯都很好聽。

2. 二〇一六年八月十八日當面採訪麥可・莫恩（Mike Maughan）與大衛・吉爾伯特（Dave Gilbert）。

3. 二〇一六年八月十八日當面訪問璞爾。

4. 二〇一六年八月電話訪問安德芮葛。

5. Jen Hubley Luckwaldt, "You Won't Get What You Don't Ask For," PayScale.com, www.payscale.com/salary-negotiation-guide/whats-holding-you-back-people-who-ask-for-raises-earn-more.

6. Sheryl Sandberg, *Lean In: Women, Work, and the Will to Lead*（New York: Alfred A. Knopf,2013）.

7. John Bussey, "Gender Wage Gap Reflects the 'Ask' Gap," *Wall Street Journal*, October 10, 2014.

8. www.haygroup.com/en/press/pay-gap-between-senior-managers-and-lower-level-workers-surges-worldwide/.

9. 他的里程碑著作是長達九百零一頁的《劍橋專業知識與專家表現手冊》（*Cambridge Handbook of Expertise and Expert Performance*），Cambridge: Cambridge University Press, 2006, edited by K. Anders Ericsson et al.。

10. Malcolm Gladwell, "The 10,000 Hour Rule," Gladwell.com, http://gladwell.com/outliers/the-10000-hour-rule/.

/2014/05/16/before-we-hire-you-step-into-our-founders-office-for-a-chat.

2. Angela Duckworth, *Grit: The Power of Passion and Perseverance* (New York: Scribner, 2016) .

3. Tess Amodeo-Vickery, "Dear Ezra: Wall Street Was No Match for a Liberal Arts Degree," Good, February 22, 2012, www.good.is/articles/dear-ezra-wall-street-was-no-match-for-a-liberal-arts-degree.

4. 二〇一六年八月十八日當面採訪。

5. 二〇一六年十月十八日當面訪問。

6. 西方學院提供很棒的建議，告訴你如何透過「問題─行動─結果」的格式建立這些連結：www.oxy.edu/sites/default/files/assets/job-interviews.pdf。至於安默斯特學院則提供同樣的概念的四步驟版本，修定為「情境─任務─行動─結果」，請見：www.amherst.edu/system/files/media/Interviewing%2520Redesign%25202015.pdf。

7. 我們碰面的時間是二〇一六年九月十三日，地點在瑞德學院校園裡的「瑞德以後的人生」中心。

第十三章

1. 二〇一六年十二月電話採訪柯瑞索斯頓。

June 13, 2014, www.aacu.org/aacu-news/newsletter/engagement-college-engagement-workplace-findings-gallup-purdue-index.

7. Daniel H. Pink, *Drive: The Surprising Truth About What Motivates Us*（New York: Riverhead Books, 2009）.

8. 二〇一六年十月十五日當面訪問艾比・丹恩；二〇一六年十二月電話採訪大衛・杜蘭德。其他資料來源：Wade Roush, "Tizra Puts Publishers Back in Control of Their E-Books," *Xconomy*, February 24, 2009, www.xconomy.com/boston/2009/02/24/tizra-puts-publishers-back-in-control-of-their-e-books; Rhonda J. Miller, "Tizra Software Bringing Einstein Papers Online," *Providence Business News*, December 2, 2013.

9. 二〇一六年五月十九日當面採訪，二〇一七年一月透過電話後續訪談。

10. 二〇一六年二月電話採訪班婕敏。

11. 二〇一六年三月九日當面採訪賽塔爾懷特。

12. 二〇一七年一月五日當面訪問睿緒爾。

第十二章

1. George Anders, "Before We Hire You, Step into Our Founder's Office for a Chat," Forbes.com, May 22, 2014, www.forbes.com/sites /georgeanders

二月間，透過電話和電子郵件進行訪談。

第十一章

1. Danielle Newnham, "David Risher: The Quiet Revolutionary," Medium.com, August 27, 2016, https://medium.com/swlh/david-risher-the-quiet-revolutionary-1e6d1512eadb.

2. Bruce A. Kimball, *The Liberal Arts Tradition: A Documentary History*（Lanham, MD: University Press of America, 2010）.

3. Michael Lind, "Why the Liberal Arts Still Matter," *Wilson Quarterly*（Autumn 2006）, http://archive.wilsonquarterly.com/essays /why-liberal-arts-still-matter.

4. George Forsythe, "The Global Citizen: Finding Practicality in a Liberal Arts Education," *Huffington Post*, www.huffingtonpost.com/george-forsythe/liberal-arts-education-careers_b_1755679.html.

5. Marvin Krislov, "The Enduring Relevance of a Liberal-Arts Education," *Hechinger Report*, February 12, 2015, http://hechingerreport.org/the-enduring-relevance-of-a-liberal-arts-education/.

6. Engagement in College, Engagement in the Workplace: Findings from the Gallup-Purdue Index," Association of American Colleges and Universities,

2. Nathan Hatch, "State of the University, 2011," WFU.edu, November 7, 2011, http://president.wfu.edu/speeches/2011-state-of-the-university/.

3. Susan Dominus, "How to Get a Job with a Philosophy Degree," *New York Times*, September 15, 2013.

4. 二〇一七年一月電話採訪陳安道。

5. http://opcd.wfu.edu/first-destination-data/.

6. 二〇一七年三月三日當面採訪約翰·羅森伯格和丹尼·唐慕容（Danny Damron）。

7. 二〇一五年八月電話採訪，事後也透過電子郵件進一步訪談。

8. 二〇一六年四月七日當面採訪佛克。

9. 二〇一六年四月七日當面訪問埃麗絲。

10. 二〇一七年一月電話訪問，並透過電子郵件多次連繫。

11. 二〇一七年一月電話採訪戴耶達。

12. Joe Pinsker, "Rich Kids Study English," *Atlantic*, July 6, 2015。 Pinsker文章的論述根據，是康乃爾大學社會學教授吉姆·韋登（Kim Weeden）所分析的聯邦數據。

13. 二〇一六年十月十三日當面採訪波特菲爾德。

14. 二〇一七年一月電話訪問蔻拉多。二〇一七年二月，蔻拉多轉任伊薩卡學院（Ithatca College）校長。

15. 二〇一七年二月十五日當面訪問戴薇絲；二〇一六年十二月到二〇一七年

與電子郵件中對她進行的訪談。

10. 二〇一六年四月電話採訪。

11. 二〇一六年十二月電話訪問，二〇一七年一月透過電子郵件訪談。其他資訊來源：Evelyn Perez-Landron,"A Woman of the World," *Gates*（blog）, May 4, 2016, https://blog.mtholyoke.edu/thegates /a-woman-of-the-world; Mount Holyoke College, "LEAP Pathway: Evelyn Perez-Landron," YouTube, April 29, 2016, www.youtube.com/watch?v=LWPdaYstJfo。

12. 二〇一六年十一月電話採訪。

13. George Anders, "Can't Donate a Building? Alumni with Job Tips Win New Respect," *Forbes*, June 9, 2016, www.forbes.com/sites/georgeanders/2016/06/09/cant-donate-a-building-just-help-eager-grads-find-jobs.

14. Louisa Eisman, "First Generation Students and Job Success," *NACE Journal*（November 2016）: 16.

第十章

1. www.gallup.com/poll/199307/one- six-grads-say-career-services-helpful.aspx.

第九章

1. 本章開場部分的大多數細節，來自我電話採訪傅蕾妲的內容，時間是二〇一六年十一月和十二月，另外也取材自她的旅遊部落格：https://rainagainblog.wordpress.com/category/japan/。此外，關於日本島嶼的額外資訊，則來自日本國家旅遊局的網站：www.jnto.go.jp/eng/regional/tokyo/ogasawarashotou.html。

2. Jeffrey Selingo, *There Is Life After College*（New York: HarperCollins, 2016）.

3. 傅蕾妲向校友請益的往來訊息，仍然保存在這個網站：www.reed.switchboardhq.com。

4. www.bls.gov/news.release/nlsyth.t02.htm.

5. 二〇一六年十一月和二〇一七年一月電話採訪華絮本。

6. 二〇一六年十一月電話訪問歐柏林學院宣傳辦公室負責社會政策與專案的主管瑪艾顏・普勞特（Ma'ayan Plaut）。

7. 二〇一六年六月九日當面採訪，二〇一六年十一月電話訪問。柴碧妲的兩百位盟友清單在此：www.marazepeda.com/about/。

8. 二〇一六年十一月電話訪問。

9. 直接引述取自：Eric Coker, "New Fleishman Center Director Stresses Collaboration," *Inside Binghamton University*, September 11, 2014, www.binghamton.edu/inside/index.php/inside/story/9213/new-fleishman-center-director-stresses-collaboration/。額外資訊來自我在二〇一六年十一月在電話

9. 二〇一六年七月電話訪問麥斯比亞。Drake Bennett, "Heidegger's Marketing Secrets: What German Philosophers Know About Selling TVs," Bloomberg.com, February 21, 2014, www.bloomberg.com/news /articles /2014-02-20/innovation- firm-red-shows-clients-how-to-use-philosophy-to-sell- stuff.

10. 二〇一三年艾卡爾教授在史丹佛授課時的評論，可在YouTube收看這段完整的視頻：www.youtube.com/watch?v=Cd09a41WUss。

11. 關於傅利曼言論的直接引述，以及企業社會責任適用性的一些激烈辯論，請見：*Harvard Business Review* article: https://hbr.org/2012/04/you-might-disagree-with-milton。

12. Tom Foster, "The Story of Etsy's Distinctly 21st-Century Management Challenge," *Inc.*, December 2013.

13. 這個例子取自美國國務院駐外事務處考試的實務試題，於二〇一六年十二月張貼在網站上：https://careers.state.gov/fsopracticetest/。

14. https://careers.state.gov/uploads/ff/03/ff03e644688fe25f74ff3b0641c59e9d/Updated_FSOT_Reading_List_Aug2013.pdf.

15. Sarah Williams, "From English Major to Software Developer: Up Close with McMaster-Carr," *Wildcat Career News*, November 10, 2016, http://wildcat-career-news.davidson.edu/alumni-and-networking/from- english-major-to-software-developer-up-close-with- mcmaster-carr/.

16. Melissa Suzuno, "How Enterprise Recruits and Develops Diverse New Grad Talent," Employer.AfterCollege.com, October 15, 2014, http://employer.aftercollege.com/enterprise-recruits-develops-diverse-new-grad-talent/.

georgeanders/2015/07/29/your-hr-team-needs-to-see-slacks-defiant-take-on-values.

第八章

1. 二〇一六年六月六日當面採訪，二〇一七年二月電話訪問。

2. John Cook, "The Quiet Billionaire: Morningstar CEO Joe Mansueto," *Chicago*, June 2006; Neil Munshi, "The Monday Interview: Joe Mansueto, Morningstar CEO," *Financial Times*, October 20, 2013.

3. 二〇一六年六月六日當面訪問。

4. 二〇一六年六月六日當面訪問。

5. 二〇一六年六月六日當面採訪。

6. 二〇一五年三月電話訪問昆嵐。

7. Brian DeChesare, "From Liberal Arts to Finance: Shakespeare with Swag or Mission Impossible?," *Mergers and Inquisitions*（blog），www.mergersandinquisitions.com/liberal-arts-to-finance/.

8. "Nordstrom Cut Costs in Cleaning Services Division," Management Consulting Case Interviews, www.consultingcase101.com/nordstrom-cut-costs-in-cleaning-services-division/.

Want to Fail," *Business Insider*, April 21, 2016, www.businessinsider.com/ben-silbermann-interview-pinterest-ceo-on-ipo-startups-2016-4.

20. Daniel Terdiman, "Watching the Birth of Flickr Co-Founder's Gaming Start-Up," CNET .com, February 9, 2010, www.cnet.com/news/watching-the-birth-of-flickr-co-founders-gaming-start-up/; Honan, "The Most Fascinating profile."

21. 巴特菲德向雅虎公司提出的辭呈，網路上到處都找得到，其中一個知名的網站是：Jemima Kiss, "The Alpaca Resignation Letter—Can You Do Better?" *Guardian*, June 20, 2008, www.theguardian.com/media/pda/2008/jun/20/thealpacaresignationletter。

22. Carmel DeAmicis, "Third Life: Flickr Co-Founder Pulls Unlikely Success from Gaming Failure. Again," Pando.com, April 5, 2014, https://pando.com/2014/04/05/third-life-flickr-co-founder-pulls-unlikely- success-out-of-gaming-failure-again/；Jeff Bercovici, "Slack Is Our Company of the Year. Here's Why Everybody's Talking About It," *Inc.*, December 2015.

23. Omar El Akkad, "From Flickr to Slack: B.C.'s Silicon Valley Golden Boy Finds Success in Failure," *Globe and Mail*, December 5, 2014.

24. Rachel Metz, "Three Questions with Slack's CEO," *MIT Technology Review*, February 18, 2015, www.technologyreview.com/s/532606/three-questions-with-slacks-ceo/.

25. George Anders, "Your HR Team Needs to See Slack's Defiant Take on 'Values,' " Forbes, July 29, 2015, www.forbes.com/sites/

11. Moira Forbes, "7 Career Lessons from Billionaire Abigail Johnson," Forbes.com, October 13, 2014, www.forbes.com/sites/moiraforbes/2013/11/01/seven-career-lessons-from-billionaire-abigail-johnson.

12. Carl C. Icahn, "The Problem of Formulating an Adequate Explication of the Empiricist Criterion of Meaning"（undergraduate thesis, Princeton, 1957）.

13. " 'Fail Fast' Advises LinkedIn Founder and Tech Investor Reid Hoffman," BBC News, January 11, 2011, www.bbc.com/news/business-12151752.

14. 引述來源：John D. Spooner, *No One Ever Told Us That: Money and Life Lessons for Young Adults*（Hoboken, NJ: Wiley, 2015）, 65。史普旺的事業生涯實踐了自己的訊息：一九八〇年代他在哈佛大學攻讀古典學，然後創辦非常成功的翻譯公司。

15. 二〇一六年十二月透過電話和電子郵件採訪。其他資訊來源：Alix Stuart, "How This Founder Grew Her Company to $17 Million in 4 Years," Inc.com, August 17, 2016。

16. 二〇一五年九月二十四日當面採訪派垂克・莊。

17. Paul Keegan, "How Paint Nite Started a Party-Planning Revolution," *Inc.*, January 15, 2015, www.inc.com/magazine/201502/paul-keegan/art-stars.html.

18. John Mackey and Rajendra Sisodia, *Conscious Capitalism: Liberating the Heroic Spirit of Business*（Boston: Harvard Business Review Press, 2013）.

19. Alyson Shontell, "The CEO of $11 Billion Pinterest Reveals His Thoughts on Going Public, Crazy Private Markets, and Advice for Founders Who Don't

articles/2013-07-15/herbert-allison-jr-former-merrill-lynch-president-dies-at-69.

6. 他的人生故事詳見於此：Adam Bryant, "Roger Ferguson of TIAA-CREF: Always Act as if You're an Owner," *New York Times*, November 29, 2014。二〇〇八年他的人事任命案透過新聞發布，原文請見："TIAA-CREF Names Roger W. Ferguson, Jr., President and Chief Executive Officer, Succeeding Herbert M. Allison, Jr.," TIAA-CREF website, www1.tiaa-cref.org/public/about/press/pressrelease236.html。

7. Christian Stadler, "How to Become a CEO: These Are the Steps You Should Take," Forbes.com, June 14, 2015, www.forbes.com/sites/christianstadler/2015/03/12/how-to-become-a-ceo-these-are-the-steps-you-should-take; Christian Stadler, *Enduring Success: What We Can Learn from the History of Outstanding Corporations*（Stanford, CA: Stanford Business Books, 2011）.

8. 該公司二〇〇五年針對企業執行長教育背景的分析，請見：www.cluteinstitute.com/ojs/index.php/JBER/article/download/694/680。其他數據和脈絡則來自採訪所得——我在二〇一六年九月透過電話和電子郵件訪談史賓沙公司高階主管班奈特・R・麥克泰格（Bennett R. Machtiger）。

9. Colin Woodard, "Collins, Fiancé 'Bring Out Best in Each Other,' " *Portland Press Herald*, July 28, 2012.

10. George Soros, *The Alchemy of Finance*（Hoboken, NJ: John Wiley and Sons, 2003）, 1.

16. 二〇一五年九月和二〇一七年一月透過電話採訪柯胥納。

第七章

1. 巴特菲德家族的反文化歷險在以下文獻中記述頗豐：Mat Honan, "The Most Fascinating Profile You'll Ever Read About a Guy and His Boring Startup," Wired, August 2014; Alec Scott, "How Stewart Butterfield Built a Billion-Dollar Company in 8 Months," *Canadian Business*, January 5, 2015。至於晚餐祈禱儀式那樁軼事，取自二〇一五年七月十七日我當面採訪巴特菲德所得的內容。

2. 取自採訪巴特菲德的內容。

3. 薪級表公司針對二〇一六年到二〇一七年不同科系大學畢業生起薪所做的報告，可以在這個網站找到：www.payscale.com/college-salary-report/degrees-and-majors-lifetime-earnings。完整的報告含括三百多種科系，還有很多下拉式功能表和可調整幻燈片，所以很容易按照自己需要去做比較。

4. 關於漢彌爾頓計畫的方法與成果，可以在這個網站找到完整的資訊：www.hamiltonproject.org/charts/career_earnings_by_college_major/。這些發現以互動性很高的方式呈現，使用者很容易搜尋特定科系畢業生在不同人生階段的所得趨勢。

5. Laurence Arnold, "Herbert Allison, Ex-Merrill President Who Ran TARP, Dies at 69," Bloomberg.com, July 15, 2013, www.bloomberg.com/news/

7. Michael S. Malone, "How to Avoid a Bonfire of the Humanities," *Wall Street Journal*, October 24, 2012.

8. "How Much Media?," Institute for Communication Technology Management, University of Southern California, https://news.usc.edu/56894/americans-consume-media-in-a-major-way-study-finds/.

9. 二〇一六年六月和十一月透過電話採訪。

10. P. K. Piff et al., "Higher Social Class Predicts Increased Unethical Behavior," *Proceedings of the National Academy of Sciences* 109, no. 11（2012）: 4086-4091.

11. Eric Fridman, "Empathy and the Liberal Arts," *Executive Coaching*（blog）, July 15, 2016, https://fridmancoaching.com/2016/07/15/empathy-and-the-liberal-arts/.

12. Adam M. Grant, *Give and Take: A Revolutionary Approach to Success*（New York: Viking, 2013）.

13. 來自我在二〇一五年八月十七日的第一手觀察；二〇一六年八月透過電話訪問。

14. Robert B. Cialdini, *Influence: The Psychology of Persuasion*（New York: Collins Business, 2007）.

15. Solomon E. Asch, Studies of Independence and Conformity: A Minority of One Against a Unanimous Majority," *Psychological Monographs: General and Applied* 70, no. 9（1956）: 1-70.

Degrees," *Fast Company*, August 29, 2014, www.fastcompany.com/3034947/the-future-of-work/why-top-tech-ceos-want-employees-with-liberal-arts-degrees.

14. 二〇一六年八月電話訪問。

15. 二〇一六年四月十二日當面訪問歐萊利；二〇一六年四月電話採訪琳達·華爾許。其他資訊來源：Tim O'Reilly, *Frank Herbert*（NewYork: Ungar, 1981）; Levy, "The Trend Spotter."。

第六章

1. 二〇一五年四月六日，我去臉書公司總部拜會時的第一手觀察。

2. 臉書歷年的季度財報請見：https://investor.fb.com/financials/?section=secfilings。

3. Douglas Adams, "How to Stop Worrying and Learn to Love the Internet," Sunday Times, August 29, 1999, www.douglasadams.com/dna/19990901-00-a.html.

4. https://techcrunch.com/2016/04/27/facediction/.

5. www.statista.com/statistics/241494/median-age-of-the-us-population/.

6. 二〇一七年一月透過電子郵件訪問梅爾。

2. Steven Levy, "The Trend Spotter," *Wired*, October 2005.

3. C. P. Snow, "The Two Cultures"（repr., New York: Cambridge University Press, 1998）.

4. http://burning-glass.com/research/hybrid-jobs/.

5. 二〇一七年四月透過電子郵件訪談。

6. 二〇一六年二月二十日，米蜜・柯妮蕊參加舊金山一場威廉士學院的活動，在會中報告的內容。

7. Bracken Darrell, "Debating the English Major: 'Have a Back-Up Plan,' " *Wall Street Journal*, June 10, 2013

8. IBM公司的策略無疑一直在演變，不過該公司網站上刊登的這篇文章，描述的是二〇一六年的狀況：www.ibm.com/blockchain/what-is -blockchain.html。

9. 二〇一六年九月電話採訪，二〇一七年二月透過電子郵件訪談。

10. William M. Briggs, "Statistics Is Not Math," January 27, 2013, http://wmbriggs.com/post/3169/.

11. 開放餐桌在網站上解釋他們公司經營的基本元素：http://press.opentable.com/。另外在二〇一四年十二月和二〇一五年二月，我也透過電話採訪開放餐桌公司的高階主管，取得額外的細節。

12. 我在二〇一五年二月九日和二月十日跟隨萊夢納拜訪客戶，近身觀察她的工作。

13. Elizabeth Segran, "Why Top Tech CEOs Want Employees with Liberal Arts

13. Jennifer McCrea and Jeffrey C. Walker, *The Generosity Network: New Transformational Tools for Successful Fund-Raising*（New York: Random House, 2013）.

14. "The Man Who Got Us to 'Like' Everything," *Wall Street Journal*, August 13, 2011; Ralph Gardner Jr., "At 34, a Facebook Elder Statesman," Wall Street Journal, April 24, 2016.

15. 二〇一六年九月在Indeed.com 網站刊登的求才廣告。

16. 這段故事是根據我在二〇一六年三月二十九日、四月十三日、八月三十日採訪康娜莉所得，另外我也透過電話訪問了她在維基指南的好幾位同事。我還在二〇一六年三月十七日訪問了維基指南的執行長傑克．海瑞可（Jack Herrick）。此外，我也從維基指南網站上的諸多貼文獲得許多細節，而康娜莉和她的同事也提供我一些相關文件。

17. 二〇一六年四月電話訪問妲格拉絲。

18. 二〇一六年四月電話訪問哈德利。

第五章

1. 提姆．歐萊利準備這場演講的備註和影片，請見：https://medium.com/the-wtf-economy/wtf-whats-the-future-e52ab9515573#.qkaz85dwy。至於整場會議的細節，請參考www.frontiersconference.org/。

3. Steven J. Davis et al., "Adjusted Estimates of Worker Flows and Job Openings in JOLTS," National Bureau of Economic Research, www.nber.org/papers/w14137.

4. 美國勞工統計局指出，這個數字反映了第一三一一一六〇類職業，也就是「市場調查與行銷專才」工作機會的巨幅增長。二〇一〇年，勞工統計局計算美國屬於這一類工作的就業人口，數字達到二六一、七八〇人。到了二〇一五年，該數字暴增至五〇六、四二〇人。完整數字請見：www.bls.gov/oes/tables.htm。

5. Rachel Emma Silverman, "Are You Happy at Work? Bosses Push Weekly Polls," Wall Street Journal, December 2, 2014

6. 二〇一六年八月十八日當面訪問賴森。

7. 二〇一六年八月十八日當面訪談璞爾。

8. The Art of Employment: How Liberal Arts Graduates Can Improve Their Labor Market Prospects," Burning Glass Technologies, 2013, http://burning-glass.com/wp-content/uploads/BGTReportLiberalArts.pdf.

9. 二〇一七年二月電話訪問孟克。

10. 根據勞工統計局的報告，這個數字反映了第一三一一〇七一類職業的快速增長，也就是「人力資源專才」。二〇一〇年，勞工統計局計算美國從事此類工作的人數是四一七、八八〇人，到了二〇一五年，該數字成長到四九一、〇九〇人。完整數據請見www.bls.gov/oes/tables.htm。

11. 二〇一六年八月二十九日當面採訪，二〇一七年二月電話訪問。

12. 二〇一六年八月電話採訪。

Harcourt, 2012）.

14. 美國教育部網站所提供的大學評分表（College Scorecard），可以找到各大學院校的畢業生薪資中位數，請見https://collegescorecard.ed.gov/。

15. 二〇一六年八月十八、十九日當面訪談。

16. 郭爾妲的獲獎類別是最佳社群商務運動，詳情請見：http://shortyawards.com/4th/leanne-gault。

17. 賈西雅在訪問中描述她的角色。額外資訊取自Howard Dyckoff, "Oakland's Code for America Summit Emphasizes Diversity and Inclusiveness," *East Bay Times*, November 17, 2016，以及美國代碼組織於二〇一四年發表的幻燈片文件：www.slideshare.net/codeforamerica/2014-code-for-america- summit-designing-with-people-digital-front-door。

第四章

1. 從一九八六年到二〇〇九年，基拉韋亞火山的岩漿創造了四百七十八英畝新生地，而且還在持續增加中。這個網站收錄了一些令人嘆為觀止的照片："Kilauea Lava Enters the Ocean, Expanding Coastline," CoastalCare.org, http://coastalcare.org/2010/11/kilauea-lava-enters-the-ocean/。反觀夏威夷海岸的其他部分卻遭到侵蝕，使得工作與海岸線的這項比喻正反都適用。

2. 二〇一六年三月二十九日當面採訪康娜莉。

2. Timothy Guy, "Soboba: King of the Cage Comes Home to San Jacinto," *Riverside Press Enterprise*, March 11, 2015.

3. 聖哈辛托山學院課程的資訊請見： www.msjc.edu/ScheduleofClasses/Pages/CurrentSchedule.aspx。

4. 二〇一六年七月電話採訪羅佩茲莫瑞諾。

5. 她的年薪、福利、獎金資料來源是加州政府公開揭露的公務員薪資。請見：http://transparentcalifornia.com/salaries/search。

6. 二〇一五年美國勞工統計局資料：www.bls.gov/news.release/pdf/nlsoy.pdf。

7. 迪安薩學院的學生龍恩・岡薩雷茲（Ron Gonzales，後來在加州大學聖塔克魯茲分校取得文學士學位），一九九年至二〇〇六年擔任加州聖荷西市市長。迪安薩學院的另一位學生狄傑・帕提爾（D. J. Patil，後來在加州大學聖地牙哥分校取得理學士學位），則在二〇一五年成為美國的首席數據科學家。

8. www.linkedin.com/pulse/you-dont-need-know-how-code-make-silicon-valley-alice-ma.

9. George Anders, "To Earn $100,000 or More, Roam Outside Your College Major," *Forbes*, June 21, 2016.

10. 二〇一六年四月四日當面採訪珂恩。

11. 二〇一五年九月和二〇一七年一月透過電話進行訪問。

12. 經由電話採訪。

13. Enrico Moretti, *The New Geography of Jobs*（Boston: Houghton Mifflin

12. 二〇一六年五月電話採訪莫瞿，二〇一七年一月透過電子郵件訪問。

13. 二〇一六年八月十八日當面採訪艾布蘭絲，二〇一七年一月電話採訪。

14. 二〇一六年九月三日當面訪談裴芮絲蔓。

15. "Feeding English Majors in the 21st Century," *Chronicle of Higher Education*（January 25, 2016）, www.chronicle.com/article/Feeding-English-Majors-in-the/235042.

16. 二〇一六年一月電話訪問殷維克，二〇一七年一月透過電子郵件訪談。

17. 二〇一六年六月電話訪問妲拉絲，二〇一七年一月透過電子郵件訪談。

18. 二〇一六年五月十九日當面採訪法瑞絲。

19. 二〇一六年八月十八日當面訪談諾柏斯。

20. www.aacu.org/leap/public-opinion-research/2015-employer-priorities.

21. 二〇一六年一月二十日當面採訪麥瑟妲。關於她在達特茅斯學院求學期間前往希臘，在德爾菲神殿前演説的更多細節，取材自這個部落格： https://greecefsp2009.wordpress.com/。

第三章

1. 二〇一六年五月四日、八月十二日當面採訪賈西雅。

3. Steven Perlstein, "Meet the Parents Who Won't Let Their Children Study Literature," *Washington Post*, September 2, 2016.

4. 拜成績優秀獎學金、助學金、學費減免之賜，許多學生所支付的費用低於大學所公告的數字。要評估學費和食宿的實際收費水準，最好的資訊來源是美國大學理事會（College Board），他們提供四年制公立大學院校的收費標準，請見：https://trends.collegeboard.org/college-pricing/figures-tables/average-net-price-over-time-full-time-students-public-four-year-institution，至於四年制私立大學院校的收費標準，請見: https://trends.collegeboard.org/college-pricing/figures-tables/average-net-price-over-time- full-time-students-private-nonprofit-four-year-institutions。

5. Tamar Lewin, "As Interest Fades in the Humanities, Colleges Worry," *New York Times*, October 30, 2013.

6. 關於無定性職業的爭議，可以回溯到一九九六年的這篇論文（寫得很好！）：Douglas T. Hall, "Protean Careers of the 21st Century," *Academy of Management Executive* 10, no. 4（1996）: 8-16.

7. www.youtube.com/watch?v=jV4vfGKZW7s&feature=youtu.be.

8. 二〇一六年五月透過電話與電子郵件採訪貝格麗。

9. 二〇一六年七月，我透過電話和電子郵件訪問克里斯特森；二〇一六年十二月和二〇一七年一月，我透過電子郵件訪問茉瑞。

10. 二〇一六年六月六日當面訪談張惠敏，二〇一七年二月電話採訪。

11. 二〇一六年五月電話採訪高登，二〇一七年二月透過電子郵件訪問。

Philosophers,' " *Weekly Standard*, November 10, 2015, www.weeklystandard.com/rubio-we-need-more-welders-and-less-philosophers/article/1062072.

19. www.youtube.com/watch?v=qtjovE9HjVE.

20. Americans Moving at Historically Low Rates, "Census Bureau Reports,"U.S. Census Bureau, November 16, 2016, www.census.gov/newsroom/press-releases/2016/cb16-189.html.

21. 請讀者自行評斷。很多人欣賞加里的小說《天堂之根》（*The Roots of Heaven*），該書內容串聯一系列悲劇故事，背景是二次世界大戰之後法國統治的非洲，但是也有很多人無法消受這本小說的敘事語調和寫作技巧。

第二章

1. 達特茅斯學院的「古代今探」課程大綱請見：http://dartmouth.smartcatalogiq.com/en/current/orc/Departments-Programs-Undergraduate/Classics-Classical-Studies-Greek-Latin/CLST-Classical-Studies/CLST-1。讀者也可在YouTube的影片中進一步感受這門課：www.youtube.com/watch?v=A4t6rlWQoHs&feature=youtu.be。克里斯特森教授在二〇一六年七月曾與我電子郵件往返多次，提供更多選課趨勢的資料。

2. www.ratemyprofessors.com/blog/toplist/the-2015-2016-annual-top-lists-are-here/.

Labor Statistics, www.bls.gov/oes/current/oes_nat.htm.

13. Eric Hoffer, *Reflections on the Human Condition*（Titusville, NJ: Hopewell Publications, 2006）.

14. William Johnson Cory, *Eton Reform*（London: Longman, Green, Longman, and Roberts, 1861）.

15. Angela Duckworth, *Grit: The Power of Passion and Perseverance*（New York: Scribner, 2016）.

16. See Arthur E. Poropat, "A Meta-Analysis of the Five-Factor Model of Personality and Academic Performance," *Psychological Bulletin* 135, no. 2（2009）: 322-38. 澳洲研究人員Poropat在這份企圖心十足的論文中，統合分析將近兩百份研究，針對五大人格特質、在學與畢業後人生成功與否，尋找兩者之間可能存在的關聯性。他發現嚴謹自律的人格特質和成功的關係最密切，而排名第二的竟是敞開心房接納新經驗。至於其他變數如親和力、神經質、內向或外向，都不具有顯著的關聯性。

17. Megan McArdle, "Why a BA Is Now a Ticket to a Job in a Coffee Shop,"*Daily Beast*, March 27, 2013, www.thedailybeast.com/articles/2013/03/27/why-a-ba-is-now-a-ticket-to-a-job-in-a-coffee-shop.html。二〇一七年二月麥卡德爾在寫給我的電子郵件中說：「我是英語系畢業的，現在並沒有在星巴克打工，所以顯然我知道並非所有英語系畢業的學生都只有這條職業路徑可走。話又說回來，我已經大學畢業二十幾年了（老天！），現在文學院畢業生的情況比當年艱難多了。」

18. Shoshana Weissmann, "Rubio: 'We Need More Welders and Less

Drucker (Mis-) Quote," Chad Dickerson's blog, September 29, 2013, https://blog.chaddickerson.com/2013/02/03/liberal - arts-matter/; Lillian Cunningham, "How to Craft a Successful Career: An Interview with Etsy CEO Chad Dickerson," *Washington Post*, November 20, 2014.

6. David H. Autor, Lawrence F. Katz, and Melissa S. Kearney, "The Polarization of the U.S. Labor Market," National Bureau of Economic Research (January 2006), www.nber.org/papers/w11986.

7. Michael Chui, James Manyika, and Mehdi Miremadi, "Where Machines Could Replace Humans—and Where They Can't (Yet)," *McKinsey Quarterly* (July 2016), www.mckinsey.com/business-functions/digital-mckinsey/our-insights/where-machines-could-replace-humans-and-where-they-cant-yet.

8. Marc Andreessen, "Why Software Is Eating the World," *Wall Street Journal*, August 20, 2011.

9. Christopher J. Goodman and Stephen M. Mance, "Employment Loss and the 2007–09 Recession: An Overview," *Monthly Labor Review* (April 2011), www.bls.gov/mlr/2011/04/art1full.pdf.

10. https://phys.org/news/2015-03-obama-240m-pledges-stem.html.

11. 勞工統計局發布的美國就業水準報告，針對七百多種行業，職位從執行長到停車場管理員無所不包。勞工統計局從一九八九年到二〇一六年發布的總量數據請見：www.bls.gov/oes/tables.htm。本章所列的特定行業統計數字，是根據二〇一二年到二〇一六年重要行業的成長（或萎縮）狀況。

12. "National Occupational Employment and Wage Estimates," U.S. Bureau of

注釋

第一章

1. 關於朱赫從巴德學院到Etsy的旅途，絕大部分細節來自二〇一六年四月五日的訪問內容，以及我們在二〇一五年九月、二〇一五年一月、二〇一六年十二月往來的電子郵件和電話通話。另外我也透過朱赫建立的諸多網站取得額外的資訊，他在這些網站中細談自己人生的不同階段，包括Blockfactory.com；http://interactiondesign.sva.edu/projects/by/josh-sucher。

2. 校長里昂・波茨坦的演講內容收錄於www.bard.edu/commencement/2007/botstein.shtml。受邀來演講的麥可・彭博的致詞內容請見www.bard.edu/commencement/2007/bloomberg_speech.shtml。

3. Raphael Minder, "Back to the Cave of Altamira in Spain, Still Controversial," *New York Times*, July 30, 2014.

4. 巴德學院的校友：https://en.wikipedia.org/wiki/List_of_Bard_College_people。

5. Chad Dickerson, "Why Liberal Arts Education Matters: The Story of a

NEXT 257

人文學科的逆襲：「無路用」學門畢業生的職場出頭術

作　　者——喬治．安德斯 George Anders
譯　　者——李宛蓉
主　　編——湯宗勳
特約編輯——文　雅
美術設計——陳恩安
責任企劃——王聖惠

發 行 人——趙政岷
出 版 者——時報文化出版企業股份有限公司
10803 台北市和平西路三段二四〇號七樓
發行專線｜02-2306-6842
讀者服務專線｜0800-231-705｜02-2304-71-3
讀者服務傳真｜02-2304-6858
郵撥｜19344724 時報文化出版公司
信箱｜台北郵政79~99信箱
時報悅讀網——www.readingtimes.com.tw
電子郵箱——new@readingtimes.com.tw
法律顧問——理律法律事務所 陳長文律師、李念祖律師
印　　刷——盈昌印刷有限公司
一版一刷——2019年3月8日
定　　價——新台幣550元

人文學科的逆襲：「無路用」學門畢業生的職場出頭術｜喬治．安德斯（George Anders）著；李宛蓉 譯.--一版.｜--臺北市:時報文化，2019.3｜416面；2.08公分.｜--（NEXT；257）｜譯自：You Can Do Anything: The Surprising Power of a "Useless" Liberal Arts Education｜ISBN 978-057-13-7704-9（平裝）｜1.職業輔導 2.職場 3.人文學｜542.75｜108000591

YOU CAN DO ANYTHING
By George Anders

ISBN：978-057-13-7704-9
Printed in Taiwan